# 前　言

本书的写作动机来自于国家教委关于加强学生应用动手能力的指示精神。早在 2005 年，江西农业大学南昌商学院为提高学生应用动手能力，更好地与市场人才需求相结合，作为商学院以商学文化、商学素养、商务能力为目标，提出抛开考计算机等级为目的的应试性计算机基础教学，开设更加实用，应对市场需求的课程，取消传统教学中的 VB、VF 课程，以实际提高学生真实计算机操作水平为要求。为此学院进行了长达 5 年的教学实践和教学研究，而此项改革是针对并影响全院近万名学生的学习培养计划，期间江西农业大学南昌商学院副院长袁瑾洋教授作为编委会成员参加了多次讨论，在更加宏观层面提出了不少指导意见。

当前随着科技的发展，计算机已经成为每个家庭及每个单位必需的基本设备，计算机技术分工也越来越细，对用户层，计算机界面已经完全图形化，软件也更趋人性化，而系统低层的编程技术，硬件的连接技术等专业技能，离普通的计算机使用者也越来越远。人们已经不用像当年在 386 计算机时代，必须学会编程，才能用好计算机。现在的计算机使用者，可以在完全不懂计算机的工作原理情况下，只要用好某个专用软件，就能充分发挥计算机的某种功效，为生产、生活创造价值。因此，我们的思路是，最大限度地提高学生利用计算机处理好日常工作事务的能力，开拓学生创造性思维的能力，综合运用计算机提高工作效率、生活质量，在这当中计算机只是个工具，我们要改变过去那种为了教计算机而教计算机的教学模式，转变成教会学生正确处理日常事务、商务，在处理过程中利用计算机提高效率，提高事务处理质量。

在这样的思路引导下，我们先是将学院的各专业大学一年级下学期普遍开设的 VF 课程从各专业的教学计划中删除，用简单的 VB 程序设计来取代，针对大量文科、经济、管理类专业，我们只教学界面设计部分，不涉及数据库底层连接等，以期能让学生了解一些计算机软件是如何设计出来的。但这项改变只进行了一年，在后面的认真评估和对学生反馈意见的研究后，我们进一步将 VB 程序设计也从全院 30 多个专业教学计划中删除，取而代之的是大学信息基础的高级应用。我们把大学一年级各专业普遍开设的大学信息基础课程进一步深化，原《大学信息基础》课程内容不变，只是在大学一年级下学期，增设高级应用内容，替换 VB 课程。在教学时间有保障的情况下，深入介绍 Office 办公软件的操作与应用。随着教学的深入，对教学效果反馈的研究，我们认为仅仅只是这样改变，依然没有完全实现我们的改革思路，完全适应我们改革思路的教材在市场上没有，而教学是由每个教师去具体实施，大家对改革思路的理解不同，教学实践过程就自然会千差万别。许多教师都是计算机专业教师，他们在教学过程中很容易陷入到教计算机专业技术本身，这对一般计算机专业的学生来说当然没有问题，然而对全院众多非计算机专业的（如管理、经济、财会、人文等专业）学生就不行了，这些专业的学生从他们今后的专业工作性质上讲，对计算机的技术本身无需深入了解，他们只要会利用计算机就足够，就如看电视的人，根本不需要了解电视机的工作原理一样。

我们决定编写一本能完全体现我们改革思路的教材《商务办公应用案例教程》，立足于提高商务活动、日常办公事务的处理效率，用好计算机，为学生今后进入职场更快地适应工作，做好铺垫，在这当中我们将教授学生如何草拟合同，怎样进行一个招投标项目，制作一个临时所需的财务表格，如何高效管理手头的众多人事档案材料等。

经过多年的努力这本教材才面世，这其中的内容，多是在教学中已经实践过的，在实际教学中碰到的困难也很多，因为作为一个专业教师，有时也有专业的局限性，如相当多的专业教师自己也并不了解招投标的全过程。而要教学生哪怕是最简单的财务表格，教师也要补足相当多的财务知识，才能胜任。这些困难也体现在这本教材的编写过程中，可见其编写的难度。

作为教材，写作风格上本应该更加严肃，但这会影响学生的阅读兴趣。我们在编写本书时，所有的案例场景设计，都试图更加贴近学生所知的生活，引入了一些时下人们在职场、生活对话中的语言甚至是网络语言，营造一种职场中的紧张也轻松的环境。让读者能更加融入案例所设定的人物角色，并理解人物角色的工作思路。

在教材的知识小贴士及专业知识链接上，我们同样注意了专业知识的介绍。在相当多的篇章中，我们也有较多的创新内容和提法，成一家之言，鉴于本书的案例涉及专业甚广，所言不当在所难免，希望能抛砖引玉。商务办公事务千变万化，工作环境在不断进步，政策法规也在不断完善，计算机技术也在日新月异，教材总会落在实践之后。我们希望使用这本教材的教师和学生能够在教学过程中去反映这些新的处理办法，并反馈给我们。

本教材由江西农业大学南昌商学院计算机教研室的老师集体编撰和创作，没有大家的通力合作就没有本书的出版。马朝圣、陈雅娟主持制定了本书的整体架构和分工协作方案；陈雅娟撰写了案例 1、11、12，涂静文撰写了案例 2、15，徐颖慧撰写了案例 7、9，汪钰斌撰写了案例 10，熊奇英撰写了案例 3、4，袁黎辉撰写了案例 13、14，黄艺撰写了案例 16、17，刘东华撰写了案例 5、6，王涛撰写了案例 8。马朝圣对全书进行了编校和协调。本书的编写也得到了各级领导的关心和支持，在此表示深深的感谢。

本书案例中所使用到的某些人名、电话号码、通信地址等均为案例所用的虚拟，如有雷同，实属巧合，烦请见谅！

由于时间关系，书中若有疏忽之处，敬请读者提出宝贵意见！

编　者

2011 年 12 月 9 日

工业和信息化普通高等教育"十二五"规划教材立项项目

21世纪高等学校计算机规划教材

21st Century University Planned Textbooks of Computer Science

# 商务办公应用案例教程

## Business Office Application

马朝圣 主编

陈雅娟 副主编

涂静文 熊奇英 刘东华 徐颖慧 王涛 汪钰斌 袁黎晖 黄艺 编

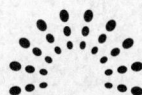

高校系列

人民邮电出版社

北 京

**图书在版编目（CIP）数据**

商务办公应用案例教程 / 马朝圣主编. -- 北京：
人民邮电出版社，2012.3
21世纪高等学校计算机规划教材
ISBN 978-7-115-27355-0

Ⅰ．①商… Ⅱ．①马… Ⅲ．①商务工作－高等学校－
教材 Ⅳ．①F715

中国版本图书馆CIP数据核字(2012)第010458号

## 内 容 提 要

本教材内容共分四大部分：文书处理篇、数据处理篇、图像处理篇和办公设备篇。每部分又分多个商务办公案例。书中各章节按情景再现、任务分解、任务实现、知识小结、拓展训练、知识链接几个小节排列。内容安排突出知识性、应用性相结合，实例丰富、简明易懂、图文并茂，可以作为高等学校本、专科计算机应用课程教材，也可以作为办公文职人员和电脑爱好者的计算机文化与技术普及读本。

工业和信息化普通高等教育"十二五"规划教材立项项目
21世纪高等学校计算机规划教材

### 商务办公应用案例教程

- ◆ 主　　编　马朝圣
　　副主编　陈雅娟
　　编　　　涂静文　熊奇英　刘东华　徐颖慧　王　涛
　　　　　　汪钰斌　袁黎晖　黄　艺
　　责任编辑　刘　博
- ◆ 人民邮电出版社出版发行　　北京市崇文区夕照寺街14号
　　邮编　100061　电子邮件　315@ptpress.com.cn
　　网址　http://www.ptpress.com.cn
　　北京隆昌伟业印刷有限公司印刷
- ◆ 开本：787×1092　1/16
　　印张：11.5　　　　　　　　　2012年3月第1版
　　字数：302千字　　　　　　　2012年3月北京第1次印刷

ISBN 978-7-115-27355-0

定价：26.00 元

读者服务热线：(010)67170985　印装质量热线：(010)67129223
反盗版热线：(010)67171154

# 目　录

## 第一部分　文书处理篇

## 第二部分　数据处理篇

## 第三部分　图像处理篇

## 第四部分　办公设备运用篇

# 第一部分
## 文书处理篇

　　文书亦称文件，是国家机关、社会组织、企事业单位或个人在社会活动中为处理事务、交流信息而使用的各种载体的文字、图表、声像等记录材料。文书处理则是机关、团体、企事业单位按各类事务要求，及各种事务性质的不同进行的处理活动。

　　文书处理有广义和狭义之分，广义文书处理，是指范围包括机关、团体、企事业单位的各种文件、电报、报表、会议文件、调查材料、记录、登记表册等，按照相关要求进行规范化处理的过程。狭义文书处理是指范围包括通用公文与专用公文的文件处理过程，甚至单指按文件的相关格式要求，对一般文件排版格式进行处理的过程。

# 案例 1
# 宣传海报制作

情景：周末任务

角色：小张（经理助理）、老王（经理）

故事："终于把这个月的报表和下个月的工作计划搞定啦，好像经理还挺满意的，不晓得会不会给我加薪啊……"，小张坐在宜家居房产公司明亮的写字间里，想象着自己工作上的美好前景。

"小张，进来一下。"

"经理，什么事哦？"推开门，小张看到经理手上拿的正是自己辛苦做出来的工作计划。

"下个月，宜家居那个别墅区的楼盘就要开盘啦，我们是不是在报纸上打打广告，宣传一下。"

"经理，这个是必须的，咱们就在上海日报上给它来个一整版，好好打响宜家居的名气"

"可是原来负责这一块的小王去了国外，时间上怕是有些来不及啊……"

"要不，我试试。"小张看着经理皱起的眉头，自告奋勇地说。

"好啊，这段时间，你做的东西都挺不错，那就能者多劳啦，宣传部的丁娜那里有以前的楼盘的资料，你可以做个参考"。

> **提示** 海报（Poster）又称"招贴"。是一种在户外如马路、码头、车站、机场、运动场或其他公共场所张贴的广告。由于海报的篇幅比一般报纸广告或杂志广告大，从远处都可以吸引大家的注意，因此在宣传媒介中占有很重要的位置。

## 任务分解

离开经理办公室，小张火速到丁娜那里拿了以前的资料仔细进行了研究，发现那些海报的制作都很精美，应该是用 Photoshop 这个专业的制图软件来设计制作的，可是自己不太会用，所以小张决定用自己拿手的 Word 中的图文混排功能来试试看。

小张结合自己在公司工作半年的经验和以前的一些资料，对这次的楼盘宣传海报制作作出了如下分析。

1. 海报应该在显著位置标明开盘时间和价格，以吸引顾客的注意。

2. 海报应该能体现出楼盘的优势。

3. 海报上应该用街道的形式标明楼盘所在的位置，以方便顾客的咨询和购买。

4. 海报上应该留有公司的联系方式。

5. 因为 Word 不能输出彩色的页面背景，所以完成的海报可以转换为 PDF 格式。

结合这些分析，小张在脑海里想象了一张海报的蓝图，如图 1-1 所示。

**提示**　在设计楼盘海报时，有一些信息是必不可少的，如 LOGO，开发商，销售电话等，其他的信息可能有路线图、户型图、地址等一些详细说明类的文字或图片作为广告内容的补充。

图 1-1　"宜家居海报"效果图

首先设置纸张大小与方向，再插入宣传图片，艺术字，绘制自选图形，接着插入文本框并在文本框中输入宣传文字，最后插入路线图并输入售楼热线与售楼地址，完成后保存，并输出为 PDF。

## 任务实现

### 步骤一：设置纸张大小、纸张方向

1. 设置纸张大小

（1）启动 Word 2007，切换到"页面布局"选项卡，单击"页面设置"选项组中的"纸张大小"按钮，如图 1-2 所示。

（2）在弹出的"下拉菜单"中选择"其他页面大小"命令，并在弹出的"页面设置"对话框中，将纸张大小自定义为"宽" 23 厘米，"高" 36 厘米，如图 1-3 所示。

B5 (JIS)
18.2 厘米 x 25.7 厘米

Japanese Postcard
10 厘米 x 14.8 厘米

Legal
21.59 厘米 x 35.56 厘米

Letter
21.59 厘米 x 27.94 厘米

Tabloid
27.94 厘米 x 43.18 厘米

**16 开(18.4 x 26 厘米)**
18.4 厘米 x 26 厘米

**32 开(13 x 18.4 厘米)**
13 厘米 x 18.4 厘米

**大 32 开(14 x 20.3 厘米)**
14 厘米 x 20.3 厘米

其他页面大小(A)...

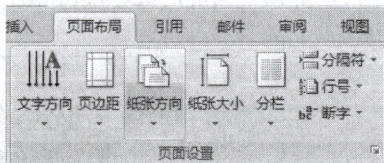

图 1-2　"页面布局"选项卡　　　　　　图 1-3　"纸张大小"下拉菜单

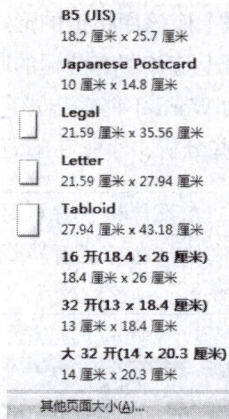

2. 设置纸张方向，切换到"页面布局"选项卡，单击"页面设置"选项组中的"纸张方向"，在弹出的"下拉菜单"中选择"横向"命令按钮，将纸张设为横向的。

> **提示**
>
> 海报的常规格式如下：
>
> 海报:570mm×870mm
>
> 报纸广告：
>
> 1. 整版：230mm×360mm
>
> 2. 半版：230mm×180mm
>
> 3. 四分之一版：165mm×180mm
>
> 4. 楼书：210mm×285mm

## 步骤二：插入图片

1. 单击"插入"选项卡，"插图"组中的"图片"命令按钮，插入一张楼盘设计图。

2. 对插入的图片进行大小和位置的调整。

（1）选中插入的图片，单击"格式"选项卡，"大小"组右下角的按钮，在弹出的大小对话框中，取消对"锁定纵横比的选择"，然后设置"高度"为 16 厘米，"宽度"为 36 厘米，如图 1-4 和图 1-5 所示。

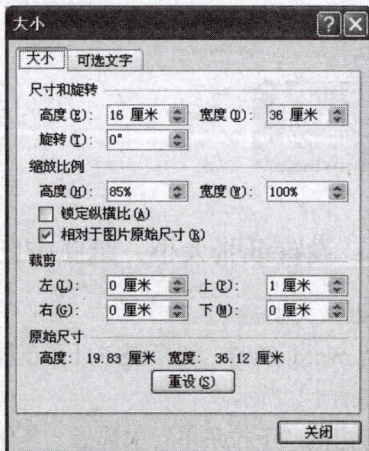

图 1-4　"大小"组　　　　　　　　　　图 1-5　"大小"对话框

（2）将调整好尺寸的图片放到页面的顶部的位置。

**提示**

设置图片大小的技巧：

常规的图片在插入时默认是"锁定纵横比"的，目的是为避免在调整图片大小时造成图片的变形，若想要自由地设置图片的尺寸，一定要去掉对"锁定纵横比"这个选项的勾选。

## 步骤三：绘制自选图形

1. 单击"插入"选项卡，"插图"组中的"形状"命令按钮，在弹出的"下拉菜单"中选择"矩形"，绘制一个矩形。

2. 调整矩形的大小、位置和轮廓、填充等样式。

（1）大小调整：选中矩形，按照同上所述的方法，将矩形的大小调整为"高"8.2厘米，"宽"36厘米。

（2）填充样式设置：选中矩形，单击"格式"选项卡，"形状样式"组中的"形状填充"命令，在弹出的"下拉菜单"中选择"渐变"—"其他渐变"命令，并在弹出的"填充效果"对话框中，选择"渐变"选项卡，在"颜色"中选择"双色"并分别将"颜色1"设为浅绿色，将"颜色2"设为深绿色，在"底纹样式"中选择"水平"，如图1-6所示。

（3）轮廓样式设置：选中矩形，单击"格式"选项卡，"形状样式"组中的"形状轮廓"命令，在弹出的"下拉菜单"中选择"无轮廓"命令。

图1-6  "填充效果对话框"

（4）环绕方式设置：选中矩形，单击"格式"选项卡，"排列"组中的"文字环绕"命令，在弹出的"下拉菜单"中选择"衬于文字下方"命令。

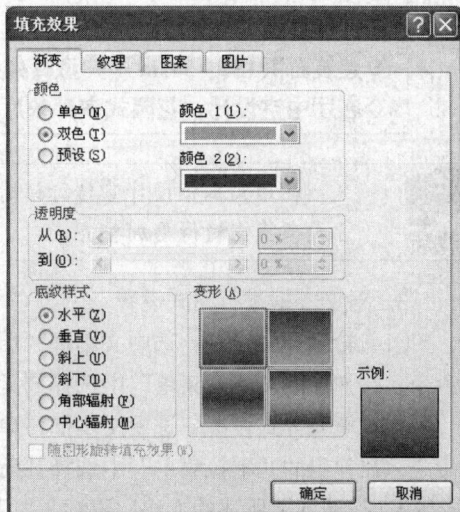

## 步骤四：插入艺术字

1. 插入艺术字

（1）单击"插入"选项卡，"文本"组中的"艺术字"命令按钮，在弹出的"艺术字样式库"中选择"艺术字样式2"，弹出的"编辑艺术字文字"对话框。

（2）在弹出的"编辑艺术字文字"对话框中输入文字"宜室、宜居、宜家……"，确定插入艺术字。

2. 对插入的艺术字进行格式设置

（1）设置艺术字的形状：选中艺术字，单击"格式"选项卡，"艺术字样式"组中的"更改形状"命令，在弹出的"下拉菜单"中选择"波形1"。

（2）调整艺术字的大小：用鼠标拖动的方式，将艺术字修改到合适大小。

（3）调整艺术字的环绕方式：选中艺术字，单击"格式"选项卡，"排列"组中的"文字环绕"命令，在弹出的"下拉菜单"中选择"浮于文字上方"命令。

（4）调整艺术字的位置：将艺术字拖放到靠近左上角的位置。

3. 按照同上所述的方法，插入新的艺术字"宜家居"，并设置为"白色填充、黑色轮廓，右牛角形状"的格式，放置到矩形自选图形的上部的中间位置。

## 步骤五：插入文本框

1. 插入文本框

单击"插入"选项卡，"文本"组中的"文本框"命令，在弹出的下拉菜单中选择"绘制文本框"命令，在页面上绘制一个合适大小的文本框。

2. 在文本框内输入内容

在文本框中输入以下内容。

---

经典户型，完美空间

◇金牌户型，4 室 2 厅 ~ 7 室 3 厅

◇建筑面积 187 ~ 507m$^2$，户型高高在上，超高使用率

◇客厅中空设计，花园式室外餐厅，超大露台

---

**提示**　　在用文本框设计宣传标语时，遇到文本长度不一致的情况，可以考虑用分散对齐的方式来将它对得更加整齐。

3. 对文本框进行格式设置

（1）轮廓样式设置：选中文本框，单击"格式"选项卡，"文本框样式"组中的"形状轮廓"命令，在弹出的"下拉菜单"中选择"无轮廓"命令。

（2）填充样式设置：选中文本框，单击"格式"选项卡，"文本框样式"组中的"形状填充"命令，在弹出的"下拉菜单"中选择"无填充"命令。

4. 按照同上所述的方法，再插入以下几个文本框，并放到合适的位置。

---

超大花园，顶级园林

◇221~654m$^2$ 超大面积花园，生活自成天地

◇自忆花园，邻家花园，窗窗见绿，户户见花

◇园林连入更多亭台楼阁，小桥流水等园艺元素

---

丰盛配套，星级服务

◇沪北首席别墅大盘，逾 2 万人口和谐人居

◇五星级酒店，超大型游乐农庄，康体中心

◇一级标准中英文学校，五星级社区管理服务

---

## 步骤六：插入其他信息

1. 插入路线图。

2. 插入价格、联系方式等其余信息。

## 步骤七：转换为 PDF 的格式

1. 单击"Office 按钮"，在弹出的菜单中选择"另存为"→"PDF 或 XPS"，如图 1-7 所示，在弹出的"发布为 PDF 或 XPS"对话框中输入"文件名"，发布为 PDF 的文件。

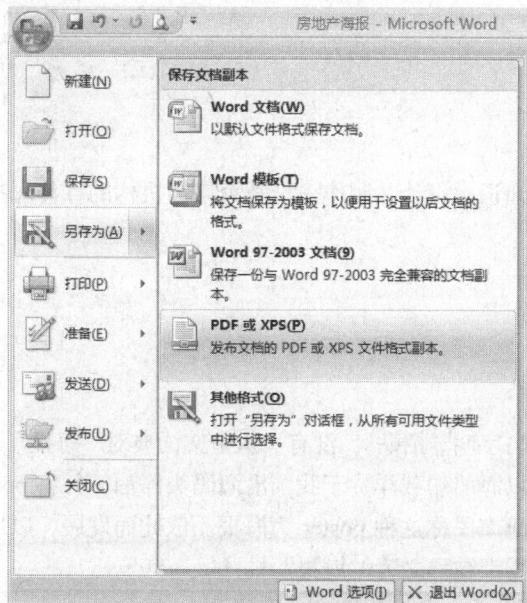

图 1-7  "Office" 按钮弹出菜单

2. Office 2007 在安装时，如果为默认安装，可能不能执行该项命令，需要到 Microsoft 官方网站再下载一个组件并安装后，才可执行此项功能，网址为 http://www.microsoft.com。

3. 完成发布后，系统会自动打开专门的 PDF 器来查看文档。

PDF（Portable Document Format，即便携式文件格式）是由 Adobe Systems 在 1993 年用于文件交换所发展出的文件格式。它的优点在于跨平台、能保留文件原有格式、开放标准，能免版税自由开发。

## 知识点小结

本案例中的房地产宣传海报主要用到设置纸张大小、方向、插入图片、自选图形及艺术字、输出 PDF 等功能来制作。

1. 设置纸张大小

Word 2007 提供了设置纸张大小的功能，可自由地设置纸张的大小，可通过"页面布局"选项卡中的"页面设置"组中的纸张大小来自定义具体的大小。

2. 插入图片时可有多种选择，可插入的图片形式有 bmp，jpg，gif，插入的图片一般不建议把一个小尺寸的图片拉大，会影响图片的显示效果，一般图片如果是做为插图使用，可以把文字的环绕方式设置为"四周型环绕"或是"紧密型环绕"，而如果是作为背景图片来使用，则应该把图片的环绕方式设置为"衬于文本下方"，并且适当调整图片的颜色，如无必要的情况下，尽量不要使用太深的图片来做背景。

3. 艺术字是 Word 排版过程中经常使用的一个元素，如果要想将一个文字用特殊的形状、色彩来突出显示时，经常会使用到艺术字，在使用艺术字的过程中，可适当到网上去搜索特殊的字体来使用。

## 拓展训练

请结合案例上所学的知识，设计并制作一份教育培训机构的宣传海报。

## 知识链接

1. 海报设计的定义

海报在国内还有一个名字叫"招贴"，没有一本中文词典对"海报"一词作过专门解释，但据传说我国清朝时期有洋人以海船舶载洋货于我国沿海码头停泊，并将 poster 张贴于码头沿街各醒目处，以促销其船货，沿海市民称这种 poster 为海报。依此而发展，以后凡是类似海报目的及其他有传递消息作用的张贴物都被称之为"海报"。

2. 海报广告按形式可分为公共海报和商业海报两大类

公共海报以社会公益性问题为题材，如非商业机构、慈善机关、戒烟、优生、竞选、献血、交通安全、环境保护绿化植树、净化空气、节约能源、文体活动宣传等。

商业海报则以商品促销商品、商业机构、展销、劳务、满足消费者需要之内容为题材，特别是市场经济的出现和发展，商业海报也将越来越重要，越来越被广泛地应用。

海报多数是用制版印刷方式制成，供在公共场所和商店内外张贴。当然，也有一些出于临时性目的的海报，不用印刷，只以手绘完成，如商品临时降价优惠，通知展销会、交易会、时装表演或食品品尝会的时间、地点等。其优点是传播信息及时，成本降低，制作简便。

3. 海报制作六大原则

（1）单纯：形象和色彩必须简单明了（也就是简洁性）。

（2）统一：海报的造型与色彩必须和谐，要具有统一的协调效果。

（3）均衡：整个画面需要具有魄力感与均衡效果。

（4）销售重点：海报的构成要素必须化繁为简，尽量挑选重点来表现。

（5）惊奇：海报无论在形式上或内容上都要出奇创新，具有强大的惊奇效果。

（6）技能：海报设计需要有高水准的表现技巧，无论绘制或印刷都不可忽视技能性的表现。

4. 海报设计中的常用技法

（1）直接展示法

这是一种最常见的运用十分广泛的表现手法。它将某产品或主题直接如实地展示在广告版面上，充分运用摄影或绘画等技巧的写实表现能力。细致刻画和着力渲染产品的质感、形态和功能用途，将产品精美的质地引人入胜地呈现出来，给人以逼真的现实感，使消费者对所宣传的产品产生一种亲切感和信任感。

这种手法由于直接将产品推向消费者面前，所以要十分注意画面上产品的组合和展示角度，应着力突出产品的品牌和产品本身最容易打动人心的部分，运用色光和背景进行烘托，使产品置身于一个具有感染力的空间，这样才能增强广告画面的视觉冲击力。

（2）突出特征法

运用各种方式抓住和强调产品或主题本身与众不同的特征，并把它鲜明地表现出来，将这些特征置于广告画面的主要视觉部位或加以烘托处理,使观众在接触言辞画面的瞬间就很快感受到,对其产生注意和发生视觉兴趣,达到刺激购买欲望的促销目的。

在广告表现中,这些应着力加以突出和渲染的特征,一般由富于个性产品形象与众不同的特殊能力、厂商的企业标志和产品的商标等要素来决定。

突出特征的手法也是我们常见的运用得十分普遍的表现手法,是突出广告主题的重要手法之一,有着不可忽略的表现价值。

（3）合理夸张法

借助想象,对广告作品中所宣传的对象的品质或特性的某个方面进行相当明显的过分夸大,以加深或扩大这些特征的认识。文学家高尔基指出:"夸张是创作的基本原则。"通过这种手法能更鲜明地强调或揭示事物的实质,加强作品的艺术效果。

夸张是一般中求新奇变化,通过虚构把对象的特点和个性中美的方面进行夸大,赋予人们一种新奇与变化的情趣。

按其表现的特征,夸张可以分为形态夸张和神情夸张两种类型,前者为表象性的处理品,后者则为含蓄性的情态处理品。通过夸张手法的运用,为广告的艺术美注入了浓郁的感情色彩,使产品的特征性鲜明、突出、动人。

（4）以小见大法

在广告设计中对立体形象进行强调、取舍、浓缩,以独到的想象抓住一点或一个局部加以集中描写或延伸放大,以更充分地表达主题思想。这种艺术处理以一点观全面,以小见大,从不全到全的表现手法,给设计者带来了很大的灵活性和无限的表现力,同时为接受者提供了广阔的想象空间,获得生动的情趣和丰富的联想。

（5）运用联想法

在审美的过程中通过丰富的联想,能突破时空的界限,扩大艺术形象的容量,加深画面的意境。

通过联想,人们在审美对象上看到自己或与自己有关的经验,美感往往显得特别强烈,从而使审美对象与审美融合为一体,在产生联想过程中引发了美感共鸣,其感情的强度总是激烈的、丰富的。

（6）富于幽默法

幽默法是指广告作品中巧妙地再现喜剧性特征,抓住生活现象中局部性的东西,通过人们的性恪、外貌和举止的某些可笑的特征表现出来。

幽默的表现手法,往往运用饶有风趣的情节,巧妙的安排,把某种需要肯定的事物,无限延伸到漫画的程度,造成一种充满情趣,引人发笑而又耐人寻味的幽默意境。幽默的矛盾冲突可以达到出乎意料之外,又在情理之中的艺术效果,引起观赏者会心的微笑,以别具一格的方式,发挥艺术感染力的作用。

（7）借用比喻法

比喻法是指在设计过程中选择两个在本质上各不相同,而在某些方面又有些相似性的事物,"以此物喻彼物",比喻的事物与主题没有直接的关系,但是某一点上与主题的某些特征有相似之处,因而可以借题发挥,进行延伸转化,获得"婉转曲达"的艺术效果。

与其他表现手法相比,比喻手法比较含蓄隐伏,有时难以一目了然,但一旦领会其意,便能给予意味无尽的感受。

（8）以情托物法

艺术的感染力最有直接作用的是感情因素,审美就是主体与美的对象不断交流感情产生共鸣的过程。艺术有传达感情的特征，"感人心者，莫先于情"这句话已表明了感情因素在艺术创造中的作用，在表现手法上侧重选择具有感情倾向的内容，以美好的感情来烘托主题，真实而生动地反映这种审美感情就能获得以情动人，发挥艺术感染人的力量，这是现代广告设计的文学侧重和美的意境与情趣的追求。

（9）悬念安排法

在表现手法上故弄玄虚，布下疑阵，使人对广告画面乍看不解题意，造成一种猜疑和紧张的心理状态，在观众的心理上掀起层层波澜，产生夸张的效果，驱动消费者的好奇心和强烈举动，开启积极的思维联想，引起观众进一步探明广告题意之所在的强烈愿望，然后通过广告标题或正文把广告的主题点明出来，使悬念得以解除，给人留下难忘的心灵感受。

悬念手法有相当高的艺术价值，它能加深矛盾冲突，吸引观众的兴趣和注意力，造成一种强烈的感受，产生引人入胜的艺术效果。

（10）选择偶像法

在现实生活中，人们心里都有自己崇拜、仰慕或效仿的对象，而且有一种想尽可能地向他靠近的心理欲求，从而获得心理上的满足。这种手法正是针对人们的这种心理特点运用的，它抓住人们对名人偶像仰慕的心理，选择观众心目中崇拜的偶像，配合产品信息传达给观众。由于名人偶像有很强的心理感召力，故借助名人偶像的陪衬，可以大大提高产品的印象程度与销售地位，树立名牌的可信度，产生不可言喻的说服力，诱发消费者对广告中名人偶像所赞誉的产品的注意激发起购买欲望。偶像的选择可以是柔美风流的超级女明星，气质不凡举世闻名的男明星；也可以是驰名世界体坛的男女高手，其他的还可以选择政界要人、社会名流、艺术大师、战场英雄、俊男美女等。偶像的选择要与广告的产品或劳务在品格上相吻合，不然会给人牵强附会之感，使人在心理上予以拒绝，这样就不能达到预期的目的。

（11）连续系列法

通过连续画面，形成一个完整的视觉印象，使通过画面和文字传达的广告信息十分清晰、突出、有力。

广告画面本身有生动的直观形象，多次反复的不断积累，能加深消费者对产品或劳务的印象，获得好的宣传效果，对扩大销售，树立名牌，刺激购买欲增强竞争力有很大的作用。对于作为设计策略的前提，确立企业形象更有不可忽略的重要作用。

作为设计构成的基础，形式心理的把握是十分重要的，从视觉心理来说，人们厌弃单调划一的形式，追求多样变化，连续系列的表现手法符合"寓多样于统一之中"这一形式美的基本法则，使人们于"同"中见"异"，于统一中求变化，形成既多样又统一，既对比又和谐的艺术效果，增强了艺术感染力。

# 案例 2
## 客户感谢信：邮件合并

有没有碰到过这样的情况呢？同样的一封邮件，需要发送给不同的人，但是一封一封地发送很麻烦，这时候就要用到新的工具——邮件合并。

情景：客户感谢信

角色：琪琪（销售经理助理）、刘枫（销售经理）

故事："时间过得可真快"，琪琪边工作边想着。转眼间琪琪也来到公司两年了，这不又到年终了。年终总是和业绩、绩效考核相挂钩的，当然也就和年终奖有关了。想到这些，琪琪又开始全身心投入到工作状态中了。

"琪琪，在做什么事呀？"说话的人是刘枫，销售部经理。经理这段时间也是忙得够呛。为了完成公司预期的销售目标，销售部门全体员工都崩紧了弦，希望在年终把业绩冲个新高。

"我在做部门年度销售业绩统计表呢。"琪琪回答道。

"噢，不错，继续努力啊。不过你先把手头上的事情放放，销售业绩还需要一段时间才能统计完。我这里有件比较急的事儿，你先做一下。"经理边赞许地点头边交代琪琪。

"好的，我马上来您办公室。"琪琪把手头上的工作稍微理了一下，就来到经理办公室。

"是这样的。作为销售部门而言，除了与客户建立商品的买卖关系以外，维护与客户的良好关系也是非常重要的。所以，在年终的时候除了登门拜访老客户以外，发封感谢信也是不错的选择，信件要包含三方面内容。一是感谢客户使用我们的产品；二是对我们的产品或服务有什么意见或建议提出宝贵的意见；三是年终到来，提前给客户拜个早年。你来想想这事儿怎么做吧。"

"好的。那我干活去了。"琪琪快速回到自己的座位，开始思考经理交代的工作该怎么做了……

接到这个任务，琪琪开始思索。平时常用 Outlook 来发送邮件，但公司有好几百客户，一个一个地发送，那是非常花时间的。如果每封信只用统一格式，没有对客户的称呼，似乎对客户不太尊重，而且经理估计会认为自己偷懒或者是无能。那么，应该怎么办呢？

有了，以前技术部的赵工曾经教过自己邮件合并，好像是先把信函写好，联系人准备好，然后再怎么插入，赶紧来试试看吧。

## 任务实现

（1）选择文档类型
（2）选择开始文档
（3）选择收件人
（4）撰写信函
（5）预览信函

## 任务一　制作大量信函

由于现在我们已经预先制作好了"信函（主文档）"和"信函和信封（数据源）"案例文件，所以接下来的操作，实际上就是邮件合并的第三个过程——"把数据源合并到主文档中"。在实际处理自己的工作时，主文档和数据源当然都会改变，到时参照提供的案例文件制作即可。

---

**提示**　邮件合并的关键过程就是把数据源合并到主文档中。

首先准备好数据源；

其次要制作好模板；

最后即为合并过程。

---

1. 启动 Word 2007，打开主文档"信函（主文档）"案例文件，接下来的任务就把数据源中的"客户姓名"和"服务账号"两个字段合并到主文档中。

2. 单击"邮件"工具栏中的"开始邮件合并"→"邮件合并分步向导"，如图 2-1 所示，可在窗口的右侧出现"邮件合并任务空格"。

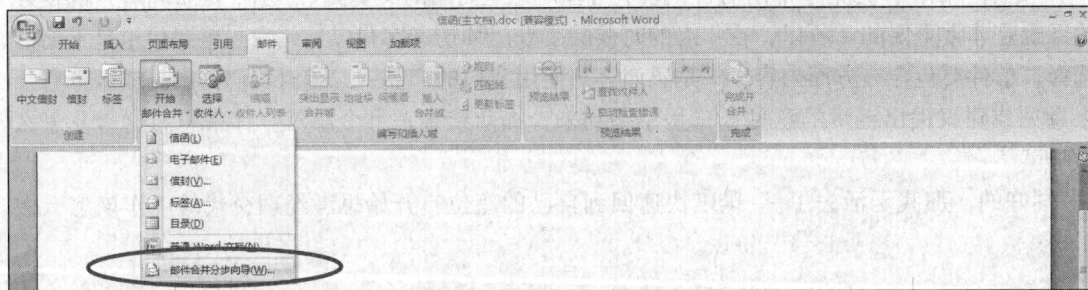

图 2-1　邮件合并任务空格

3. 接下来，可以在邮件合并任务窗格中看到"邮件合并向导"的第一步：选择文档类型，这里我们采用默认的选择："信函"，如图 2-2 所示。

4. 单击任务窗格下方的下一步：正在启动文档链接，进入"邮件合并向导"的第二步：选择开始文档。由于我们当前的文档就是主文档，故采用默认选择："使用当前文档"，如图 2-3 所示。

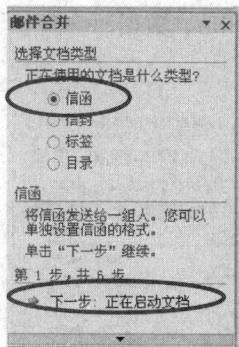

图 2-2　信函

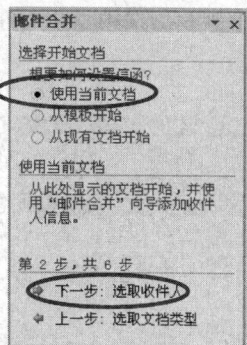

图 2-3　使用当前文档

5. 单击任务窗格下方的下一步：选取收件人，进入"邮件合并向导"的第三步：选择收件人。从这里可以看到，如果你还没创建数据源，则可以选择"键入新列表"单选框，然后单击"键入新列表"下方的"创建"链接，在弹出的"新建地址列表"对话框中进行创建。但是前面已经说过，为了提高效率，还是在之前就把数据源创建好。由于我们已经准备好了 Excel 格式的数据源，"信函和信封（数据源）"案例文件，于是我们单击"使用现有列表"区的"浏览"链接，打开"选取数据源"对话框，如图 2-4 所示。

6. 通过该对话框定位到"信函和信封（数据源）"案例文件的存放位置，选中它后单击"打开"。由于该数据源是一个 Excel 格式的文件，接着弹出"选择表格"对话框，数据存放在 Sheet1 工作表中，于是在 Sheet1 被选中的情况下单击"确定"按钮，如图 2-5 所示。

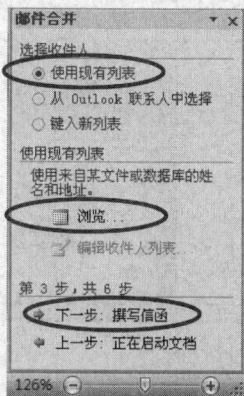

图 2-4　选择收件人

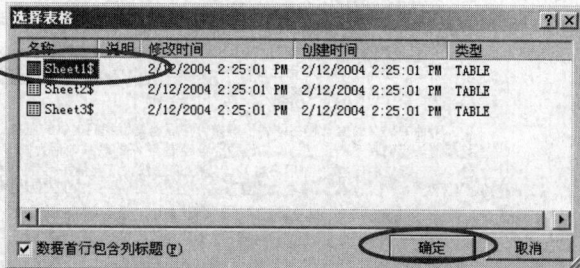

图 2-5　选择信函和信封（数据源）

> 选择的数据源要注意表格第一行不用插入标题或其他文字，而必须是表头，否则将无法识别数据源。

7. 接着弹出"邮件合并收件人"对话框，可以在这里选择哪些记录要合并到主文档，默认状态是全选。这里保持默认状态，单击"确定"按钮，返回 Word 编辑窗口，如图 2-6 所示。

8. 单击下一步：撰写信函链接，进入"邮件合并向导"的第四步：撰写信函。这个步骤是邮件合并的核心，因为在这里我们将完成把数据源中的恰当字段插入到主文档中的恰当位置。

9. 先选中主文档中的"[收信人姓名]"，接着单击任务窗格中的"其他项目"链接，打开"插入合并域"对话框，"数据库域"单选框被默认选中，"域（F）:"下方的列表中出现了数据源表格中的字段。接下来我们选中"客户姓名"，单击"插入"按钮后，数据源中该字段就合并到了主文档中（见图2-7）。

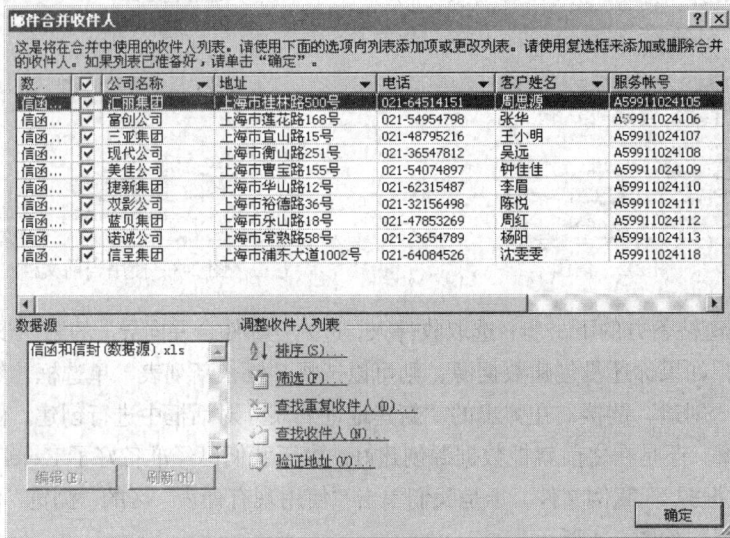

图2-6　选择邮件合并收件人

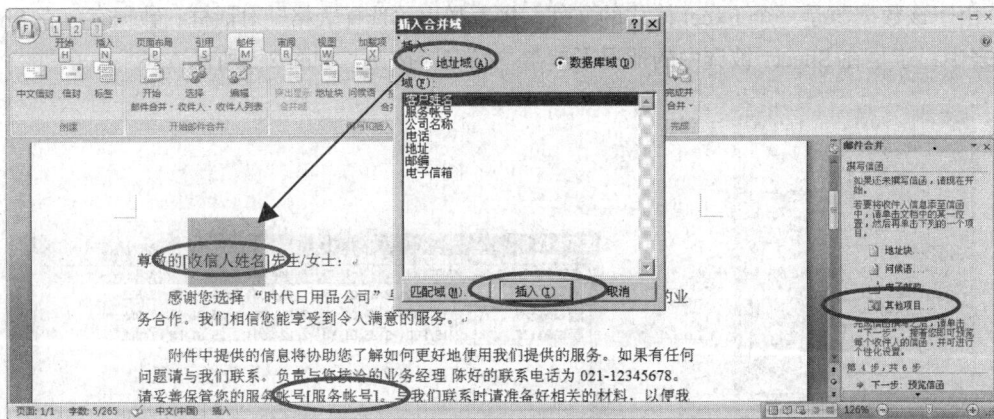

图2-7　插入合并域

> **提示**　这里的[收信人姓名]只起提示作用，插入合并域时需将其删除，否则将多出"[收信人姓名]"几个字。

10. 先关闭"插入合并域"对话框，然后选中"[服务账号]"，用同样的方法把数据源中的"服务账号"字段合并到主文档中。

11. 可以看到从数据源中插入的字段都被用"《》"符号括起来，以便和文档中的普通内容相区别。

12. 检查确认之后，就可以单击下一步：预览信函链接，进入"邮件合并向导"的第五步：预览信函。首先可以看到刚才主文档中的带有"《》"符号的字段，变成数据源表中的第一条记录中信息的具体内容，单击任务窗格中的"<<"或">>"按钮可以浏览批量生成的其他信函，如图2-8所示。

13. 浏览合并生成的信函通常是件很愉快的事，因为用传统方法做起来很麻烦的任务，已经被聪明的 Word 完成了。确认正确无误之后，单击下一步"完成合并"，就进入了"邮件合并向导"的最后一步"完成合并"。在这里单击"合并"区的"打印"链接就可以批量打印合并得到的 10 份信函了，为什么有 10 份信函呢？还记得这是因为数据源表格中的记录数只有 10 个的原因吗？在弹出"合并到打印机"对话框中还可以指定打印的范围，这里我们采用默认选择"全部"，如图 2-9 所示。

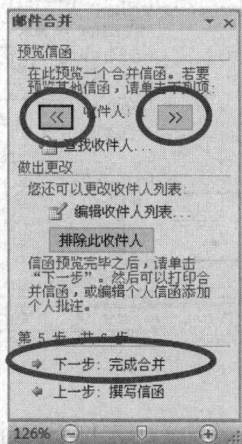

图 2-8    预览信函        图 2-9    完成合并

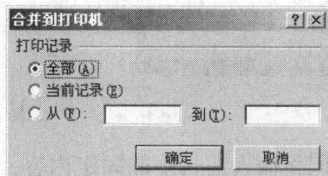

14. 如果你的电脑上装了打印机和打印纸，单击"确定"按钮，弹出"打印"对话框，再单击"确定"按钮。过一会儿，10 份专业的信函就出现在你面前了。

## 任务二    制作大量信封

完成信函的制作之后我们开始批量制作信封。之所以介绍制作信封，而不做贴在信封上的那种信签条，是因为一方面精心制作好信封能给客户更专业和深刻的印象，另一方面信签条的制作方法和最后介绍的制作大量的工资条类似，完全可以仿照操作。

显然，信封的制作也要经历"邮件合并向导"的六个步骤，有了前面的基础，下面的学习将更加轻松。不过也不应该掉以轻心，这个任务只提供了数据源，并没有提供主文档，我们将把重点放在主文档的制作与修饰上。

1. 启动 Word 2007，进入主界面后新建一个空白文档，并打开"邮件合并"任务窗格。在"邮件合并向导"的第一步：选择文档类型中，选中"信封"单选框，如图 2-10 所示。

2. 进入第二步：选择开始文档。这里我们要设定信封的类型和尺寸。单击"更改文档版式"区的"信封选项"链接，打开"信封选项"对话框，单击"信封尺寸"框的下拉箭头，在弹出的列表中选择一种信封类型。这里我们以使用较普遍的标准小信封（规格为 110mm×220mm）的尺寸为例。于是选择普通 5 选项，如图 2-11 所示。单击"确定"按钮后返回 Word 编辑窗口，可以看到页面已经根据信封的规格改变。

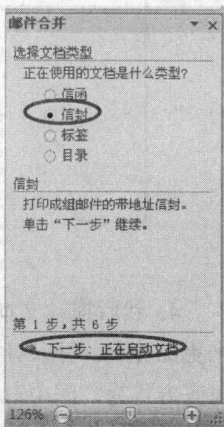

图 2-10    选择文档类型

**提示**    "信封尺寸"在这里是一个广义的概念。并不仅仅指信封的尺寸，而是要设置的文档的大小。

说明：如果"信封尺寸"框的下拉列表中没有符合你要求的信封规格，则选择最后一项自定义信封的尺寸。

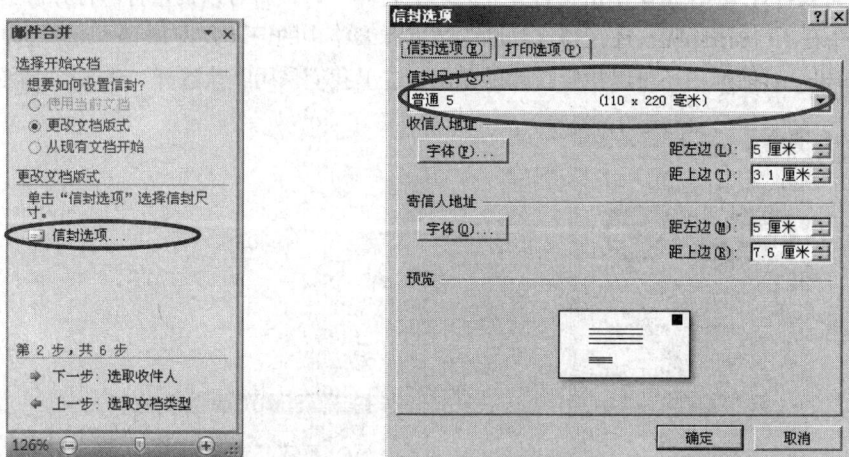

图 2-11　自定义信封尺寸

3. 下面我们将输入信封中的固定内容，即发信人的信息。将插入点定位于信封下方的文本框中，输入发信人的信息，如图 2-12 所示。

图 2-12　输入发信人信息

4. 然后拖动文本框到信封右下角恰当位置，以便符合信封的布局规定。为了让这些信息看起来更加美观，可以对它们进行修饰。选中公司名称"上海时代日用品公司"，设置字体为"楷体"，对齐方式为"居中对齐"，选中地址和邮编，设置对齐方式为"分散对齐"，稍加修饰后可以得到比较专业的外观。到这里为止，我们算是完成了主文档的制作，如图 2-13 所示。

5. 接下来的工作，就进入把数据源中的字段合并到主文档中的过程了。本任务使用的数据源和任务 1 相同，如果你够仔细的话，应该已经发现，任务 1 的数据源中就含有制作信封所需的"收信人姓名"、"地址和邮编"这些字段的信息。

6. 进入第三步：选取收件人。单击"使用现有列表"区的"浏览"链接，用和任务一相同的方法打开 Excel 格式的数据源"信函和信封（数据源）"文件。

图 2-13　主文档的制作

7. 进入第四步：选取信封。在这里我们将完成把数据源中的字段合并到主文档中的操作。把插入点定位于信封左上角安置邮编的位置，单击"其他项目"链接，打开"插入合并域"对话框，在"域（F）"下方的框中选择"邮编"，再单击"插入"按钮，于是"邮编"字段被合并到主文档中。用同样的方法把"地址"字段插入到"邮编"的下方，"客户姓名"插入到位于信封正中的文本框中，如图 2-14 所示。

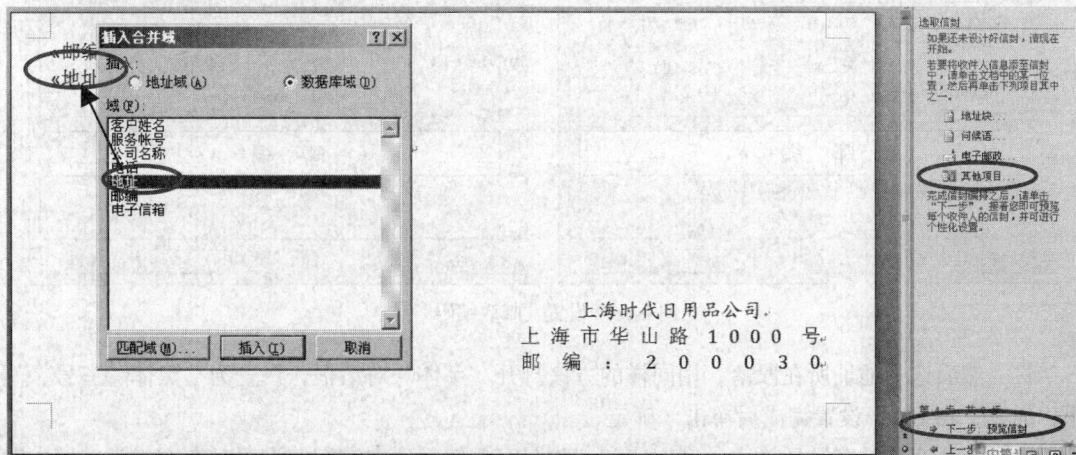

图 2-14　插入合并域

8. 插入操作完成后关闭"插入合并域"对话框，返回 Word 编辑窗口，调整存放"客户姓名"字段的文本框的大小和位置，设置"客户姓名"字段的对齐方式为"居中对齐"。

9. 进入第五步：预览信封。在这里可以先浏览信封的效果。也许此时信封的外观并不能让你满意，因为收信人的邮编和地址都凑在一起，客户姓名字体不够醒目等。为了让信封的外观更加悦目，下面再来进行一番修饰。

10. 先选中邮政编码所在的段落，选择右键菜单中的"字体"，在打开的"字体"对话框中，设置为"宋体、三号、加粗"，选择"字符间距"选项卡，设置"间距为加宽，磅值为18 磅"，设置完成后单击"确定"按钮，如图 2-16 所示。

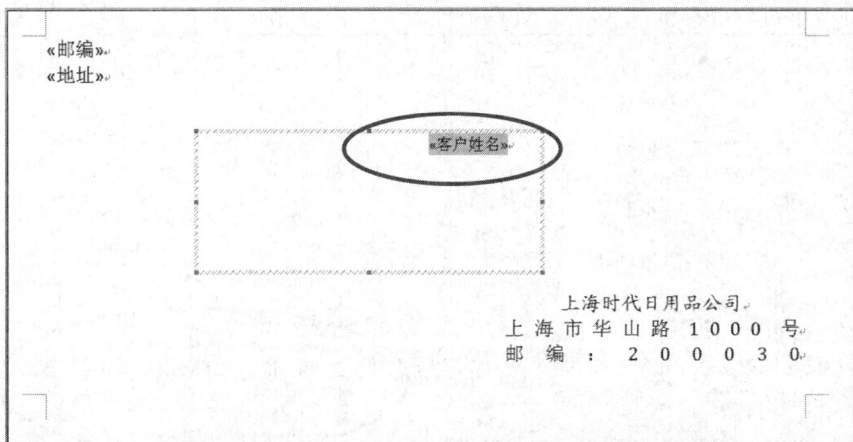

图 2-15　调整文本框大小和位置

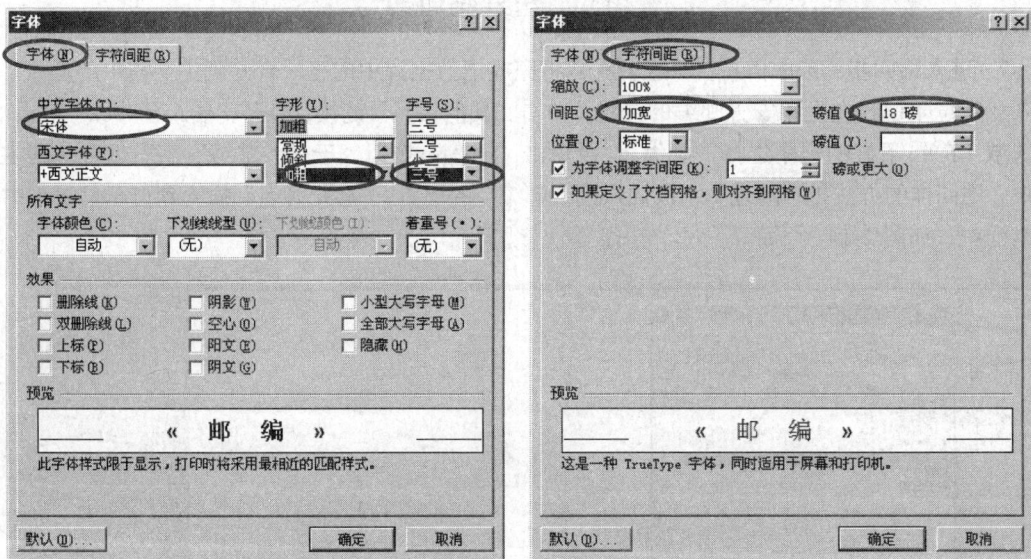

图 2-16　设置"邮政编码"

11. 然后选中地址所在段落，用同样的方法打开"字体"对话框，设置为"黑体、三号、间距：加宽，18 磅"，设置完成后单击"确定"。

12. 在"客户姓名"后输入一个空格和"收"字，然后选中它们，设置对齐方式为"居中对齐"，打开"字体"对话框，设置为"华文行楷、小一、间距：加宽，5 磅"，如图 2-17 所示，设置完成后单击"确定"，现在再来看看信封的外观，是不是更加美观呢？

13. 浏览满意之后，就进入第六步：完成合并。单击"合并"区的"打印"链接，打开"合并到打印机"对话框，在这里可以设定打印的范围，我们保持默认选择"全部"，单击"确定"按钮后弹出"打印"对话框，再单击"确定"按钮可以开始打印，如图 2-18 所示。

14. 如果这些信封以后还会用到，则可以把合并结果保存一个新的文档，以便重复使用。

15. 第六步：在合并完成的任务窗格中，单击"编辑个人信封"链接，打开"合并到新文档"对话框，保持默认选择"全部"，单击"确定"按钮后，得到一个名称为"信封 1"的新文档，设置显示的比例为 50%，可以在编辑窗口内看到合并生成的所有信封

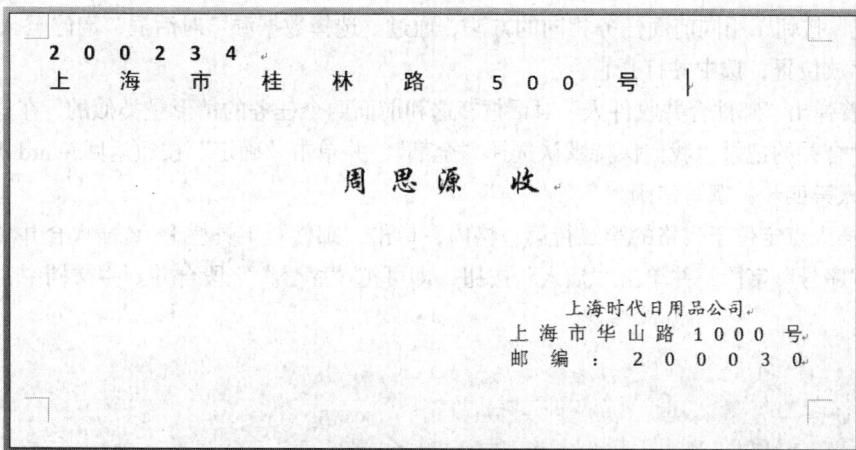

```
２００２３４
上 海 市 桂 林 路 ５００ 号 |

    周 思 源  收

          上海时代日用品公司
      上 海 市 华 山 路 １０００ 号
      邮  编： ２０００３０
```

图 2-17　设置"客户姓名"

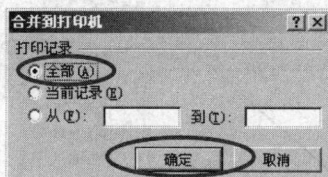

图 2-18　完成合并

16. 接下来为"信封 1"新文档取一个恰当的名称，如"客户信封"，保存在恰当的位置即可，以后需要重新制作这些信封时，打印这个文档即可。

## 任务三　制作大量的工资条

已经运用邮件合并完成了两个任务，大家应该对这个强大的功能比较了解了。那么是否还有必要继续操练任务三呢？回答是肯定的，一是因为任务三的完成过程代表了一系列任务，比如制作大量的成绩条、信签条等的完整方法；二是在任务三中我们将学习使用"邮件合并"工具栏，熟练使用"邮件合并"工具栏可以提高操作的效率。

本任务提供了主文档和数据源案例文件，进入具体操练之前，请先去下载好。主文档是一个工资条表格，数据源是一个 Access 格式的记录表。大家将会在操练中体会到 Excel 格式数据源和 Access 在使用方法上几乎没什么区别，操作都很简单。

1. 打开主文档"工资条（主文档）"案例文件，可以看到，这是一个制作好的工资条表格，和前两个任务一样，在后面的过程中，我们要通过"邮件合并"向导把数据源中的字段信息合并进来。

> "主文档"除了可以是文字、文本框外，还可以是表格。

2. 打开"邮件合并"任务窗格，进入"邮件合并向导"第一步：选择文档类型，我们采用默认选择"信函"。

3. 进入第二步：选择开始文档。由于当前文档就是主文档，故采用默认选择"使用当前文档"。

4. 进入第三步：选取收件人。在这里我们要告诉 Word 数据源在哪里。单击"使用现有列表"

区的"浏览"按钮，用同前面任务相同的方法，通过"选择数据源"对话框，定位至 Access 格式数据源的存放位置，选中并打开它。

5. 接着弹出"邮件合并收件人"对话框，这和前面两个任务的情形是类似的，在这里可以指定参与邮件合并的记录，我们保持默认选择"全部"，并单击"确定"按钮返回 Word 编辑窗口。

6. 进入第四步：撰写信函。

7. 将插入点定位于表格的第二行第一格内，单击"邮件"工具栏上 "插入合并域"下方列表框中的"序号"字段，并单击"插入"按钮，即可把"序号"字段合并到主文档中，如图 2-19 所示。

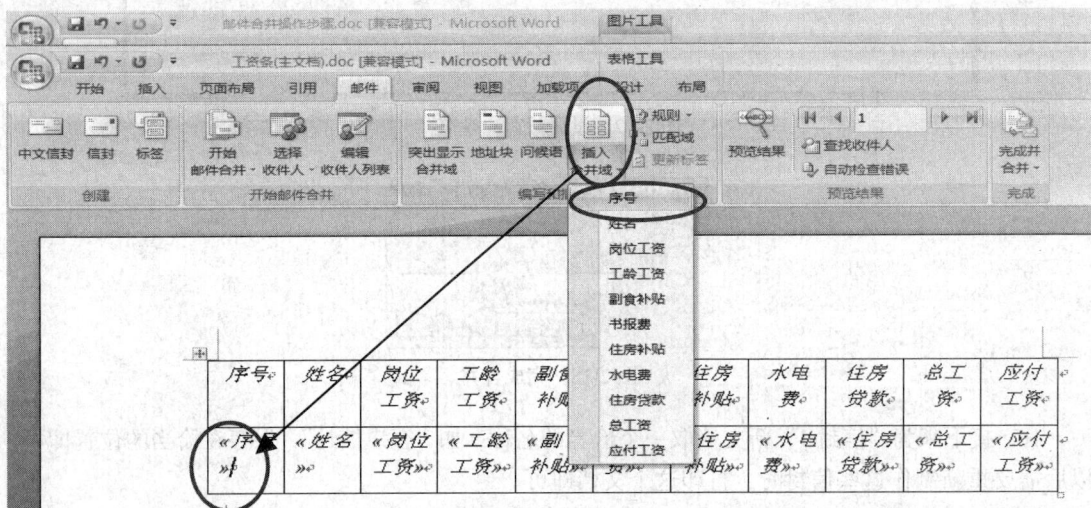

图 2-19　插入合并域

8. 用同样的方法把其余字段插入到主文档表格中对应的位置，完成后效果如图 2-20 所示。

图 2-20　工资条完成效果

9. 进入第五步：预览信函。在这里我们可以浏览工资条的大致效果，还可以调整"姓名"表格的宽度，让姓名在一行内显示。然后选中"姓名"后的表格区域，单击鼠标右键，在弹出的菜单中选择"平均分布各列"，让这些列具有相同的宽度，这会使制作完成的工资条更加美观。

10. 如果我们就这样进入"邮件合并向导"的第六步，开始执行打印操作的话，那么将出现一页纸只能打印一个工资条的情况，这样好像太浪费了。下面我们进行一些操作，使得一张纸上可以打印几个工资条，以便充分利用资源。

11. 选中整个工资条表格，并执行复制命令，然后在原表格下方空一行后执行粘贴命令。这样就得到了两个工资条了。根据页面的大小重复上面的操作。笔者在操练过程中一页纸上容纳了七个。

**提示** 　　"下一条记录"使得每一页不只是显示一条记录，而是可以插入多条。

12. 接着你会发现这七个工资条记录数据全都是一样的，该怎么处理呢？非常简单，只要利用"邮件合并"工具栏上的一个命令就可以了。我们先把插入点定位于主文档中第一和第二个表格之间的空行处，单击"邮件合并"工具栏上的"插入 Word 域"按钮，在弹出的菜单中选择"下一记录"命令，你会发现第二个表格中的数据变成了数据源中第二条记录的数据，如图 2-21 所示。接着把插入点定位于第二和第三个表格之间的空行执行上述的操作，后面的表格依次类推处理。

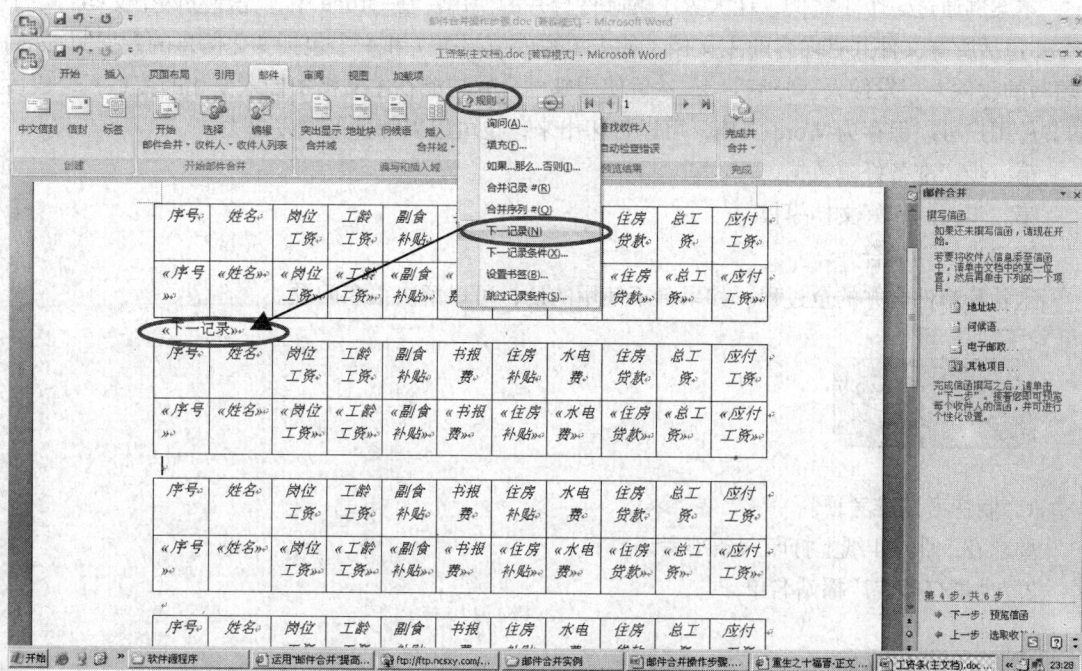

图 2-21　设置"下一条记录"

13. 全部完成后效果与图 2-22 类似。

| 序号 | 姓名 | 岗位工资 | 工龄工资 | 副食补贴 | 书报费 | 住房补贴 | 水电费 | 住房贷款 | 总工资 | 应付工资 |
|---|---|---|---|---|---|---|---|---|---|---|
| 1 | 王瑶瑶 | 1800 | 250 | 100 | 200 | 300 | 200 | 300 | 2650 | 2150 |

| 序号 | 姓名 | 岗位工资 | 工龄工资 | 副食补贴 | 书报费 | 住房补贴 | 水电费 | 住房贷款 | 总工资 | 应付工资 |
|---|---|---|---|---|---|---|---|---|---|---|
| 2 | 李香香 | 1801 | 251 | 101 | 201 | 301 | 201 | 301 | 2655 | 2153 |

| 序号 | 姓名 | 岗位工资 | 工龄工资 | 副食补贴 | 书报费 | 住房补贴 | 水电费 | 住房贷款 | 总工资 | 应付工资 |
|---|---|---|---|---|---|---|---|---|---|---|
| 3 | 周妹妹 | 1802 | 252 | 102 | 202 | 302 | 202 | 302 | 2660 | 2156 |

| 序号 | 姓名 | 岗位工资 | 工龄工资 | 副食补贴 | 书报费 | 住房补贴 | 水电费 | 住房贷款 | 总工资 | 应付工资 |
|---|---|---|---|---|---|---|---|---|---|---|
| 4 | 朱彤彤 | 1803 | 253 | 103 | 203 | 303 | 203 | 303 | 2665 | 2159 |

图 2-22　完成效果

14. 浏览满意之后就可以进入第六步：完成合并。然后把工资条打印出来，制作完成。

## 知识点小结

本案例通过三个小案例，让大家了解邮件合并的使用。在 Office 中，先建立两个文档：一个 Word 包括所有文件共有内容的主文档（如未填写的信封等）和一个包括变化信息的数据源 Excel（填写的收件人、发件人、邮编等），然后使用邮件合并功能在主文档中插入变化的信息，合成后的文件用户可以保存为 Word 文档，可以打印出来，也可以以邮件形式发出去。

第一步：准备好源数据。

第二步：制作好文档模板。

第三步：完成合并。

这就是邮件合并的全过程。如果善于使用的话，可以解决很多问题。

## 拓展训练

1. 制作考试准考证。

要求在一张 A4 纸上打印六条准考证。

2. 批量打印院广播站名单

## 知识链接

1. 邮件合并的应用领域

（1）批量打印信封：按统一的格式，将电子表格中的邮编、收件人地址和收件人打印出来。

（2）批量打印信件：主要是换从电子表格中调用收件人，换一下称呼，信件内容基本固定不变。

（3）批量打印请柬：同（2）。

（4）批量打印工资条：从电子表格调用数据。

（5）批量打印个人简历：从电子表格中调用不同字段数据，每人一页，对应不同信息。

（6）批量打印学生成绩单：从电子表格成绩中取出个人信息，并设置评语字段，编写不同评语。

（7）批量打印各类获奖证书：在电子表格中设置姓名、获奖名称和等级，在 Word 中设置打印格式，可以打印众多证书。

（8）批量打印准考证、明信片、信封等个人报表。

总之，只要有数据源（电子表格、数据库）等，只要是一个标准的二维数表，就可以很方便地按一个记录一页的方式从 Word 中用邮件合并功能打印出来！

2. 感谢信

感谢信是一种礼仪文书，用于商务活动中的许多非协议的合同中，一方受惠于另一方，应及时地表达谢忱，使对方在付出劳动后得到心理上的收益，它是一种不可少的公关手段。感谢信是集体单位或个人对关心、帮助、支持本单位或个人表示衷心感谢的函件。感谢信是文明的使者，从文体来说，它属于应用文体。在日常生活和工作中，得到人家的帮助和支持，可用这种文体"感谢"一下。它与表扬信有许多相似之处，所不同的是感谢信也有表扬信的意思，但是重点在感谢。

3. 书写感谢信的注意事项

（1）内容要真实，评誉要恰当，感谢信的内容必须真实，确有其事，不可夸大溢美。感谢信以感谢为主，兼有表扬，所以表达谢意时要真诚，说到做到。评誉对方时要恰当，不能过于拔高，以免给人一种失真的印象。

（2）用语要适度，叙事要精练，感谢信的内容以主要事迹为主，详略得当，篇幅不能太长，所谓话不在多，点到为止。感谢信的用语要求是精练、简洁，遣词造句要把握好一个度，不可过分雕饰，否则会给人一种不真实、虚伪的感觉。

# 案例 3
# 招标文件的制作

情景：丰华工程咨询公司办公室

角色：王总、万经理、刘珊珊

故事：

丰华工程咨询公司是一家江西省内非常知名的企业，作为一名本科生能进入到这家公司，刘珊珊觉得非常幸运。由于她还是新进员工，万经理总是分配些会议准备、贴发票等工作给她，虽然工作很轻松，但是如果一直这样下去的话，刘珊珊就永远只能做这些杂事了。

刘珊珊一边认真完成万经理交代的工作，一边机灵地瞅着机会。一天，公司的王总急匆匆地赶进来，嘴里还嚷嚷："小万，快快快！赶紧召集你手下，我们要赶一个标出来啦！"万经理一听，也急了："怎么办？所有的人都派出去了，今天有四个标啊！公司都没人了！"王总立马变脸了："不行！怎么也要挪两个过来！"刘珊珊本来是在会议室里贴着发票，这时早挪到门口在那晃来晃去，万经理一扫四周，很果断地说："小刘，你和我一起去王总办公室开个会，快点！"刘珊珊清脆地应了一声："好嘞！"。他们到王总办公室里碰了头，原来是武宁县小型农田水利工程要招标，本来选好了一家公司做招标代理，突然临时又转到他们公司里，王总说："要得很急，明天一早就要做出来。小万，就看你们的啦！"万经理瞄瞄刘珊珊，心想这下可好，就一新手还是非对口专业的，只能赶鸭子上架了。

他们回到办公室后，万经理不管三七二十一，直接扔了一沓厚厚的招标文件给刘珊珊："没时间了，只能给你半小时，看看招标文件有些什么内容。"刘珊珊笑笑："万经理，这些我平时没事时都认真学习过了。"万经理一听，有点惊讶："哦，那你说说看，招标文件有哪些内容？"刘珊珊简洁明了地说了起来，这一开始就让万经理的心慢慢地落下了一半。他认真地看着刘珊珊："你今天就负责这个标书的制作，今晚12点之前交给我。"刘珊珊脸涨得通红："保证完成任务！"

招标文件是供应商准备投标文件和参加投标的依据，同时也是评标的重要依据，因为评标是按照招标文件规定的评标标准和方法进行的。此外，招标文件是签订合同所遵循的依据，招标文件的大部分内容要列入合同之中。因此，准备招标文件是非常关键的环节，它直接影响到采购的质量和进度。

## 任务分解

招标文件的主要内容包括：

- 招标公告
- 投标人须知
- 评标办法
- 合同条款及格式
  - 通用合同条款
  - 专业合同条款
  - 合同附件格式
- 工程量清单
- 投标文件格式

这些正是刘珊珊刚刚说的，可怎么做呢？刘珊珊想，不能光做好内容，还要把招标书的外表好好包装一下。她把任务分解了一下：

（1）插入封面
（2）设置页面边框样式
（3）设置样式
（4）自动生成和更新目录
（5）编辑页眉和页脚

## 任务实现

1. 依次单击"插入"→"页"→"封面"下拉按钮，如图 3-1 所示。
2. 在其下拉菜单中选择"传统型"封面样式，如图 3-2 所示。

图 3-1　插入"封面"

图 3-2　"传统型"封面样式

3. 在封面上方的公司名称控件中输入"武宁县 2011 年小型农田水利重点县工程"，并设置为"宋体"、"加粗"、"二号"，如图 3-3 所示。

图3-3 公司名称

在标题控件中输入"招标文件"，并设置为"宋体"、"加粗"、"初号"，如图3-4所示。

**提示** 使用空格键可以在控件中换行输入。

4. 在副标题控件中输入"【合同编号：0000123】"，并设置为"黑体"、"加粗"、"三号"，如图3-5所示。

[键入文档副标题]

图3-4 文件标题

【合同编号：00000123】

图3-5 文件副标题

5. 将作者控件和日期控件移至封面的正下方，输入招标人信息和日期，并设置为"黑体"、"加粗"、"四号"，如图3-6所示。

6. 为增加封面的美观，依次单击"页面布局"→"页面背景"→"页面边框"按钮为封面添加边框，如图3-7所示。

二○一一年十月

图3-6 招标人信息

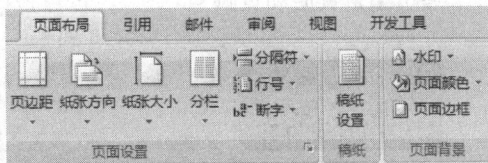

图3-7 页面边框

7. 弹出"边框和底纹"对话框，在"页面边框"选项卡左侧选择一种设置方式，如"方框"，在"样式"列表中选择"双线"，"颜色"下拉按钮选择"自动"，"宽度"下拉列表中选择"0.5磅"，"应用于"选择"本节-仅首页"，如图3-8所示。

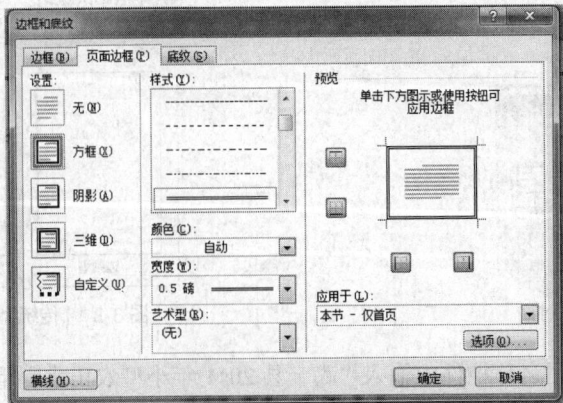

图3-8 边框和底纹

提示

在"边框和底纹"对话框中，要在"页面边框"中设置边框。右边的"预览"中的按钮可以直接应用相应的边框，通过"预览"可以清楚明了地看到边框应用后的情况。

8. 封面就做好了，效果如图3-9所示。

9. 下面就进入招标文件内容的编排。第一部分是"第1章 招标公告"，如图3-10所示。

图 3-9　封面效果

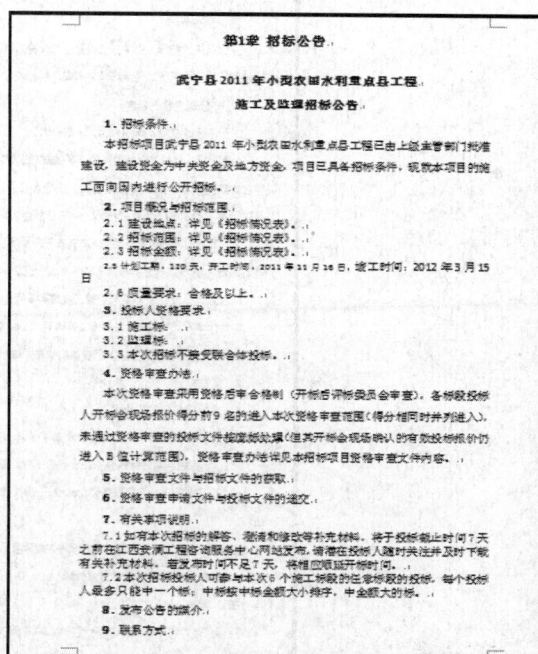

图 3-10　招标公告

10. 第二部分是"第2章 投标人须知"，如图3-11所示。

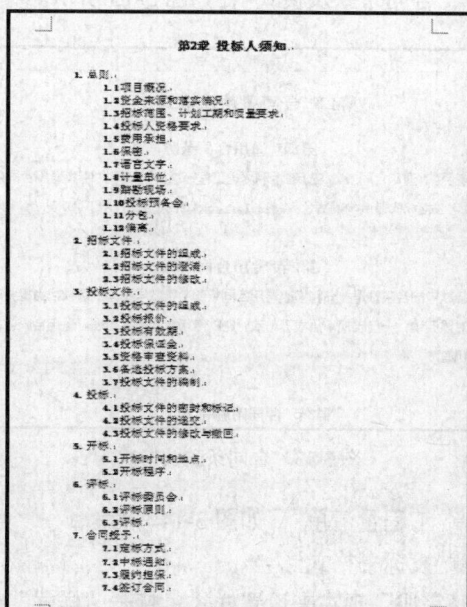

图 3-11　投标人须知

11. 第三部分是"第 3 章 评标办法"，如图 3-12 所示。

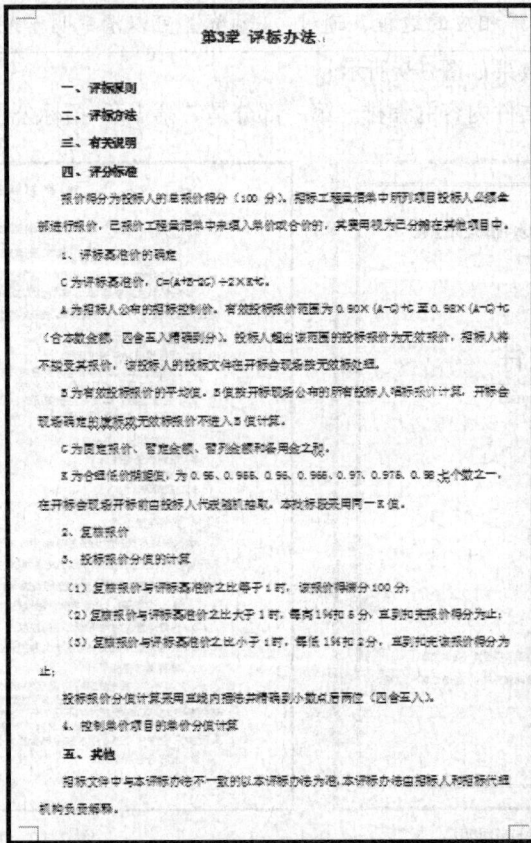

图 3-12 评标办法

12. 第四部分是"第 4 章 合同条款及格式"，如图 3-13 所示。

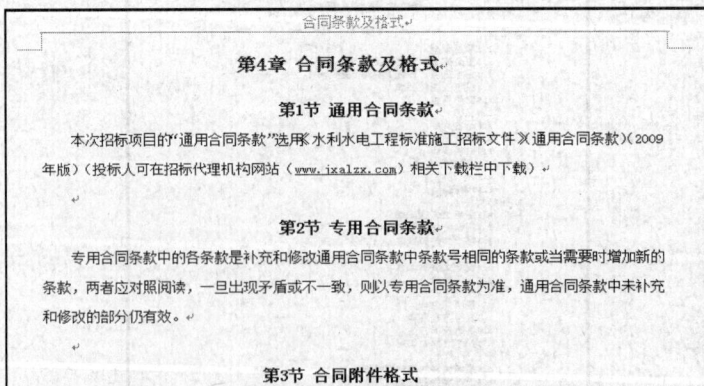

图 3-13 合同条款及格式

13. 第五部分是"第 5 章 工程量清单"，如图 3-14 所示。

14. 第六部分是"第 6 章 投标书格式"。

15. 招标文件的内容已经完成，现在来设置样式。打开"样式"任务窗格，单击"标题 1"的下拉按钮，选择"修改"，如图 3-15 所示。

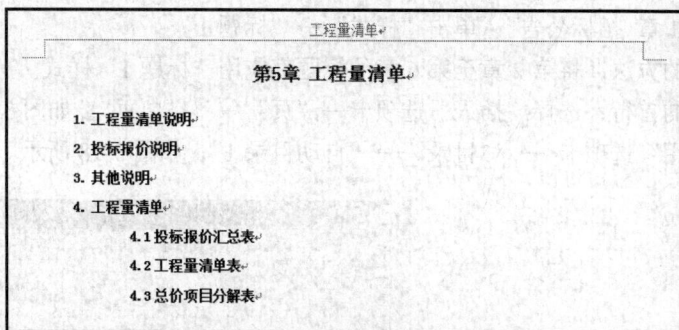

图 3-14  工程量清单

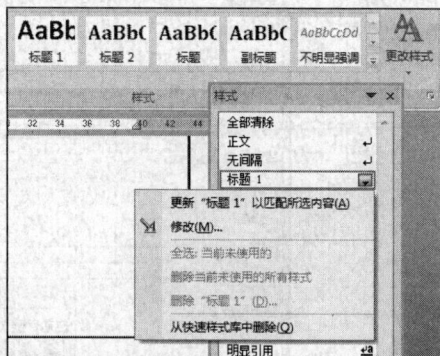

图 3-15  样式窗口

> **提示**　在应用"标题 1"样式后,样式窗格不会出现"标题 2"样式,可以打开样式窗格右下角"选项",将"在使用了上一级别时显示下一标题"勾选。

16. 弹出"修改样式"对话框,设置标题 1 样式为"宋体"、"四号"、"加粗"、"居中",单击"确定"按钮,如图 3-16 所示。

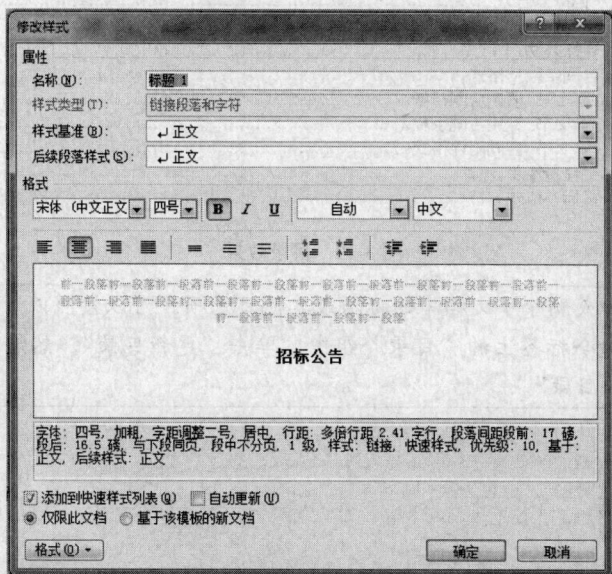

图 3-16  修改样式对话框

17. 选中"第 1 章 招标公告",单击"样式"→"标题 1"。

18. 按照前面的方法,将第 2 章至第 6 章的标题都应用"标题 1"样式。

19. 在第二页的首行,选择"插入"选项卡→"页"→"空白页",如图 3-17 所示。

20. 选择"引用"选项卡 → "目录"→"自动目录 1",如图 3-18 所示。

图 3-17　插入空白页

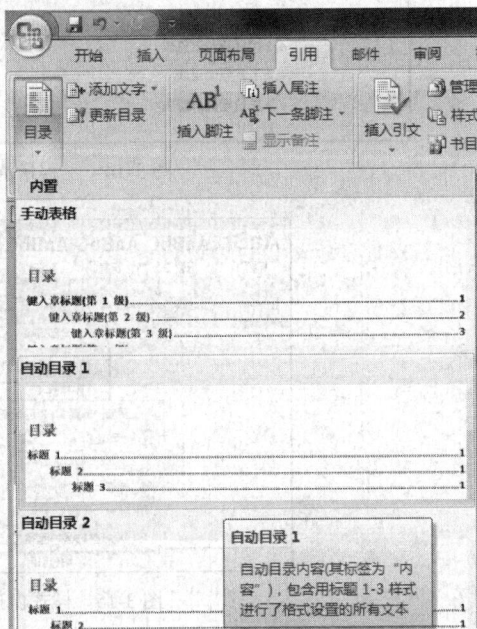

图 3-18　自动生成目录

21. 招标文件的目录就做好了,如图 3-19 所示。

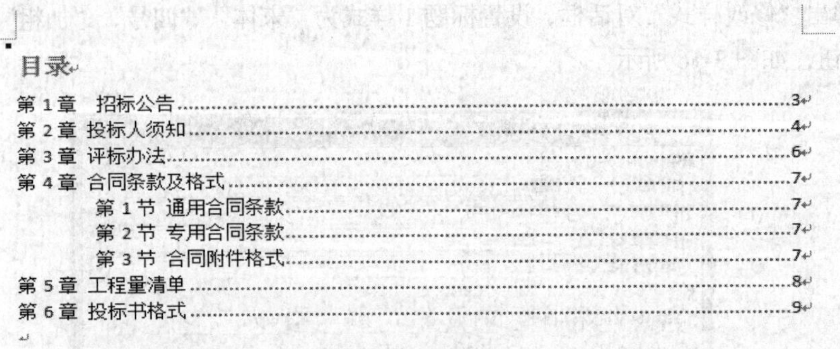

图 3-19　目录效果

**提示**　如果添加或删除了文档中的标题或其他目录项,可以按照以下操作快速更新目录:在"引用"命令标签上的"目录"组中,单击"更新目录",然后单击"只更新页码"或"更新整个目录"。

## 知识点小结

本案例中涉及了招标文件的主要内容、封面的制作、页面边框的样式、样式的修改与应用以及目录的制作等知识点。

1. 封面的制作

Word 2007 有完全格式化的封面，我们在制作封面时可以直接使用。

2. 页面背景设置

（1）在"页面布局"选项卡上的"页面背景"组中，单击"页面颜色"。

（2）在"主题颜色"或"标准颜色"下方单击所需颜色。

（3）单击"填充效果"更改或添加特殊效果，如渐变、纹理或图案。

3. 样式的修改及应用

我们可以修改快速样式集内的样式并保存创建的新快速样式集。

（1）在"开始"选项卡上的"样式"组中，右键单击要在快速样式集内更改的样式。

例如，右键单击"标题 1"以更改字体样式的颜色。要在样式集内查找和更改更多样式，请单击快速样式库旁的向上箭头或向下箭头。

（2）单击快捷菜单上的"修改"。

（3）在"修改样式"对话框中，按需要更改样式，然后单击"确定"按钮。

例如，在"格式"下，单击"颜色"框旁的箭头，然后单击新的字体颜色。该样式的所有实例在整个文档中自动更新。

4. 目录

创建目录最简单的方法是使用内置的标题样式。我们还可以创建基于已应用的自定义样式的目录，或者可以将目录级别指定给各个文本项。

（1）单击要插入目录的位置。

（2）在"引用"选项卡上的"目录"组中，单击"目录"，然后单击"插入目录"。

（3）单击"选项"。

在"有效样式"下，查找应用于文档中的标题的样式。

在样式名旁边的"目录级别"下，键入 1 到 9 中的一个数字，指示希望标题样式代表的级别。

（4）选择适合文档类型的目录。

## 拓展训练

刘珊珊终于把招标文件做好了，她兴冲冲地交到了万经理手上。万经理仔细看了一遍，心里的石头是基本放下来了："行吧，你也忙了一晚上，早点回去吧。"说完转身就回办公室了。毕竟是新手，刘珊珊做得还有些不够，万经理还得花些时间润色修改一下。你觉得刘珊珊哪些地方做得不够好，你是万经理的话会如何修改呢？如果你是刘珊珊，你会如何处理这类情况呢？刘珊珊第二天上班的工作会有变化吗？

## 知识链接

1. 招标概念

招标（Invitation to Tender）是指招标人（买方）发出招标通知，说明采购的商品名称、规格、数量及其他条件，邀请投标人（卖方）在规定的时间、地点按照一定的程序进行投标的行为。

2. 招标方式

招标方式分为公开招标、邀请招标和议标。

（1）公开招标

公开招标是指招标人以招标公告的方式邀请不特定的法人或者其他组织投标。公开招标，又叫竞争性招标，即由招标人在报刊、电子网络或其他媒体上刊登招标公告，吸引众多企业单位参加投标竞争，招标人从中择优选择中标单位的招标方式。按照竞争程度，公开招标可分为国际竞争性招标和国内竞争性招标。

（2）邀请招标

邀请招标是指招标人以投标邀请的方式邀请特定的法人或其他组织投标。邀请招标，也称为有限竞争招标，是一种由招标人选择若干供应商或承包商，向其发出投标邀请，由被邀请的供应商、承包商投标竞争，从中选定中标者的招标方式。邀请招标的特点是：（1）邀请投标不使用公开的公告形式；（2）接受邀请的单位才是合格投标人；（3）投标人的数量有限。

（3）议标

也被称为非竞争性招标或指定性招标，由业主邀请一家最多不超过两家知名的单位直接协商、谈判。这实际上是一种合同谈判形式。

3. 招标代理

招标人有权自行选择招标代理机构，委托其办理招标事宜。招标代理机构是依法设立从事招标代理业务并提供服务的社会中介组织。

4. 招标流程

招标流程一般为：招标者刊登广告或有选择地邀请有关厂商，并发给招标文件，或附上图纸和样品；投标者按要求递交投标文件；然后在公证人的主持下当众开标、评标，以全面符合条件者为中标人；最后双方签订承包或交易合同。

5. 招标文件编制时应注意的问题

招标文件的编制要特别注意以下几个方面。

（1）所有采购的货物、设备或工程的内容，必须详细地一一说明，以构成竞争性招标的基础。

（2）制定技术规格和合同条款不应造成对有资格投标的任何供应商或承包商的歧视。

（3）评标的标准应公开和合理，对偏离招标文件另行提出新的技术规格的标书的评审标准，更应切合实际，力求公平。

（4）符合本国政府的有关规定，如有不一致之处要妥善处理。

# 案例 4
# 投标书的制作

## 情境再现

情景：华章打印店
角色：陈明、张娟
故事：

陈明的电话又响起来了，"陈经理，我把武宁县小型农田水利工程的招标文件和投标书都发到你邮箱了"，助理小美说。陈明今天上午在宜春投标，准备下午直接转到武宁县，他让小美连夜把投标书做出来发给他。陈明看了看周围，刚好旁边有家打印店，店面牌子也比较旧了，上面写着"华章打印店"。陈明走进去，里面就一个小姑娘。张娟正在给客户校对书稿，看见有人来了马上站起来："你好。"陈明说："我有个标书，我先下载下来，你再帮我打印两份。""好的。"张娟应道。

张娟打开陈明的文件仔细浏览了一遍，有些犹豫地说："你好，你的文件没有页眉和页脚，要不要帮你加上去啊？"陈明一看还真是，小美做的标书都没有做页眉和页脚，他看了看表，上午开标就要开始了，他对张娟说："你帮我再校对一下，加上页眉和页脚，就按这个标书的格式来，我过两个小时再来，谢谢！"说着陈明就把他带来备用的标书递给了张娟，随后就走了。

张娟是华章打印店的实习生，她看了看样本，顿时有点发虚。原来这份标书的页眉和页脚比较复杂，不同内容的页眉和页脚都不一样。张娟想了想，马上上百度搜索，"哦，找到了。"张娟急忙按照网上找到的指导步骤操作起来了。

> 投标书是指投标单位按照招标书的条件和要求，向招标单位提交的报价并填具标单的文书。
>
> 投标书要求密封后邮寄或派专人送到招标单位，故又称标函。

## 任务分解

投标书（bidding documents）是投标单位在充分领会招标文件，进行现场实地考察和调查的基础上所编制的投标文书，是对招标公告提出的要求的响应和承诺，并同时提出具体的标价及有关事项来竞争中标。

（工程）投标书的主要内容有：

- 投标函及投标函附录
  - 投标函
  - 投标函附录
- 法定代表人身份证明
- 授权委托书
- 投标保证金
- 已标价的工程量清单
  - 项目管理机构
  - 项目管理机构组成表
- 主要人员简历表
- 资格审查资料
  - 投标人基本情况表
  - 近年发生的诉讼及仲裁情况
- 其他材料

张娟仔细浏览了投标书，里面的内容是按照上面的结构编排的，又仔细校对了一遍，没有发现错别字。张娟把刚刚看到的网络资料整理了一遍，准备开始制作页眉和页脚了：

（1）将文档分成不同的节。

（2）在不同节中插入页眉和页脚。

## 任务实现

1. 打开文档，把光标插入"目录"前面，选择"页面布局"→"页面设置"→"分隔符"→"分节符"组中的"下一页"，如图 4-1 所示。

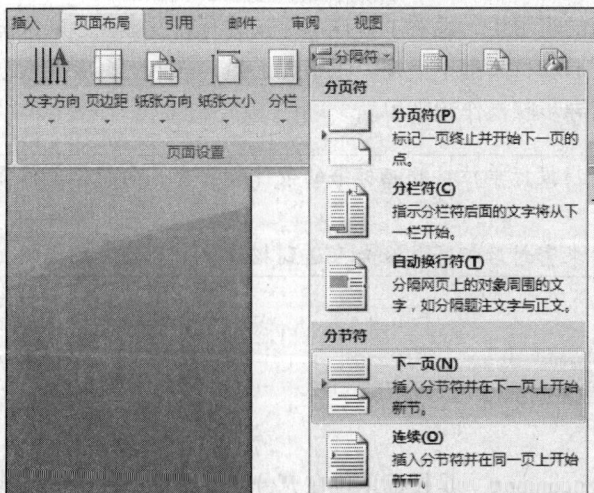

图 4-1  插入"下一页"分节符

2. 按照上一步的操作，依次在每一章的起始位置插入"分节符"组中的"下一页"选项，把每一章分到不同的页面。

3. 选择"视图"选项卡 → "文档视图"组 → "大纲视图"，如图 4-2 所示。

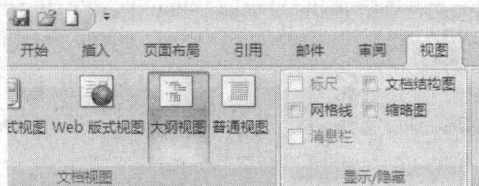

图 4-2　大纲视图

4. 在大纲视图中，查看"分节符（下一页）"是否都已经插入正确，如图 4-3 所示。

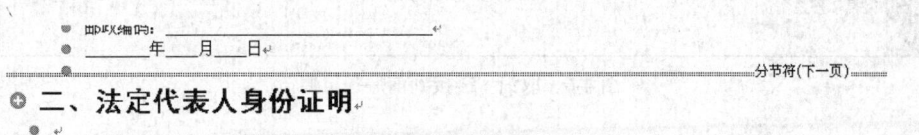

图 4-3　"大纲视图"中查看分节符（下一页）

> 提示　如果插入位置弄错了，可以双击"分节符（下一页）"，━━分节符(下一页)━━，选中分节符，如图 4-4 所示。再按【delete】键删除即可。

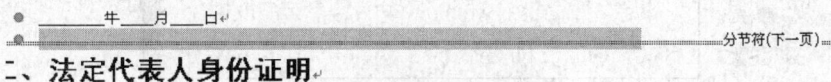

图 4-4　删除分节符（下一页）

5. 返回到"页面视图"，光标定位到目录所在页，单击"插入"选项卡→"页眉和页脚"组→"页眉"下拉菜单中的"编辑页眉"按钮，可进入到页眉的编辑状态，如图 4-5 所示。

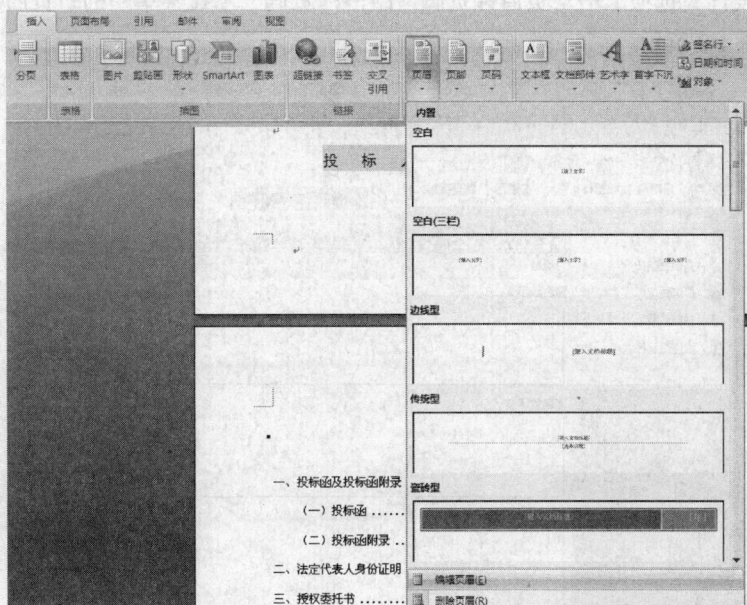

图 4-5　插入页眉

6. 单击"设计"选项卡→"导航"组→ 链接到前一条页眉 ，把本节页眉和前一前页眉的链接关系去掉，以便编辑不同的页眉，如图 4-6 所示。

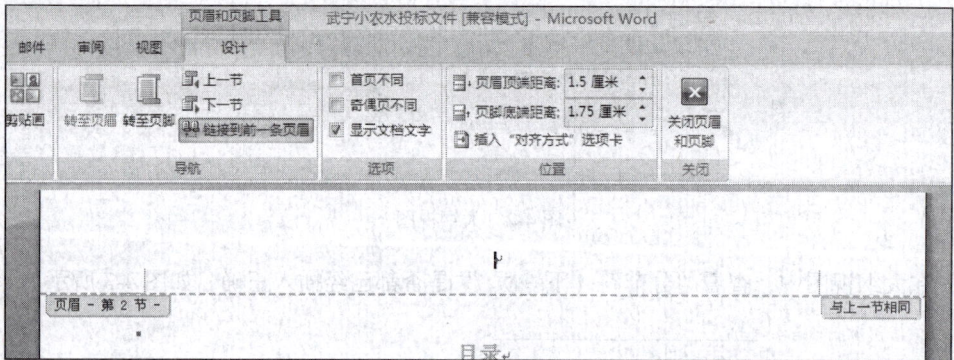

图 4-6  取消"链接到前一条页眉"

7. 在"页眉"编辑区域中，输入汉字"目录"，如图 4-7 所示。

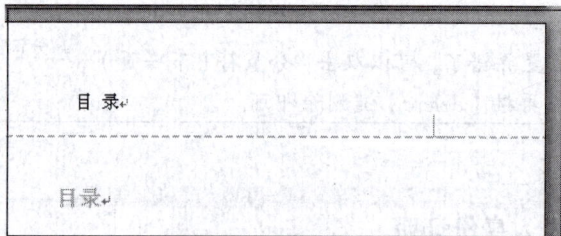

图 4-7  在页眉中输入汉字"目录"

8. 把光标定位到本页的页脚位置，单击"设计"选项卡→"导航"组→ 链接到前一条页眉 ，把本节页眉和前一前页眉的链接关系去掉，以便编辑不同的页脚。

9. 单击"设计"选项卡→"页眉和页脚"组→"页码"下拉菜单中的"页面底端"→"普通数字 2"，如图 4-8 所示。

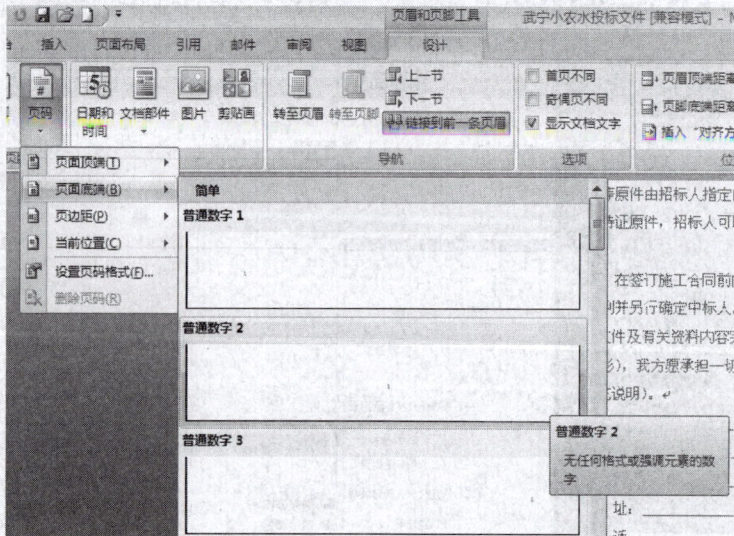

图 4-8  页码设置

10. 把光标定位到本页的页脚位置，单击"设计"选项卡→"页眉和页脚"组→"页码"下拉菜单中的"设置页码格式"，在弹出的对话框中，设置页码格式为Ⅰ、Ⅱ、Ⅲ……的格式，如图 4-9、图 4-10 所示。

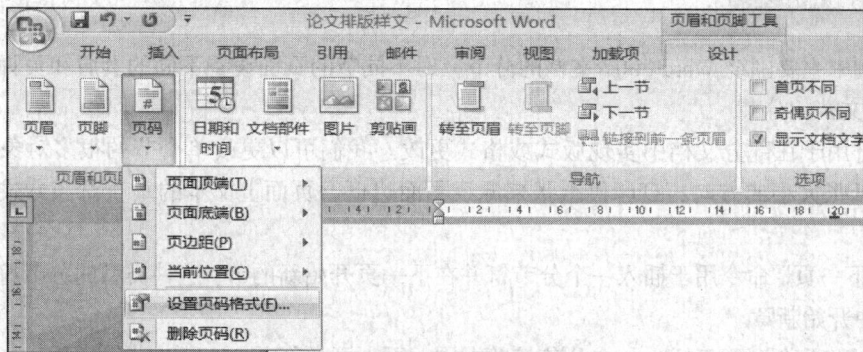

图 4-9 设置页码格式

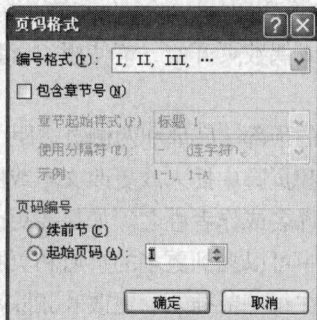

图 4-10 "页码格式"对话框

11. 把光标定位到"一、投标函及投标函附录"的页眉编辑区域，点击"设计"选项卡→"导航"组→链接到前一条页眉，把本节页眉和前一前页眉的链接关系去掉，输入"一、投标函及投标函附录"。

12. 把光标定位到本页的页脚位置，点击"设计"选项卡→"导航"组→链接到前一条页眉，把本节页眉和前一前页眉的链接关系去掉，以便编辑不同的页脚。

13. 单击"设计"选项卡→"页眉和页脚"组→"页码"下拉菜单中的"页面底端"→"普通数字 2"，再点击"设计"选项卡→"页眉和页脚"组→"页码"下拉菜单中的"设置页码格式"，在弹出的对话框中，设置页码格式为 1. 2. 3……的格式，设置页码编号为起始页码：1，如图 4-11 所示。

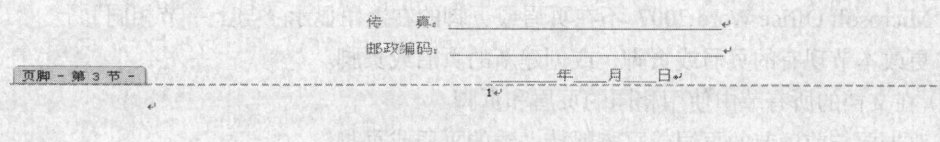

图 4-11 页脚效果图

14. 按照以上操作步骤，分别设置不同节的页眉和页脚。

提示　　　如果后面的页码要续前节，则不需改动页脚。

## 知识点小结

本案例中主要围绕 Word 2007 文档的分节，对不同节的页面设置不同的页眉和页脚等。

1．长文档的分节

分节符用于在部分文档中实现版式或格式更改。我们可以更改单个节的很多对象格式，如页边距、纸张大小或方向、打印机纸张来源、页面边框、页面上文本的垂直对齐方式、页眉和页脚等。

（1）"下一页"命令用于插入一个分节符并在下一页开始新的节。这种类型的分节符尤其适用于在文档中开始新章。

（2）"连续"命令用于插入一个分节符并在同一页上开始新节。连续分节符适用于在一页中实现一种格式更改，如更改列数。

（3）"偶数页"或"奇数页"命令用于插入一个分节符并在下一个偶数页或奇数页开始新节。如果要使文档的各章始终在奇数页或偶数页开始，请使用"奇数页"或"偶数页"分节符选项。

2．设置页眉和页脚

页眉和页脚是文档中每个页面的顶部、底部和两侧页边距（页边距：页面上打印区域之外的空白空间）中的区域。可以在页眉和页脚中插入或更改文本或图形。例如，可以添加页码、时间和日期、公司徽标、文档标题、文件名或作者姓名。如果要更改已插入的页眉或页脚，在"页眉和页脚工具"下的"页眉和页脚"中可以找到更多的页眉和页脚选项。

在含有节的文档中，我们可以在每一节插入、更改和删除不同的页眉和页脚。还可以在所有节中使用相同的页眉和页脚。如果不确定文档是否分节，我们可以单击状态栏上的"普通"。在"开始"选项卡的"查找"组中，单击"定位"。单击"节"，然后单击"下一处"，可查找文档中的任何分节符。

（1）为文档的某个部分创建不同的页眉或页脚

- 在希望创建不同页眉或页脚的节内单击鼠标。
- 在"插入"选项卡上的"页眉和页脚"组中，单击"页眉"或"页脚"。
- 单击"编辑页眉"或"编辑页脚"。
- 在"页眉和页脚"选项卡的"导航"组中，单击"链接到前一节页眉" ，以便断开新节中的页眉和页脚与前一节中的页眉和页脚之间的连接。
- Microsoft Office Word 2007 不在页眉或页脚的右上角显示"与上一节相同"。
- 更改本节现有的页眉或页脚，或创建新的页眉或页脚。

（2）在文档的所有节中使用相同的页眉和页脚

- 双击要与前一节的页眉或页脚保持一致的页眉或页脚。
- 在"页眉和页脚"选项卡的"导航"组中，单击"上一节" 或"下一节" 移到要改的页眉或页脚。
- 单击"链接到前一节页眉" 将当前节中的页眉和页脚重新连接到前一节中的页眉和页脚。
- Office Word 2007 将会询问是否删除页眉和页脚并连接到前一节的页眉和页脚，单击"是"

按钮。

（3）对奇偶页使用不同的页眉或页脚

例如，您可能选择在奇数页上使用文档标题，而在偶数页上使用章节标题。

● 在"插入"选项卡上的"页眉和页脚"组中，单击"页眉"或"页脚"。

● 单击"编辑页眉"或"编辑页脚"。

● 在"页眉和页脚"选项卡的"选项"组中，选中"奇偶页不同"复选框。

● 如有必要，在"导航"组中，单击"上一节" 或"下一节" 移到奇数页或偶数页页眉或页脚区域中。

● 在"奇数页页眉"或"奇数页页脚"区域中为奇数页创建页眉或页脚；在"偶数页页眉"或"偶数页页脚"区域中为偶数页创建页眉或页脚。

## 拓展训练

陈明开标一结束就往打印店里赶，一进门，张娟就把刚打好的热乎乎的文件送到了他手上。陈明仔细地检查了两遍，没有发现什么问题，心想这下中午可以稍微休息一下了。他说："小姑娘，不错啊！"张娟心想，这多亏了百度啊。

等张明走后，张娟又回到刚刚那个网页上，她想多了解了解 Word 的页眉页脚还有哪些巧用。

请同学到百度上搜索"Word　页眉页脚　巧用"，学习更多的知识并和其他同学进行交流分享。

## 知识链接

1. 投标的概念

投标（Submission of Tender）是与招标相对应的概念，它是指投标人应招标人的邀请或投标人满足招标人最低资质要求而主动申请，按照招标的要求和条件，在规定的时间内向招标人递交，争取中标的行为。

2. 投标的基本做法

投标人首先取得招标文件，认真分析研究后（在现场实地考察），编制投标书。投标书有效期至规定开标日期为止，内容必须十分明确，中标后与招标人签定合同所要包含的重要内容应全部列入，并在有效期内不得撤回标书、变更标书报价或对标书内容作实质性修改。

为防止投标人在投标后撤标或在中标后拒不签定合同，招标人通常都要求投标人提供一定比例或金额的投标保证金。招标人决定中标人后，未中标的投标人已缴纳的保证金即予退还。

3. 工程投标书的写作

投标书的写作，要求实事求是、具体清晰、准确准时。工程投标书通常分在技术标、商务标和资格证明文件三部分。

技术标：主要是以施工组织设计体现，即所投标的主要技术参数、规范。评标时，技术标一般占30%。

商务标：主要是预算报价部分，即结合自身和外界条件对整个工程的造价进行报价。商务标是整个投标的重中之重，评标时，商务标一般占 70%。

资格证明文件：是以企业、人员、机械等的相关资质等级要求。资格证明文件主要是审查公司有无投标、中标及完成一定的工程项目资格等。

4. 投标人在递交标书应注意的问题

《招标投标法》第二十八条规定，投标人应当在招标文件要求提交投标文件的截止时间前，将投标文件送达投标地点。招标人收到投标文件后，应当签收保存，不得开启。投标人少于三个的，招标人应当依照本法重新招标。在招标文件要求提交投标文件的截止时间后送达的投标文件，招标人应当拒收。

（1）投标文件的送达

投标人必须按照招标文件规定的地点，在规定的时间内送达投标文件。投递投标书的方式最好是直接送达或委托代理人送达，以便获得招标机构已收到投标书的回执。

在招标文件中通常就包含有递交投标书的时间和地点，投标人不能将投标文件送交招标文件规定地点以外地方，如果投标人因为递交投标书的地点发生错误，而延误投标时间的，将被视为无效标而被拒收。

如果以邮寄方式送达的，投标人必须留出邮寄时间，保证投标文件能够在截止日期之前送达招标人指定的地点。而不是以"邮戳为准"。在截止时间后送达的投标文件，即已经过了招标有效期的，招标人应当原封退回，不得进入开标阶段。

（2）招标文件的签收保存

招标人收到标书以后应当签收，不得开启。为了保护投标人的合法权益，招标人必须履行完备的签收、登记和备案手续。签收人要记录投标文件递交的日期和地点以及密封状况，签收人签名后应将所有递交的投标文件放置在保密安全的地方，任何人不得开启投标文件。

5. 流标

为了保证引起充分竞争，对于投标人少于三个的，应当重新招标。这种情况在国外称之为"流标"。按照国际惯例，至少有三家投标者才能带来有效竞争，因为两家参加投标，缺乏竞争，投标人可能提高采购价格，损害招标人利益。

# 案例 5
# 购销合同制作

## 情境再现

情景：公司办公室

角色：小赵（总经理）小杨（员工）

故事：小赵大学毕业后自主创业开了一家园林景观设计公司！，最近接到一小型楼盘的绿化设计工作。

"好大一笔生意，自此小公司要变大公司了！"小赵高兴地对公司唯一的员工小杨说。

"但是赵哥，这笔生意确实难度比较大，以往公司接的都是纯设计的活，现在涉及施工，需要去采购绿化苗木……"小杨接过话茬。

"是的，苗木采购比较方便，但是对于合同还不是很了解。"小赵一脸窘色地说。

"赵哥，合同的事包在我身上，您放心好了"小杨拍着胸脯说道。

"好的，不过时间比较赶，明天上午找到合适的苗圃厂后就要用到合同，你辛苦一下，晚上加个班。"小赵看到员工小杨这么卖力的工作态度，说什么月底也要加工资。

---

> 购销合同是买卖合同的变化形式，它同买卖合同的要求基本上是一致的。主要是指供方（卖方）同需方（买方）根据协商一致的意见，由供方将一产品交付给需方，需方接受产品并按规定支付价款的协议。

---

## 任务分解

小杨回到租住房，打开电脑，在百度里搜索关于购销合同的定义，原来购销合同是一种协议。既然是协议，那么一定涉及条款，小杨稍微总结了一下，如果做出一份规范的购销合同，主要包括以下内容：

- 供方向需方提供某种物品的数量、规格和价格
- 供方向需方提供某种物品的时间、地点和方式
- 验收标准及验收方法
- 付款方式
- 违约责任

"如果购销合同出炉，我方应是需方（买方）"小杨想到，于是他把要做的购销合同书任务分解如下：

（1）编辑文档页眉页脚，为页眉插入图片

（2）为各合同条款编号

（3）新建、应用文档自定义样式

（4）添加文档自定义水印

（5）绘制表格、合并单元格，添加表格外边框

## 任务实现

### 步骤一：设置文档页眉、页脚

启动 Word 2007，切换到"插入"选项卡，单击"页眉和页脚"选项组中的"页眉"按钮，在弹出的"下拉菜单"中，选择"字母表型"，见图 5-1。

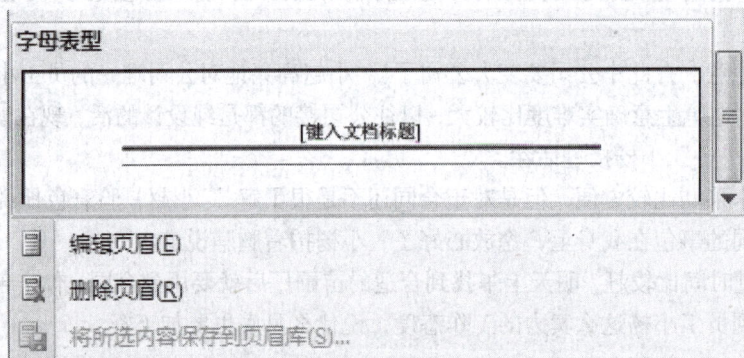

图 5-1　"字母表型"页眉对话框

按"Del"键删除系统默认生成的"键入文档标题"字样，输入公司地址、传真及联系电话，在"页眉和页脚工具"选项卡中插入外部图片，如图 5-2 所示。

选择本地公司 Log 图片，选中公司地址、电话等相关文字，切换到"开始"选项卡，单击"段落"选项组中的"文本左对齐"。选中公司 Log 图，按住"Shift"键，拖动鼠标左键，等比例调整图片至合适大小，并且切换到"格式"选项卡，单击"排列"选项组中"文字环绕"按钮，在下拉菜单中选择"四周型环绕"，见图 5-4，最终效果如图 5-5 所示。

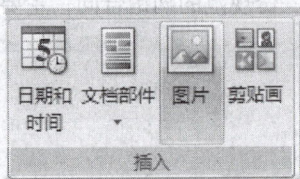

图 5-2　插入图片对话框　　　　图 5-3　段落对话框　　　　图 5-4　设置图片环绕

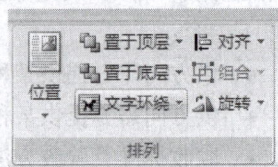

江西省南昌市经济技术开发区 18 号↙
Tel:0791-83900169　Fax:0791-83900169↙

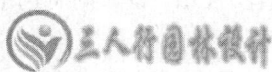

三人行园林设计

# 绿化苗木购销合同↙

图 5-5　页眉成型效果图

双击页眉部分，使页眉处于编辑状态，切换到"设计"选项卡，单击"导航"选项卡中的"转至页脚按钮"，如图 5-6 所示，输入公司网站及 E-mail 地址，完成页脚的设置。

图 5-6　转至页脚对话框

## 步骤二：设置文档样式

小杨将网上搜索到的购销合同，结合本公司的实际情况，对文字作了一些修改，草拟了合同主体内容，主要包括：

- 合同标题项
- 合同正文条款及条款所属自然段项
- 签名落款项

（1）首先，选中"绿化苗木购销合同"标题，用鼠标右键单击"段落"，对齐方式设为"居中"，间距设为段前"0.5 行"，段后"1 行"，如图 5-7 所示。

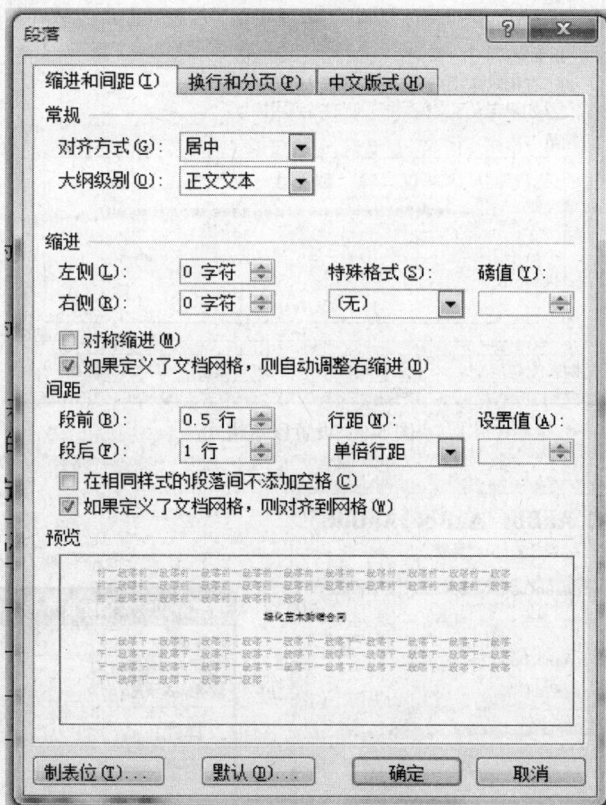

图 5-7　设置标题格式

（2）按住"Ctrl"键，同时选中合同各条款标题，切换到"开始"选项卡，单击"段落"选项组的"编号"，选中中文数字编号，如图 5-8 所示，设置字体为"宋体"、"四号"、"加粗"。

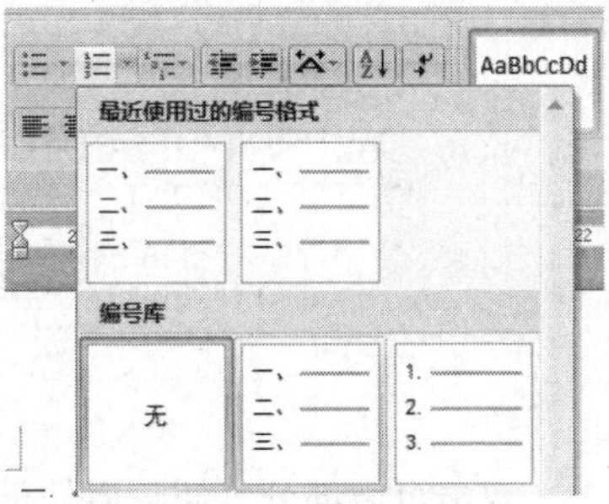

（3）选中合同第四自然，右键单击"段落.."，缩进，磅值："2 字符"，间距，行距"固定值"、"20 磅"，如图 5-9 所示，使该自然段处于选中状态，单击"开始"选项卡"样式"选项组中的"其他"按钮，在下拉菜单中选中"将所选内容保存为新快速样式……"，如图 5-10 和图 5-11 所示。

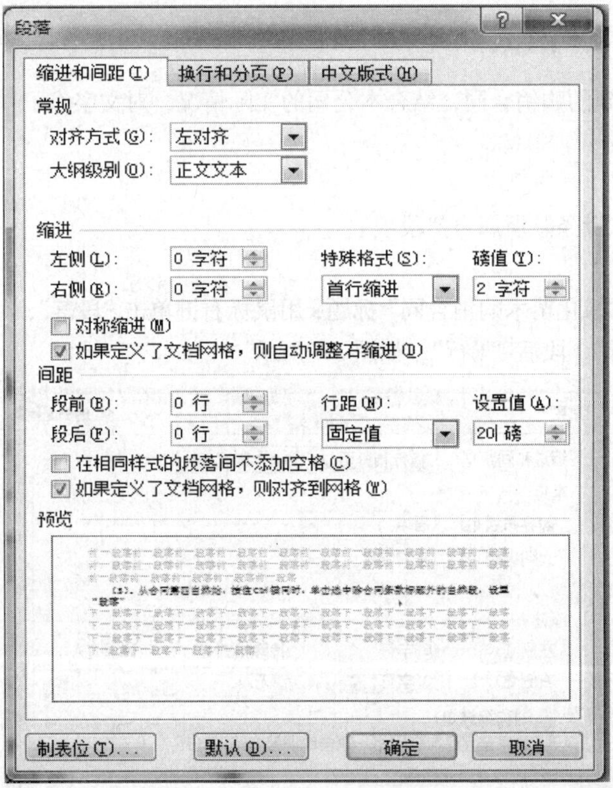

图 5-8　设置编号格式

图 5-9　设置段落格式

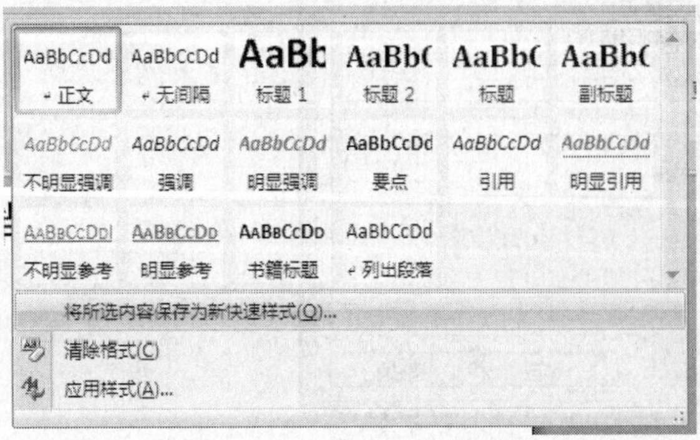

图 5-10　新建选中段落样式

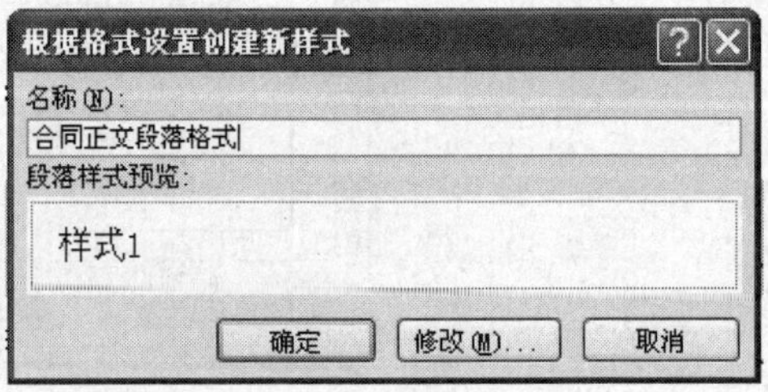

图 5-11　创建新样式

按住"Ctrl"键，同时选中合同正文除标题外的其余段落，单击"样式"选项组中新建的样式名称，应用刚才建立的"合同正文段落格式"样式，如图 5-12 所示。

图 5-12　应用选中样式

## 步骤三：插入表格，设置表格样式

（1）单击"插入"选项卡，单击"表格"按钮，选中"插入表格……"命令，插入一个"五行、七列"的表格，如图 5-13 所示。

（2）按要求输入表头列值，点击表格左上角手柄，选中表格，切换到表格"布局"选项卡，鼠标定位到"单元格大小"功能组，设置表格高度为"0.8 厘米"，如图 5-14 所示。

（3）选中表格第五行，二列单元格，向右同时选中四个单元格，切换表格"布局"选项卡，单击"合并单元格"按钮，见图 5-15。

单击表格左上角"手柄"，使表格处于选中状态，右键选中"边框和底纹……"，设置单击"自定义"，宽度为"3.0磅"，单击"确定"按钮，如图 5-16 所示。

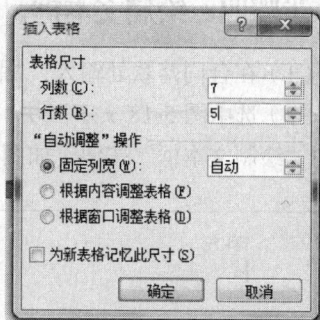

图 5-13　插入表格对话框

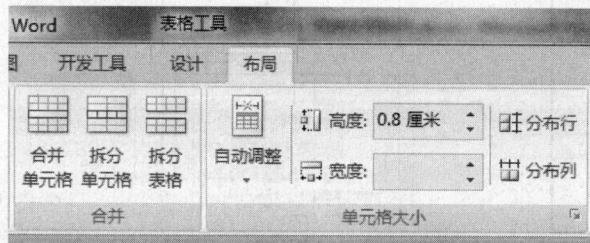

图 5-14　设置表格单元格高度

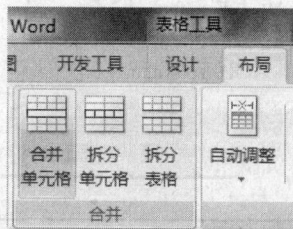

图 5-15　合并表格单元格

图 5-16　设置表格外边框样式

使切换到"开始"选项卡,"段落"选项组,单击"边框和底纹"按钮,在下拉菜单中选中"外侧框线",最终表格效果如图 5-17 所示。

| 序号 | 苗木名次 | 规格 | 数量（苗） | 单价（元/苗） | 合价（元） | 备注 |
|------|----------|------|------------|---------------|------------|------|
| 1 |  |  |  |  |  |  |
| 2 |  |  |  |  |  |  |
| 3 |  |  |  |  |  |  |
| 合计 | 大写 |  |  |  |  |  |

图 5-17　表格最终效果

## 步骤四：绘制文本框，制作合同落款项

（1）在合同落款处输入，"甲方：　　地址：……"等字样，如图 5-18 所示。

（2）选中图 5-18 文字区块，切换到"插入"选项卡，查找"文本"功能组，单击"文本框"，选中"绘制文本框"按钮，如图 5-19 所示。

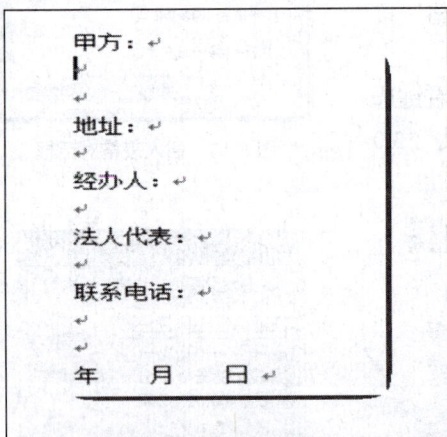

图 5-18　落款处文字

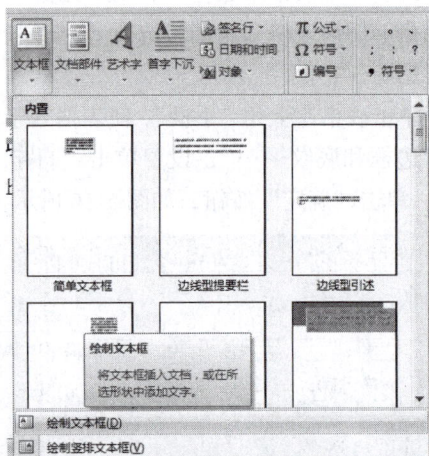

图 5-19　绘制文本框

（3）图 5-18 中的文字进入到绘制的文本框中，用鼠标将文本框拖放到合适大小与位置，选中当前文本框，单击鼠标左键，复制出相同大小的文本框，将复制出来的文本框中"甲"字改为"乙"字，如图 5-20 所示。

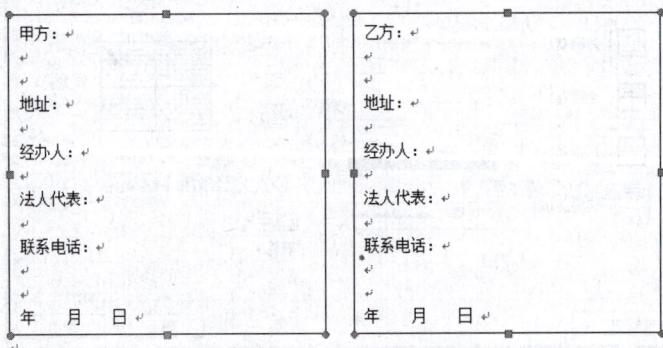

图 5-20　甲、乙文字框建立

（4）使两文本框处于选中状态，右键单击"设置文本框格式……"，将图 5-20 中的文本框边框颜色设为"无颜色"，如图 5-21 所示。

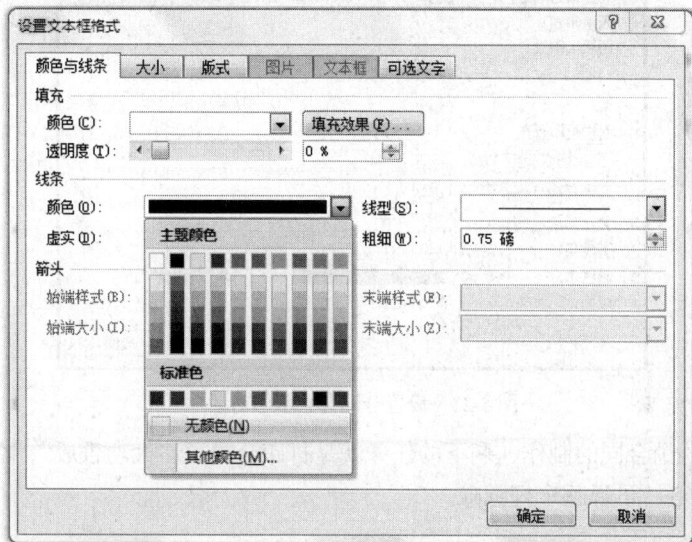

图 5-21　设置文本框颜色

## 步骤五：插入机密水印

小杨想到，由于购销合同属于商业机密文件，完成合同内容的各条款后可以在每页上加上机密水印字样，以提示处理文件时必须谨慎，承担保密责任及履行合同义务，想到就做，于是小杨进行了如下操作。

（1）切换 Word 菜单选项卡到"页面布局"，单击"页面背景"选项组中"水印"按钮，在下拉菜单中选中"自定义水印……"，如图 5-22 所示。

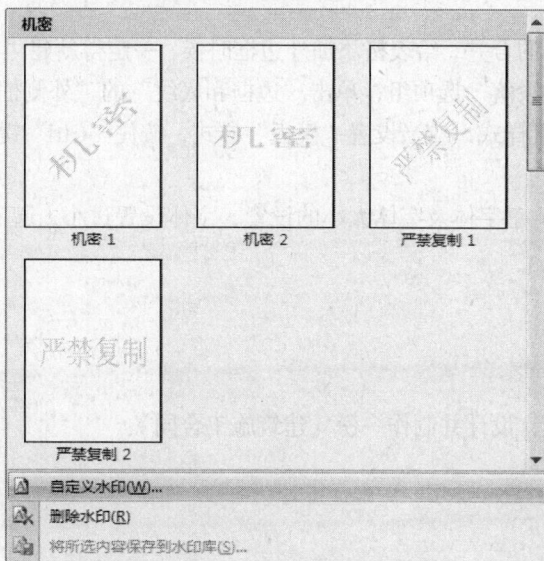

图 5-22　添加"自定义水印"对话框

（2）在"自定义水印"对话框中，设置字体为"华文隶书"，字号为"120"，板式，"倾斜"，颜色"浅灰"、半透明，设置如图 5-23 所示。

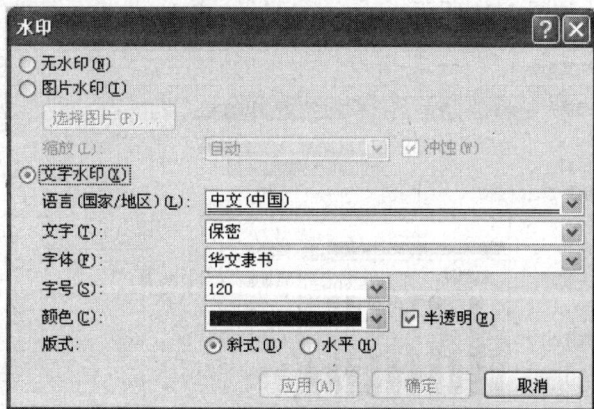

图 5-23　设置合同背景水印对话框

"至此完成了购销合同的制作，剩下的任务就是打印合同了，大功告成"，在完成最后一道工序后，小杨非常开心，可以睡个好觉啦。

## 知识点小结

在本例制作购销合同中，主要用到了设置文档页眉、页脚，绘制表格及设置表格样式，新建、应用文档快速样式，添加文档水印等相关功能：

1. 设置页眉、页脚

在页眉位置输入文字，插入外部图片，应当注意文字的居中位置以及图片的环绕样式，如果文字和图片的排版格式设置不当，将会导致页眉设计部分变形。

2. 表格的编辑

主要包括表格单元格的合并，给表格添加外边框时候，一定得新建"自定义边框样式"，然后在"开始"选项卡中的"段落"选项组，单击"边框和底纹"的"外侧框线"按钮。

3. 给段落编号及设置样式，应当设置"模板"样式，按住"Ctrl"键批量选中段落，然后快速应用"新建样式"。

4. 添加水印时候，注意字体及字体大小的设置，字体设置过小，起不到添加水印的效果。

## 拓展训练

依据本章相关知识点，设计并制作一份《建筑施工合同》。

## 知识链接

定义购销合同的注意事项如下。

购销合同（包括供应、采购、预购、购销结合及协作、调剂等合同）中产品数量、产品质量和包装质量、产品价格和交货期限按下规定执行。

1. 产品数量，由供需双方协商签订。产品数量的计量方法，按国家的规定执行；没有国家规定的，按供需双方商定的方法执行。

2. 产品质量要求和包装质量要求，有国家强制性标准或者行业强制性标准的，不得低于国家强制性标准或者行业强制性标准签订；没有国家强制性标准，也没有行业强制性标准的，由双方协商签订。供方必须对产品的质量和包装质量负责，提供据以验收的必要的技术资料或实样。产品质量的验收、检疫方法，根据国务院批准的有关规定执行，没有规定的由当事人双方协商确定。

3. 产品的价格，除国家规定必须执行国家定价的以外，由当事人协商议定。执行国家定价的，在合同规定的交付期限内国家价格调整时，按交付时的价格计价。逾期交货的，遇价格上涨时，按原价格执行；价格下降时，按新价格执行。逾期提贷或者逾期付款的，遇价格上涨时，按新价格执行；价格下降时，按原价格执行。

4. 交（提）贷期限要按照合同规定履行。任何一方要求提前或延期交货，应在事先达成协议，并按协议执行。

# 案例 6
# 劳动合同制作

情境再现

情景：周一，行政部办公室

角色：小王（实习生）丽姐（人事部经理）

故事：小王是学人力资源管理专业的大四学生，现在一家电子厂实习，工作条件好，工作中间休息时，有咖啡、有甜点……

"小王，你进来下。"

"丽姐什么事。"小王推门，看到丽姐手里拿着一份有点发黄的文件。

"小王，昨天我的电脑坏了，以前做的劳动合同文档全部找不回来了，这份是公司六年前的劳动合同，你拿去对照新的劳动法修改下。还有，劳动合同是比较正式的公文，对格式必须加以限制，最好能做成 Word 模板。任务有点重，你周三早上交给我吧，需要电子版的。"

"好的，丽姐，保证完成任务。"小王满口答应。

**提示**　　劳动合同是劳动者与用工单位之间确立劳动关系，明确双方权利和义务的协议。劳动合同按合同的内容分为劳动合同制范围以内的劳动合同和劳动合同制范围以外的劳动合同；按合同的形式分为要式劳动合同和非要式劳动合同。

小王想："小 case 啊，想当年自己拿过学校 Word 比赛一等奖，段前段后，间距、行距、边框那都是耳熟能详的名词，虽然那时候用的是 Office 2003，现在是 2007 了，但 Office 都是相通的。"

小王从丽姐手中接过那份有点发黄甚至有些霉味的文档，回到自己办公桌前着手新劳动合同文档的起草。

任务分解

从丽姐办公室出来，处于实习阶段的小王对劳动合同的概念比较模糊，于是在百度里搜索了相关劳动合同的资料，并请教了学法律的同学小张，明白了劳动合同是劳动者与用工单位之间确立劳动关系，明确双方权利和义务的协议。劳动合同的概念及结构主要包括以下内容：

- 劳动合同期限和试用期限

- 工作内容和工作时间
- 劳动报酬和保险、福利待遇
- 生产条件或工作条件
- 劳动纪律和政治待遇
- 劳动合同的变更和解除
- 违约责任
- 当事人约定的其他事项
- 劳动合同除前款规定的必备条款外。

正如丽姐说的，小王分析到 "劳动合同是比较正式的公文，对格式要求比较高，它与普通的 Word 文档的不同在于，其中大部分内容是不需要更改的，甚至是不允许更改的"。小王依据丽姐给的老合同书和同学小张的指导，知道了合同主要包括封面、正文格式、合同说明页等三部分，于是小王把任务分解了一下：

（1）制作合同封面

（2）启用 Word 2007 控件限制输入格式

（3）根据格式设置创建新样式

（4）编辑页眉和页脚

## 任务实现

### 步骤一：新建 Word 文档，激活 Word 2007 条件控件

启动 Word 2007，首先为 Word 添加 "开发工具 "选项卡，如果没有这个功能区域，无法为后期添加窗体控件，也实现不了对文本格式控制的要求了。小王默默想着，开始了以下操作。

1. 在 Word 2007 主界面中，单击软件左上角的 "Office 按钮"，找到 "Word 选项"，见图 6-1。

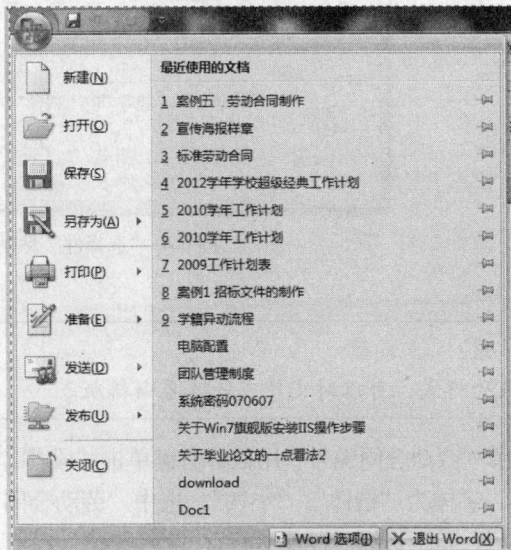

图 6-1　添加开发工具

2. 在"常用"标签中选择"在功能区显示'开发工具'选项卡（**D**）"，单击"确认"后，小王舒了口气，终于看到"开发工具"了，见图6-2。

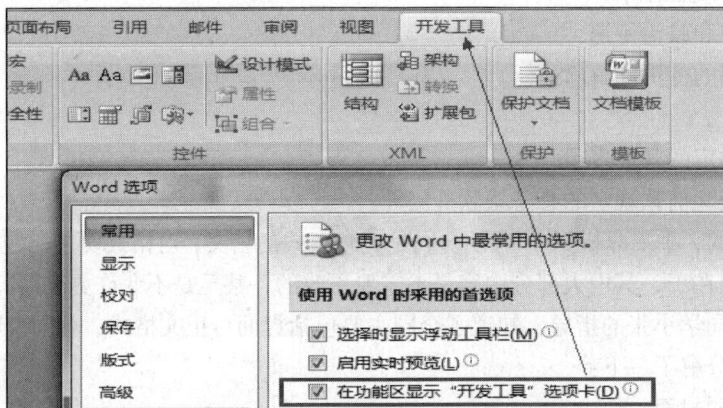

图6-2　启用"开发工具"

## 步骤二：设置封面文档格式

1. 编辑合同页"页脚"，在插入菜单中选择"页眉和页脚"，单击"页码"，选择"页面底端"，见图6-3。

2. 封面的排版，将网上搜索到的封面文字素材，"选择性粘贴"到设置好页码的空白文档中，在"选择性粘贴"对话框中选择"无格式文本"，见图6-4。

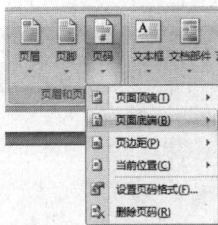

图6-3　设置文档页脚

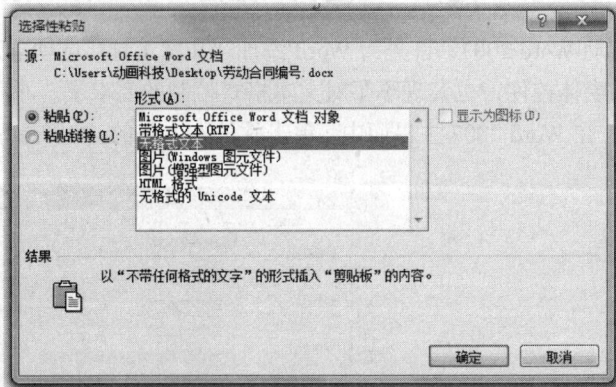

图6-4　"选择性"粘贴对话框

> **提示**
>
> 选择性粘贴作用：
> 去除文字原来的格式，可以对文字或段落重新排版。

3. 在开始菜单中，选中"劳动合同编号"用鼠标右键单击"段落.."，对齐方式为"右对齐"，缩进 "右侧"、"3.5字符"，字体为"楷体"，"小四"，选中"劳动合同书"标题，右键单击"段落.."，对齐方式选择"居中"，间距选择"段前1行"，段后选择"4行"，字体"黑体"、"小初"。

4. 同时选中"甲方"、"乙方"开始的段落，设置"段落.."，行距为"1.5倍行距"，字体设为

"华文仿宋"、"小三"，随着鼠标的点击，劳动合同封面的雏形就要出来了，小王一阵窃喜，"但是在实际使用中，身份证的每个阿拉伯数字的输入都需要一个方框占位符，这可难到我了"，小王嘘了一口气，经过尝试，"应该是这样了，我懂了"。

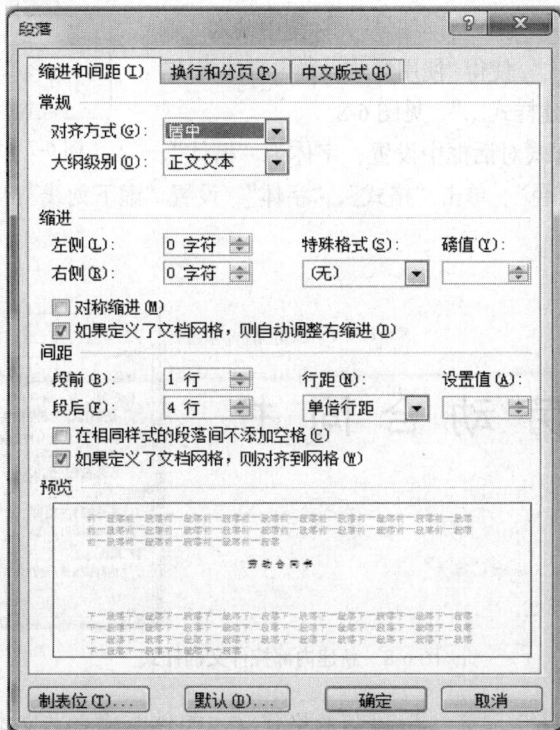

图 6-5 设置段落格式

5. 鼠标指针定位到"居民身份证号码"冒号符后面，单击"插入"，选中"特殊符号功能区"，单击"特殊符号"，终于找到了方框字符"□"，赶紧复制插入的符号，在原位置 Ctrl+V 18 次后，最终效果见图 6-6。

6. 选中合同封面中最后一段，对齐方式为"居中"，间距为"段前"、"1 行"，字体为"华文中宋"、"四号"，字符间距为"加宽"、"2 磅"。

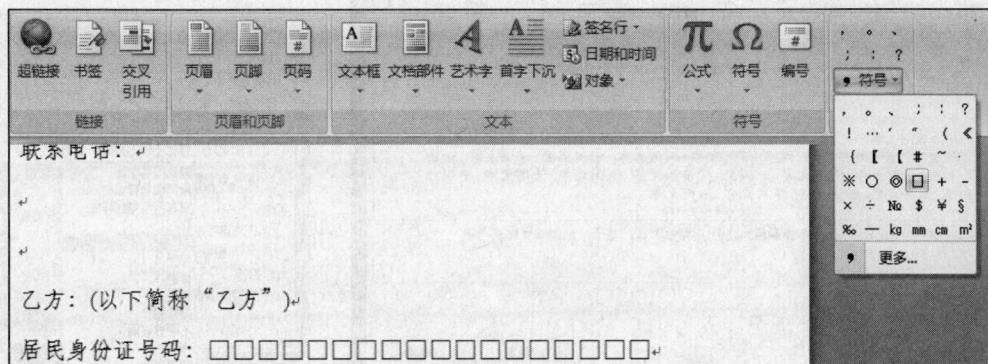

图 6-6 为文档添加特殊符号

### 步骤三：添加文档控件

1. 将鼠标定位"劳动合同编号"冒号后，单击开发工具→控件，见图 6-7，单击格式文本。

2. 选中"单击此处输入文字"，单击"控件"功能区的→属性，常规，标题中输入："输入合同编号"，标记中输入"输入合同的编号，请注意格式"，使得"使用样式设置内容的格式"处于选中状态，单击"新建样式..."，见图 6-8。

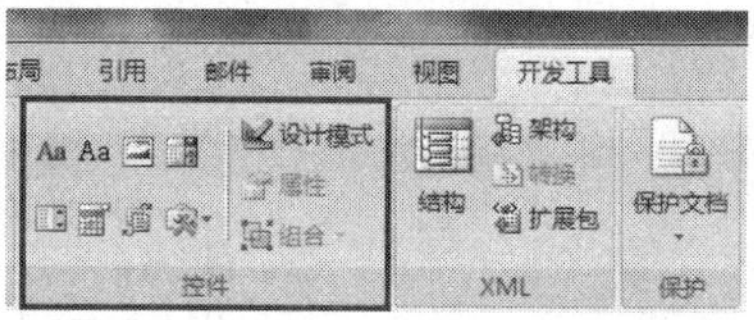

图 6-7　使用"开发工具"控件

在"新建样式..."样式对话框中设置，字体为"楷体"、"小四"，字体颜色为"红色"、单击"格式"，"字体"，设置"虚下划线"，将该样式保存为合同编号样式，见图 6-9。

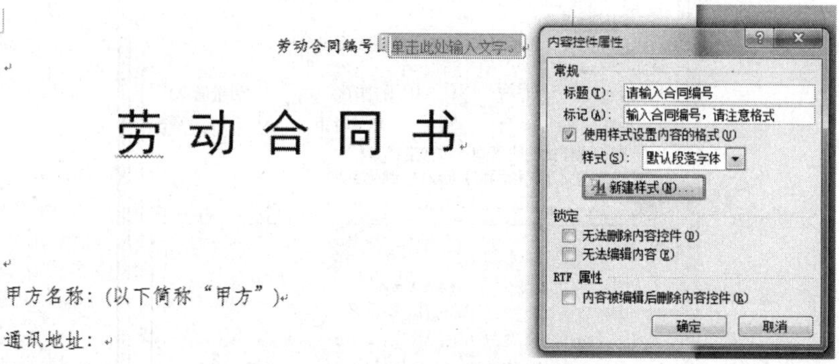

劳动合同编号 单击此处输入文字

# 劳动合同书

甲方名称：(以下简称"甲方")

通讯地址：

图 6-8　新建内部控件文档样式

3. 同理，添加"甲方"、"乙方"段落的格式文本控件，建立"文本带下划线"和"样式不带下划线"两种样式，对于需要设置文本样式控件的地方，只需选择先前建立的样式，见图 6-10。

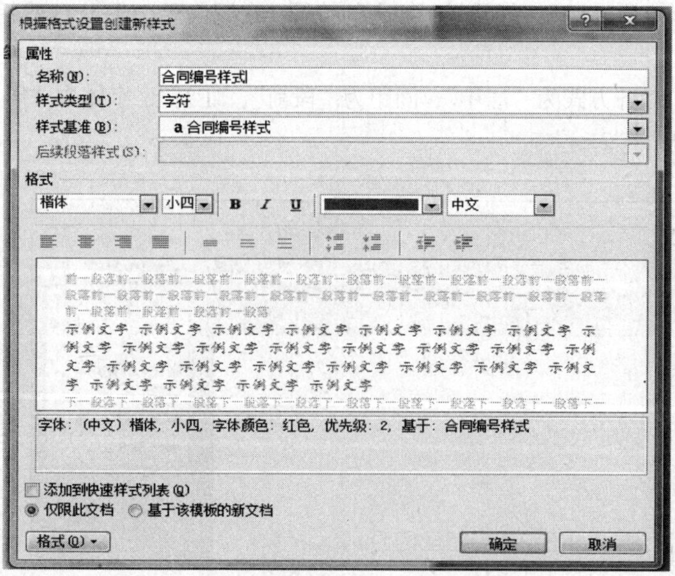

图 6-9　设置样式格式

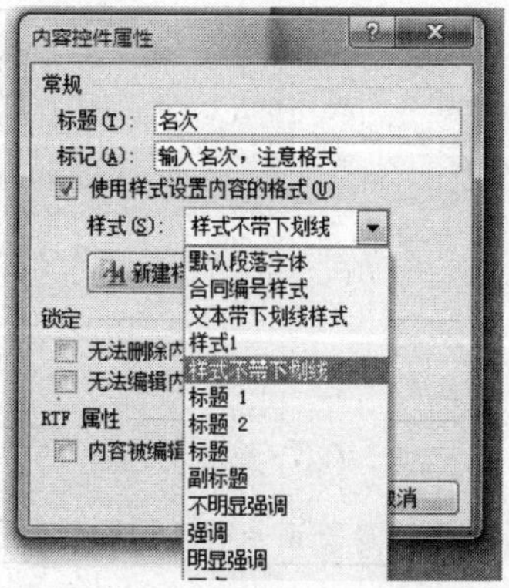

图 6-10　选择新建样式

4. "终于完成了封面的设计，可以喝杯咖啡歇歇了"，小王边喝着咖啡，边填充"合同编号"，形成的打印预览效果，咖啡不加糖也不会感觉苦了，见图 6-11。

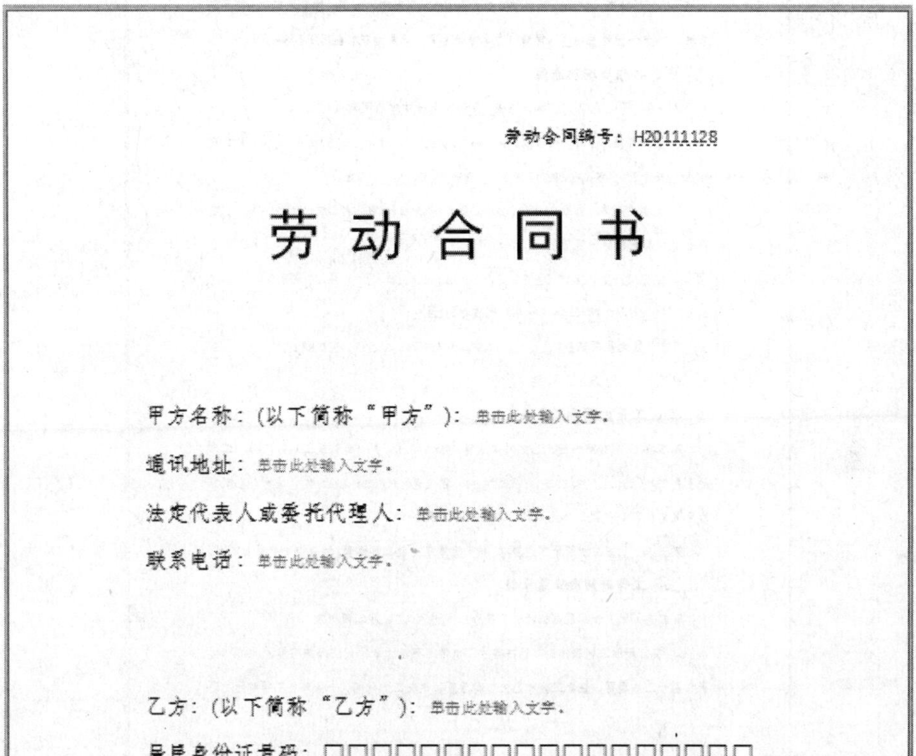

劳动合同编号：H20111128

# 劳 动 合 同 书

甲方名称：(以下简称"甲方"): 单击此处输入文字.

通讯地址: 单击此处输入文字.

法定代表人或委托代理人: 单击此处输入文字.

联系电话: 单击此处输入文字.

乙方：(以下简称"乙方"): 单击此处输入文字.

居民身份证号码：□□□□□□□□□□□□□□□□□□

家庭住址: 单击此处输入文字.

户籍住址: 单击此处输入文字.

联系方式: 单击此处输入文字. (固定电话)  单击此处输入文字. (移动电话)

紧急联系人: 单击此处输入文字.  联系电话: 单击此处输入文字.

**XX 电子厂人事部印制**

图 6-11  封面效果图

5. 根据同样方法，小王一口气，设置了合同正文、合同使用说明部分的文档格式，在需要限制文本输入的地方，加入了"格式文本"控件，新建了"合同正文带下划线"样式，并且见到了老朋友"文本带下划线"、"样式不带下划线"等先前的样式。见图 6-12。

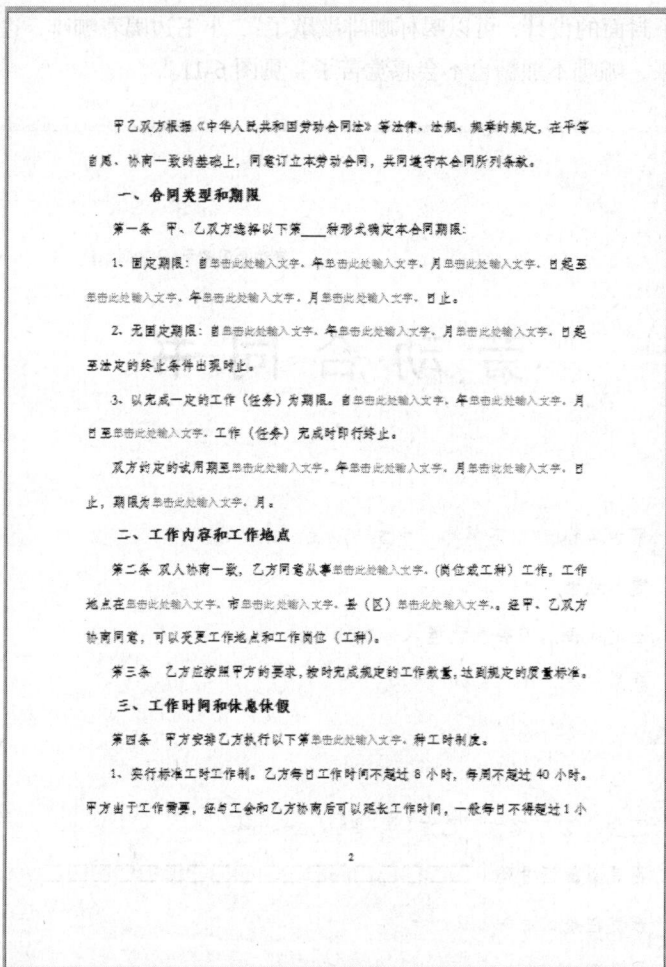

图 6-12　使用样式设置文档格式

## 步骤四：文档保护和 Word 模板分发

至此，所有的合同区域设置完成后，文档的基本操作完成了，但是丽姐的任务要求还浮现在小王脑海中："对文档进行限制，做成模板"，这么说来送到客户手中的文本应该是部分锁定的，只能在窗体中添加内容。"如何对文档进行保护，避免非正常的内容变更呢？"小王查阅资料后，觉得应该启用 Word 2007 的文档保护功能。于是。小王进行了如下操作。

1. 单击"开发工具"使用"保护文档"功能。进到专门用来对文档进行加密，防止恶意篡改，为文档添加密码的设置区，如图 6-13 和图 6-14 所示。

2. 启动强制保护后，除添加格式文本的区域可以编辑外，其余文字区域都处于只读状态；

3. 将文档另存为模板文件，得到以"X 公司劳动合同书模板.dotx"命名的 Word 模板文件。将文件拷贝到：

`X:\Users\计算机登录名\AppData\Roaming\Microsoft\Templates` 中

提示　　"X"为系统盘盘符名称，计算机名为登录系统的用户名。

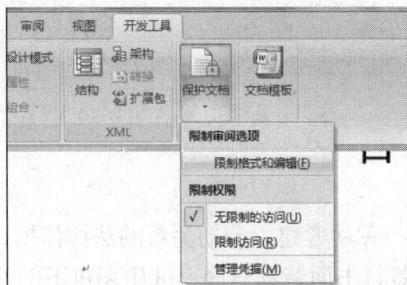

图 6-13　启动文档保护功能

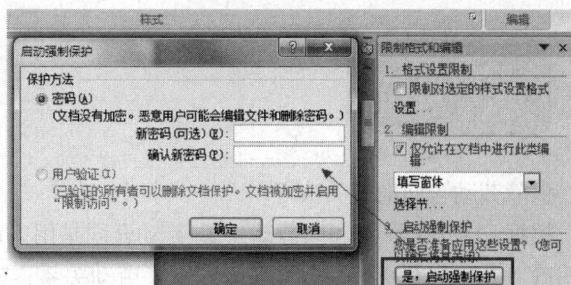

图 6-14　为保护文档添加密码

4. 将先前制作的劳动合同案例关闭，重新打开 Word 2007 软件，单击"Office 按钮"—>"新建"，选择"我的模板"，如图 6-15 所示。

5. 单击"确定"，见到了久违的"劳动合同书"，测试各项功能正常，只有特定区域才能编辑，可以编辑的窗体区域完全符合各新建样式表格式，小王心中兴奋异常，"只要给丽姐电脑上安装 X 公司劳动合同书模板.dotx 模板，丽姐就可以很方便地访问本公司劳动合同书了。"如果要编辑格式文本以外的区域，只需单击"停止保护"，如图 6-16 所示。

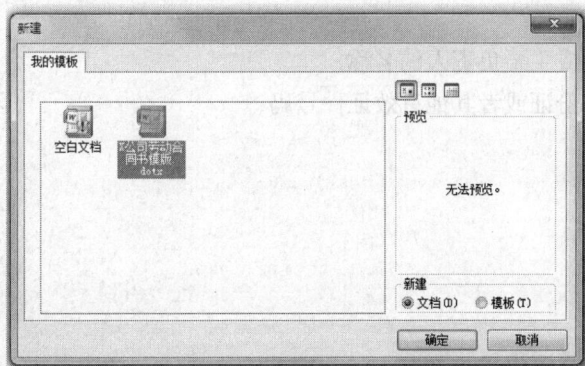

图 6-15　选择自定义模版建立文档

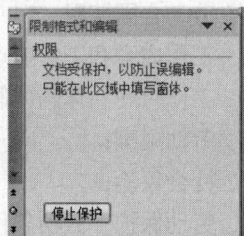

图 6-16　取消文档保护

## 知识点小结

本案例中，制作劳动合同书主要用到了文本内容控件、新建样式、保护文档、模板建立等功能：

（1）文字、段落的格式设置，主要有字体、段落间距、行距；

（2）限制文本区域输入，使用了 Word 开发工具中的"格式文本"功能；

（3）在设置"格式文本"时候，使用了"新建样式.."，统一了文本输入；

（4）将制作好的文档另存为模板文件，存放到 Windows 特定目录中，可以在 Word 2007 中方便地使用模板创建文档。

## 拓展训练

请使用本案例用到的相关知识点设计一份房屋租赁合同。

## 知识链接

保障劳动合同的有关法规

根据《中华人民共和国劳动法》，劳动合同是用人单位与劳动者建立劳动关系的法律依据，用以明确双方的权利义务。双方一旦建立了劳动关系，就要签订书面劳动合同，试用期也不例外。劳动合同必须是合法的，否则从签订之日起无效，必须重签。按规定，签合同以后，用人单位就应为劳动者购买社会保险，包括养老保险、工伤保险、医疗保险、生育保险、失业保险。

对于不签合同的单位或个人，劳动部门有权责令其补签或施以处罚。对于不签合同的一方，另一方有权要求其赔偿损失。因履行劳动合同发生的争议，当事人可自行和解，也可向单位的调解委员会申请调解，或向劳动争议仲裁委员会申请仲裁，或向人民法院起诉。用人单位不签合同，造成劳动者权益受到损害时，劳动者可依法向劳动保障监察机构举报。

劳动合同是劳动者权益的有力保障，劳动者应充分重视合同的作用。在自己的正当权益受到损害时，更要勇于向法律寻求帮助和保护。

《劳动合同法》规定的必备条款如下：

一、用人单位、驻所和法定代表人或主要负责人的名称；

二、劳动者的姓名、住址和居民身份证或者其他有效证件号码；

三、劳动合同期限；

四、工作内容和工作地点；

五、工作时间和休息休假；

六、劳动报酬；

七、社会保险；

八、劳动保护、劳动条件和职业危害防护；

九、法律、法规规定应当纳入劳动合同的其他事项；

劳动合同不得违反禁止性的条款，主要有以下情形：（一）一方以欺诈、胁迫的手段签订劳动合同，损害国家利益；（二）恶意串通，损害国家、集体或者第三人利益；（三）以合法形式掩盖非法目的；（四）损害社会公共利益；（五）违反法律、行政法规的强制性规定。

用人单位的合同中有以下行为相关条款也是非法的。

1、订立劳动合同时要求提供担保（押金）和扣押居民身份证。

2、用人单位在劳动合同中加入加重劳动者义务的条款，减免自身的义务，甚至剥夺劳动者应有的权利。

3、劳动合同无效后，用人单位以此为依据拒绝支付劳动报酬。如甲持假毕业证件被公司查出，认定劳动合同无效，拒绝支付甲在乙公司的劳动报酬。

4、用人单位故意模糊岗位表述也是非法的，合同签约中应该书面形式明确岗位的具体工作。

5、劳动合同中关于由职工自己办理社会保险的约定。

# 第二部分
## 数据处理篇

　　数据（data）是对客观事物的符号表示，是用于表示客观事物未经加工的原始素材，如图形符号、数字、字母等。或者说，数据是通过物理观察得来的事实和概念，是关于现实世界中的地方、事件、其他对象或概念的描述。而信息则是数据内涵的意义，是数据的内容和解释。信息可以离开信息系统而独立存在，也可以离开信息系统的各个组成和阶段而独立存在；而数据的格式往往与计算机系统有关，并随载荷它的物理设备的形式而改变。

- 信息与数据的关系：信息与数据是不可分离的，数据是信息的表达方式，信息是数据的内涵。数据本身并没有意义，只有对实体行为产生影响时才成为信息。

　　数据处理是指将数据与特定的应用相关联起来，提取出其有价值的信息，为生产、商务活动的决策分析提供帮助。数据处理也是对数据进行解释并赋予一定的意义，将其转变成为信息的处理过程。

# 案例 7
# 现金日记账制作

周末，下班了，想着电脑里的游戏，还有周末开始的西班牙国家德比，我哼着小曲，整个人处于一种极度兴奋的状态。

经过刚上班不久的出纳小衫身旁，发现她还在埋头苦干呢，我随口说了一句："小衫，还没下班呢？"

"哦，徐哥，今天的账目还没结，还有一大堆数据要我核对呢。"小衫说话的时候，还在不停地整理各种单据，忙于核对。

"那你怎么不用 Excel 来计算啊，这样多简单啊，还不容易出错。"刚说完我就后悔了，这不是没事找事做……

果然，小衫用她那双水汪汪的大眼睛望着我说："徐哥，你看我刚来的，还属于菜鸟阶段，帮我做一个吧，你忍心看着我天天都这么受累么！"

话都说出口了，好人做到底吧。我说："那你将你日常工作的流程说一下。"

小衫高兴地说："其实也挺简单的，就是要将我们单位每天支出的现金和收入的现金核对一下，像我们单位员工的差旅费、设备的维修费用，还有就是日常和我们单位联系较多单位的借出和归还资金"。

"行，你将详细的要求发到我邮箱里面吧，下周一做好了给你。"我说。

> 现金日记账通常是根据审核后的现金收款、付款凭证逐日逐笔按照经济业务发生的顺序进行登记的，为了加强对企业现金的监管，现金日记账采用订本式账簿。

出纳的日常工作主要包括货币资金核算、往来结算、工资核算 3 方面的内容。这里以现金日记账工作为例，利用 Excel 2007 软件来解决这个问题，从而缩短工作时间，提高工作效率。

现金日记账是专门记录现金收付业务的特种日记账，它一般由出纳人员负责填写。现金日记账既可用作明细账，也可用于过账媒介。

我们利用 Excel 2007 软件来实现现金日记账功能需要做的工作如下。

（1）根据实际的现金日记账簿在 Excel 2007 中制作一个模板。

（2）在模板中利用函数和公式来实现自动计算功能。

（3）最后把实际工作中的数据输入到相应的单元格内，得到我们想要的结果。

## 任务实现

### 步骤一：制作现金日记账 Excel 模板

1. 利用已经掌握的 Excel 2007 知识，制作如图 7-1 所示的现金日记账模板。

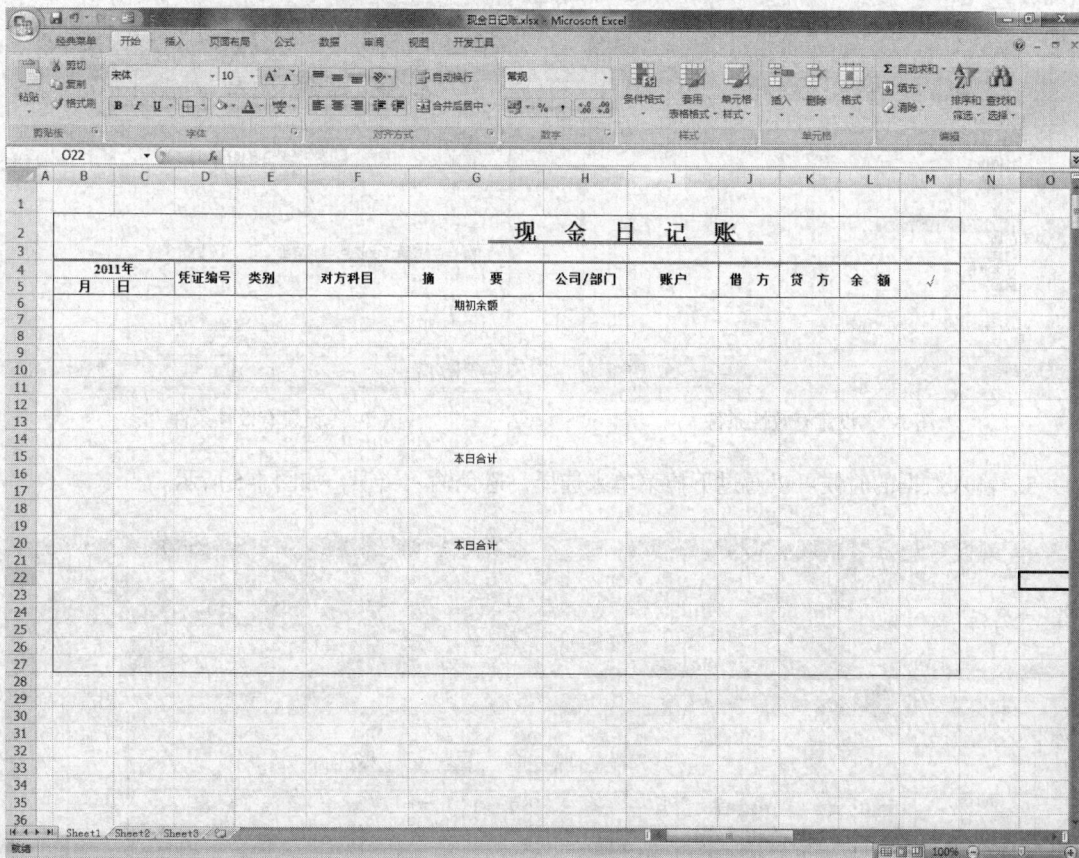

图 7-1　现金日记账模板

2. 为了方便我们输入数据，我们可以制作下拉菜单来选择我们要输入的项目，这里我们以"类别"一列为例说明如何制作下拉菜单。选择 E7 单元格，单击"数据"选项卡→"数据有效性"，如图 7-2 所示。

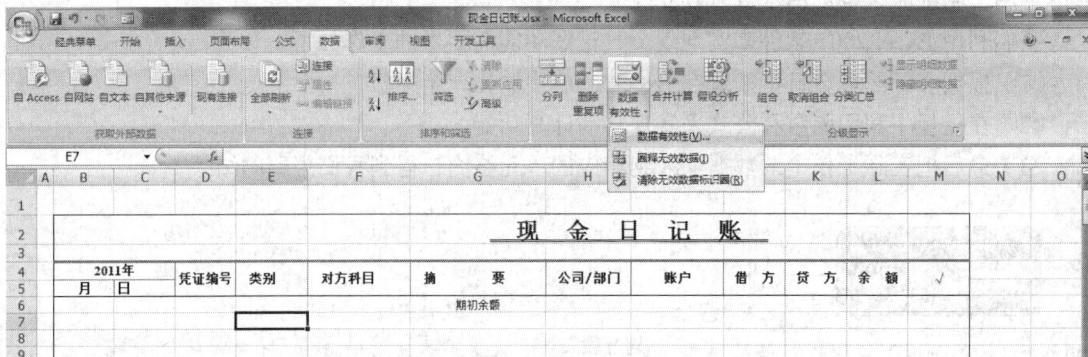

图 7-2　设置单元格数据有效性

3. 在弹出的"数据有效性"对话框中选择"序列",如图 7-3 所示。
4. 在"来源"选项中输入我们日常处理的工作内容,如图 7-4 所示。

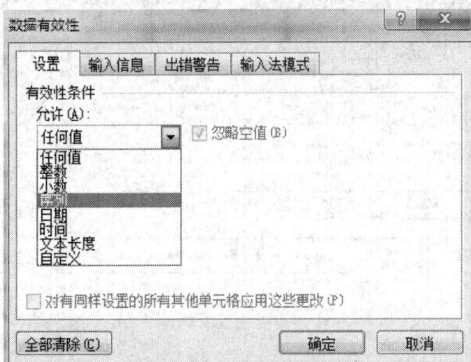

图 7-3　设置有效性条件

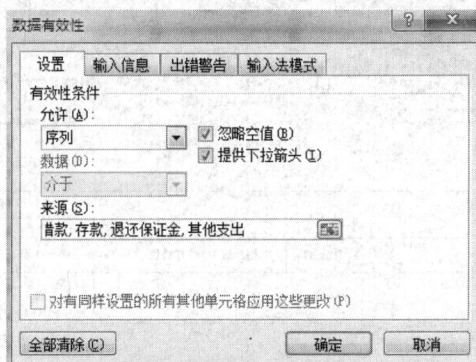

图 7-4　设置有效性条件

5. 输入数据的时候可以通过下拉菜单来选择,避免输入错误,如图 7-5 所示。

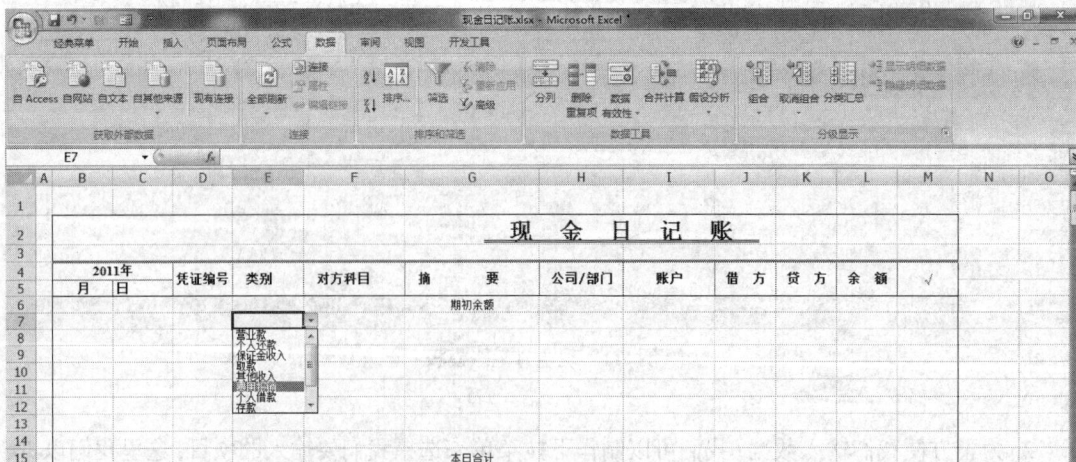

图 7-5　利用下拉菜单来输入数据

"余额"栏应根据"本行余额＝上行余额＋本行借方－本行贷方"公式计算填入。

## 步骤二：在设置好的模板中输入函数和公式。

1. 余额：=IF(AND(J7="",K7=""),0,IF(OR(G7={"本日合计","本月累计","本年累计"}),L6,L6+J7-K7))

使用方法：直接输入此公式到设计好的"余额"单元格，类似图 7-6 所示单元格 L7。

可更改地方：L7→可以更换成所用文档中显示"余额"的单元格位置。

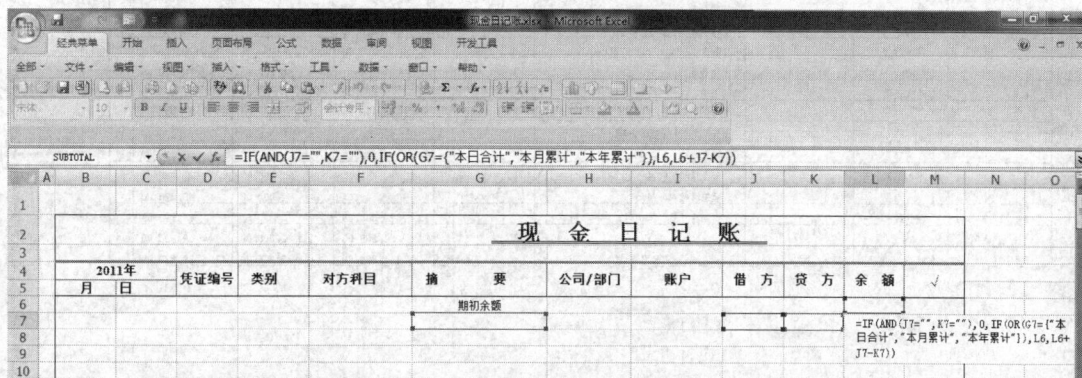

图 7-6　设置余额

2. 本日合计：=SUM(J7:J14)

使用方法：直接输入此公式到设计好的"本日合计"单元格，类似图 7-7 所示单元格 J15。

可更改地方：J15→可以更换成所用文档中显示"本日合计"的单元格位置。

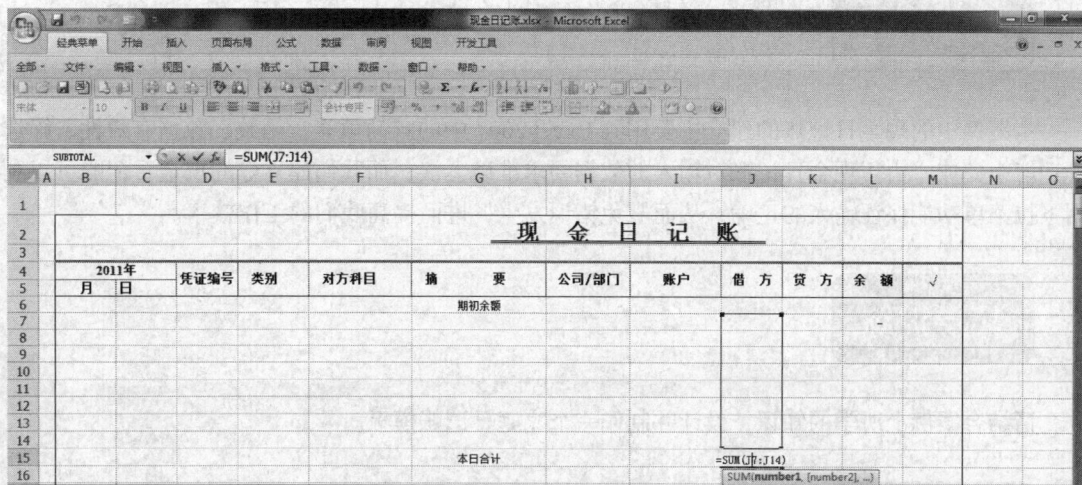

图 7-7　设置本日合计

3. 最后在相应的单元格内输入实际工作数据，这样现金日记账就完成了，如图 7-8 所示，这样在我们日常工作中只需要输入数据，其他的工作由 Excel 2007 自动来完成，缩短了工作时间，减少错误出现的几率。

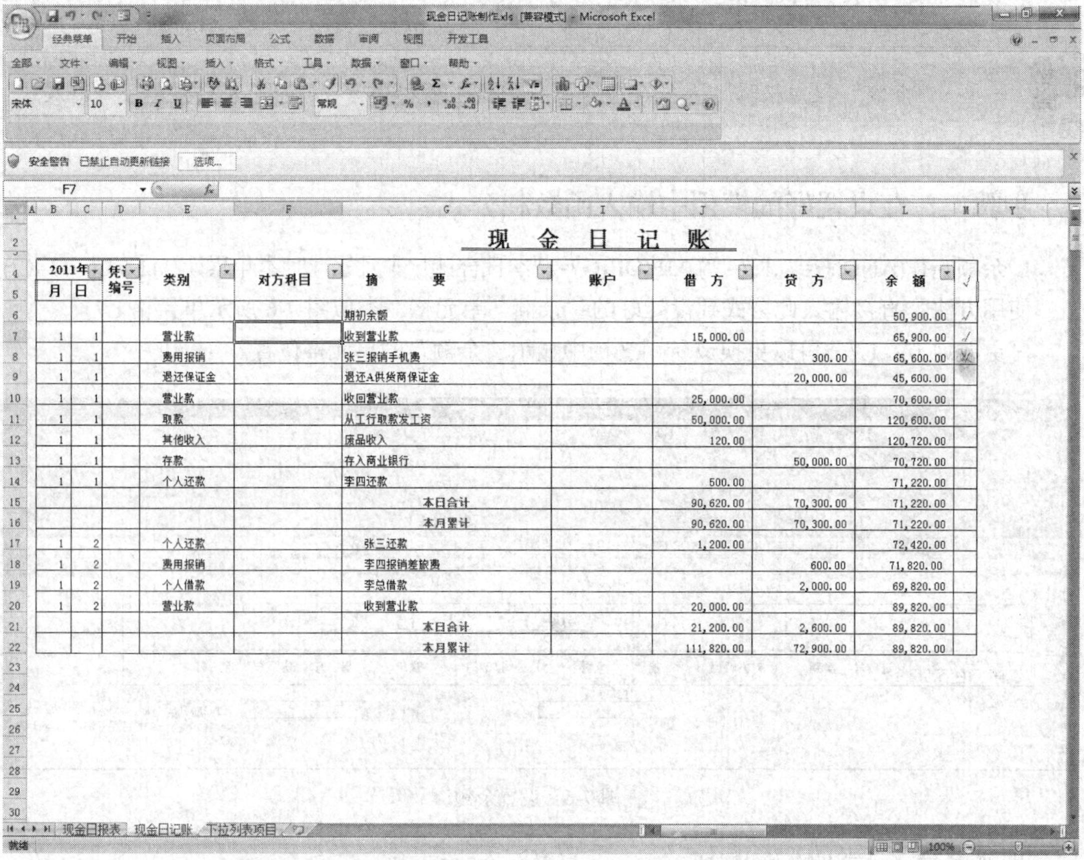


| 2011年 月 | 日 | 凭证编号 | 类别 | 对方科目 | 摘要 | 账户 | 借方 | 贷方 | 余额 | |
|---|---|---|---|---|---|---|---|---|---|---|
| | | | | | 期初余额 | | | | 50,900.00 | √ |
| 1 | 1 | | 营业款 | | 收到营业款 | | 15,000.00 | | 65,900.00 | √ |
| 1 | 1 | | 费用报销 | | 张三报销手机费 | | | 300.00 | 65,600.00 | √ |
| 1 | 1 | | 退还保证金 | | 退还A供货商保证金 | | | 20,000.00 | 45,600.00 | |
| 1 | 1 | | 营业款 | | 收回营业款 | | 25,000.00 | | 70,600.00 | |
| 1 | 1 | | 取款 | | 从工行取款发工资 | | 50,000.00 | | 120,600.00 | |
| 1 | 1 | | 其他收入 | | 废品收入 | | 120.00 | | 120,720.00 | |
| 1 | 1 | | 存款 | | 存入商业银行 | | | 50,000.00 | 70,720.00 | |
| 1 | 1 | | 个人还款 | | 李四还款 | | 500.00 | | 71,220.00 | |
| | | | | | 本日合计 | | 90,620.00 | 70,300.00 | 71,220.00 | |
| | | | | | 本月累计 | | 90,620.00 | 70,300.00 | 71,220.00 | |
| 1 | 2 | | 个人还款 | | 张三还款 | | 1,200.00 | | 72,420.00 | |
| 1 | 2 | | 费用报销 | | 李四报销差旅费 | | | 600.00 | 71,820.00 | |
| 1 | 2 | | 个人借款 | | 李总借款 | | | 2,000.00 | 69,820.00 | |
| 1 | 2 | | 营业款 | | 收到营业款 | | 20,000.00 | | 89,820.00 | |
| | | | | | 本日合计 | | 21,200.00 | 2,600.00 | 89,820.00 | |
| | | | | | 本月累计 | | 111,820.00 | 72,900.00 | 89,820.00 | |

图 7-8　现金日记账最终样张

## 知识点小结

本案例中的现金日记账的建立主要用到 Excel 2007 中的自动填充、函数、数据有效性、筛选等功能来完成，由于现金日记账对输入的数据要求准确无误，而我们建立好的现金日记账可以利用下拉菜单功能保证输入的正确，从而避免错误发生，进而提高我们的工作效率。

## 拓展训练

请结合案例上所学的知识，设计并制作一个家庭日记账模板。

## 知识链接

会计核算形式，也称为会计处理程序，是指账簿组织、记账程序和记账方法相互结合的方式。其中，账簿组织是指账簿的种类、格式以及各种账簿之间的关系，又称为账簿体系；记账程序是指会计凭证的整理、填制、传递、账簿的登记以及据以编制会计报表的顺序；记账方法是指财务的处理是手工操作还是计算机运行。

企业、政府机关和事业单位等在会计核算中，都应当根据自身的情况，正确地选用会计核算形式。科学合理的会计核算形式具有以下作用。

1. 促使会计核算组织本身工作规范化。有了科学合理的会计核算形式，会计人员在进行会计核算时就能够做到有章可循，使会计核算工作能够有条不紊地进行。

2. 提高会计核算工作的效率。科学合理的会计核算形式可以减少不必要的核算环节，避免低效的重复，将会大大提高会计核算工作的效率。

3. 确保会计核算工作的质量。在会计核算的过程中，保证会计核算工作的质量是会计工作的基本要求。建立科学合理的会计核算形式，形成加工和整理会计信息的规范机制，将有利于确保会计信息的客观性、完整性。

4. 节约会计核算工作的成本。组织会计核算的过程需要耗费人力、物力和财力，因此，会计核算本身也要讲求经济效益。科学合理的会计核算形式选用的会计凭证、会计账簿和会计报表种类适当，数量适中，在一定程度上也能节约会计核算工作的成本。

会计核算形式的原则如下。

（1）符合各单位的实际情况。设计会计核算形式时，应充分考虑单位本身的经营管理特点、规模的大小、经济业务的繁简以及会计机构设置和会计人员配备等因素，使会计核算形式与本单位的经济业务的需要适应。

（2）保证会计核算的质量。确定适用的会计核算形式，要确保能够准确、及时和完整地提供相关和可靠的会计信息资料，以满足会计信息使用者了解会计信息，并据以作出经济决策的需要。

（3）力求降低会计核算的成本。在满足会计核算工作需要、确保会计核算工作质量、提高会计核算工作效率的前提下，力求简化核算手续，节省核算时间，降低核算成本。

（4）有利于建立会计工作岗位责任制。确定会计核算形式，要有利于会计人员的分工与合作，有利于明确各会计人员工作岗位的职责。

会计核算形式的建立是由多种因素决定的，包括经济活动和财务收支的实际情况，经营管理的具体要求，企业组织形式（尤其是公司治理结构），会计人员的数量和质量以及会计核算的手段。由于这些因素是不断变化的，因此，会计核算形式也不是一成不变的。

在手工记账的情况下，登记总账的依据主要有记账凭证、汇总记账凭证、科目汇总表和日记总账，基于此，会计核算形式一般包括记账凭证核算形式、汇总记账凭证核算形式、日记总账核算形式和科目汇总表核算形式。

记账凭证会计核算形式是直接根据经济业务发生后所填制的各种记账凭证逐笔登记总分类账，并定期编制会计报表的一种会计核算形式。记账凭证会计核算是最基本的会计核算形式，包括各种核算程序的基本要素，其他各种会计核算形式都是在此基础上，根据经济管理的需要逐笔发展和形成的。

在记账凭证核算形式下，记账凭证可采用一种通用的格式，也可以将记账凭证分为收款凭证、付款凭证和转账凭证，作为登记总分类账的依据。

同时在记账凭证会计核算形式下，需要设置现金日记账、银行存款日记账、总分类账和明细分类账。现金日记账和银行存款日记账一般采用收、付、余三栏式；总分类账应按总账科目开设账页，一般采用借、贷、余三栏式；明细分类账则根据经营管理的需要来设置，可采用三栏式、数量余额式或者多栏式。

现金日记账通常由出纳人员根据审核后的现金收、付款凭证，逐日逐笔顺序登记。登记现金日记账的总的要求是：分工明确，专人负责，凭证齐全，内容完整，登记及时，账款相符，数字真实，表达准确，书写工整，摘要清楚，便于查阅，不重记，不漏记，不错记，按期结账；不拖延积压，按规定方法更正错账等。登记现金日记账时，除了遵循账簿登记的基本要求外，还应注意以下栏目的填写方法。

（1）日期："日期"栏中填入的应为据以登记账簿的会计凭证上的日期，现金日记账一般依据记账凭证登记，因此，此处日期为编制该记账凭证的日期。不能填写原始凭证上记载的发生或完成该经济业务的日期，也不是实际登记该账簿的日期。

（2）凭证编号："凭证字号"栏中应填入据以登账的会计凭证类型及编号。如，企业采用通用凭证格式，根据记账凭证登记现金日记账时，填入"记×号"；企业采用专用凭证格式，根据现金收款凭证登记现金日记账时，填入"收×号"。

（3）摘要："摘要"栏简要说明入账的经济业务的内容，力求简明扼要。

（4）对应科目："对应科目"栏应填入会计分录中"库存现金"科目的对应科目，用以反映库存现金增减变化的来龙去脉。

（5）借方、贷方："借方金额"栏、"贷方金额"栏应根据相关凭证中记录的"库存现金"科目的借贷方向及金额记入。

（6）余额："余额"栏应根据"本行余额＝上行余额＋本行借方－本行贷方"公式计算填入。

正常情况下库存现金不允许出现贷方余额，因此，现金日记账余额栏前未印有借贷方向，其余额方向默认为借方。若在登记现金日记账过程中，由于登账顺序等特殊原因出现了贷方余额，则在余额栏用红字登记，表示贷方余额。

# 案例 8
# 产品的入库出库管理

## 情境再现

产品入库出库是每一个公司都要涉及的工作。如何有效把握公司的产品进出情况，是一个公司合理运转的必要条件。

> **提示** 贸易公司：贸易公司一般不去生产产品，因此也不需要采购原材料来进行产品加工。其主要进行就是商品的买与卖，该类公司最重要的是信息和业务渠道，要有货源和销售目标，目的当然是要产生一定的利润。

情景：支持表哥创业

角色：表哥（汽车配件公司股东）

故事：我们家和大叔家关系一直很好，又是一个周末，我们家应邀去大叔家吃饭。来到大叔家后先是互相寒暄了几句。快到吃饭时间了，表哥还是没回来，大家都在等着他一个人开饭。

大叔开始说话了："这孩子吃饭时间还没看到人，整天不知道瞎忙什么。"

"侄子开公司赚大钱，当然忙啦，你也不用说他，要是我儿子能向他表哥这样就好咯，"爸爸说。我顿时觉得心里不是滋味。表哥读完初中就辍学了，起初跟着一些朋友卖卖报纸和狗皮膏药，之后做了些小生意，后来生意越做越大，这些年积攒了不少钱。表哥确实是块做生意的料，他把准了中国汽车消费量急剧上升的大好局势，抓住机遇和几个朋友合伙开了家汽车配件贸易公司，想好好赚上一笔。

眨眼工夫表哥就回来了，"真是说曹操，曹操就到呀，呵呵"妈妈说。

表哥洗了个手，大家就开饭。于是大家边吃边聊了起来。

"听说你开了家汽车配件贸易公司，赚大钱了哈？"妈妈接着说。

"哪有哦，舅母诶，公司营业才一个月就出问题了哟"表哥轻叹了口气说。

"由于没有统一的配件的入库和出库管理，使得销售人员对店里有什么配件，什么配件卖完了，要及时补充都不是很清楚，公司运营情况一团糟，"表哥长叹了口气说。

"不是有专业的入出库管理软件卖吗？我的商务办公应用老师和我们说的，"我终于可以插得上嘴了，心里暗喜，总算可以提个意见了。

"老弟你是不知道啊，公司刚创业起步，小本经营，花钱去买专业软件，太不划算了。"说完，表哥的表情又是一脸的漠然。

突然表哥眼睛一亮"你刚刚是说你有学过商务办公应用"，"是啊！"我斩钉截铁地回答。

"那你帮我做个基本的入出库电子表格吧？只要能实现基本的功能就行。""对哦，我学过 Excel 的啦，而且学得还不错，但是好像对这个入出库不是很明白。"我心里嘀咕着。

"你就帮帮忙吧，表哥一定记得你的好，"表哥还以为我是不愿帮忙。我心里想了想，基本的操作都会，无非就是再学点物品进出库管理的知识，再想到爸爸总是在叔叔他们家面前夸表哥怎么好来着，这次也算是有机会证明自己也是挺优秀的。"好，包在我身上了"，年轻人血气方刚的原因吧，一下就答应了，还那么爽快，其实心里也没有十足的把握。既然答应了就开始构思了，从表哥家一回来，就开始筹划着如何动手……。

## 任务分解

对表哥的贸易公司进行一番了解后，我决定结合自己所学的知识，用 Excel 电子表格来实现对公司产品的出入库管理。

由于之前都没有进行统一的入出库管理及登记，就只是一些入库出库的单据，所以就必须把所有单据中的数据输入 Excel 中。于是我首先找到表哥，拿到了公司的全部的入库及销售单据，然后计划着构建电子表格及输入数据，这将花费较多的时间去完成，但是一旦电子表格构建好了，以后的工作及产品管理基本上就可以一劳永逸了。

我经过一番思考后，提出了如下的设计思路：

1. 出入库电子表格的建立

产品的出入库数据表格应该由六部分组成：

- 产品代码表:记录产品的名称、采购单位、型号、价钱等。
- 入库明细表：反映具体的产品入库的时间和数量。
- 出库明细表：反映具体的产品出库的时间和数量。
- 入库汇总表：反映某个月份产品的整体入库情况。
- 出库汇总表：反映某个月份产品的整体出库情况。
- 库存盘点表：实时反映公司的产品库存情况。

也就是说，在一个 Excel 工作簿中要建立 6 个相应的工作表，分别完成相应的功能，同时又相互关联，相互联系。

2. 为了能够实现入库出库产品的智能化管理，同时显示本人商务办公应用的熟练程度，一些筛选、排序和分类汇总功能的加入是必需的。

同时，为了让表哥这种不懂 Excel 的人也能一目了然地看清楚公司的产品销售及库存情况。我决定利用 Excel 中的"数据透视表"来实现。

## 任务实现

### 步骤一：工作表的生成

我首先新建了一个空白的 Excel 工作簿，同时在原来的工作表区，新建了三个工作表，加上原有的 3 个名为 Sheet 的表格，总共就有六个工作表了。同时依次重新命名为产品代码表、入库明细表、出库明细表、入库汇总表、出库汇总表和库存盘点表。重命名完成后，可以在状态栏上方看到如图 8-1 所示的效果。这就简单的完成了第一步。接下来就是向各个空白表格中输入相对应的数据及编辑了。

I◄ ◄ ► ►I ＼代码表 ＼入库明细表 ＼出库明细表 ＼入库汇总表 ＼出库汇总表 ＼库存盘点表 ＼
就绪

图 8-1　新建的工作表

**提示**　代码表：所谓代码表就是简要记录商品的名称、型号、存货单位、单价、物品代码（可自定义）等信息的一类数据表格。该表是进行进货采购的依据，也是实现入库出库管理不可缺少的一个组成部分。

## 步骤二：代码表的编辑

如何编辑一个简洁而又让人看了一目了然的产品代码表呢？我首先向表哥要来了他的产品的入库单据，从表哥的产品入库的单据中发现，有些物品的名称相同，但是进货渠道不同，有的是 A 公司有的是 B 公司，也就是说同一类物品会来自于不同的公司，价钱自然也不一样。于是在代码表的设计上，就应该要清楚反映物品的名称、生产公司、物品型号、单位及价钱等信息。所以我首先选中名为"代码表"的工作表，在其第一行设计了一个包含以上信息的表头，接着根据进货单的信息，依次输入了对应的信息，输完的效果如图 8-2 所示。

| | A | B | C | D | E | F |
|---|---|---|---|---|---|---|
| 1 | 代码 | 公司名称 | 物品名称 | 型号 | 单位 | 单价 |
| 2 | 0010001 | A公司 | 仿毛方向盘套 | | 套 | 14.00 |
| 3 | 0010002 | A公司 | 挡泥板 | 花冠 | 套 | 6.00 |
| 4 | 0010003 | A公司 | 立标 | 大众 | 套 | 6.00 |
| 5 | 0010004 | A公司 | 车衣 | 波罗 | 套 | 5.00 |
| 6 | 0010005 | A公司 | 挡泥板 | 捷达 12 | 套 | 6.00 |
| 7 | 0010006 | A公司 | 玻璃防雾剂样品 | | 样 | 14.00 |
| 8 | 0010007 | A公司 | 紫薇座垫三件套 | 成丰 | 套 | 4.00 |
| 9 | 0010008 | A公司 | 亚麻脚垫 | 花冠 | 套 | 54.00 |

图 8-2　代码表

其中在编辑代码表的时候，应注意物品的代码和型号应使用文本格式输入（数据前加编号），不然会默认为数字。

## 步骤三：入库明细表的编辑

入库明细表的编辑相对麻烦一些，因为入库明细表不仅要反映物品的入库日期、供应商、物品名称、入库时间等信息，还要反映入库的类别、入库制单人员、入库库别等信息。以便于以后库房的查询和管理。而类别、库别等信息的输入都需要实现数据的可选性。

同编辑代码表一样，我首先选中新建的入库明细表，然后建立相应表头，表头应该包括物品的各种相关信息，接着输入相应的数据信息。最后的编辑效果如图 8-3 所示。

| | A | B | C | D | E | F | G | H | I | J | K | L | M | N |
|---|---|---|---|---|---|---|---|---|---|---|---|---|---|---|
| 1 | 入库单号码 | 入库日期 | 物品代码 | 供货商 | 物品名称 | 规格 | 单位 | 单价 | 数量 | 金额 | 库别 | 入库类别 | 入库制单 | 月份 |
| 5 | 10001 | 2005-01-01 | 0040003 | D公司 | 卫生套 | M6 | 个 | 20 | 12.00 | 240.00 | 三库 | 入库 | 肖雨 | 1 |
| 6 | 10001 | 2005-01-01 | 0060002 | F公司 | 钥匙链 | 22 | 条 | 5 | 12.00 | 60.00 | 三库 | 入库 | 肖雨 | 1 |
| 7 | 10002 | 2005-01-01 | 0050002 | E公司 | 解码器 | 双鸽 | 台 | 1500 | 12.00 | 18000.00 | 三库 | 入库 | 肖雨 | 1 |
| 8 | 10002 | 2005-01-01 | 0030006 | C公司 | 挡泥板 | 包来 | 套 | 25 | 12.00 | 300.00 | 三库 | 入库 | 肖雨 | 1 |
| 9 | 10002 | 2005-01-01 | 0060002 | F公司 | 钥匙链 | 22 | 条 | 5 | 12.00 | 60.00 | 三库 | 入库 | 肖雨 | 1 |
| 10 | 10002 | 2005-01-01 | 0060001 | F公司 | 字标 | 58 | 个 | 10 | 12.00 | 120.00 | 三库 | 调出 | 肖雨 | 1 |
| 11 | 10003 | 2005-01-02 | 0010003 | A公司 | 立标 | 大众 | 套 | 6 | -4.00 | -24.00 | 三库 | 调出 | 刘姗 | 1 |
| 12 | 10003 | 2005-01-02 | 0010002 | A公司 | 立标 | 大众 | 套 | 6 | -4.00 | -24.00 | 四库 | 调入 | 刘姗 | 1 |

图 8-3　入库明细表效果图

考虑到表哥可能有几个存放物品的仓库，入库类别和入库制单人员也有可能不同，因此在这几项的数据录入过程中，需要实现数据的可选性输入。我们可使用 Excel 中的"数据/有效性"功能，来设置下拉菜单，供选择数据填表使用。于是我们对入库明细表当中的库别、入库类别、入库制单这三项内容，设置成了如图 8-4 所示的下拉表单的效果。

**提示**　　　　下拉菜单的是制作表单类文档必不可少的一项内容。如何在 Excel 中制作下拉表单，是商务办公应用中必须掌握的内容。

下拉表单的具体设计方法是如下。

首先选定输入库别的数据区域，因为对每一种物品都要进行库别的输入，因此我们应该选择工作表中的一列，作为数据区域，如图 8-5 所示。

图 8-4　工作表中的下拉表单

图 8-5　选定数据区域

然后找到"数据"菜单中的"数据工具"工具栏，执行"数据/有效性"命令，如图 8-6 所示。

之后弹出一个名为"数据有效性"的对话框，在打开的"数据有效性"对话框中单击"设置"选项卡；在"允许"栏中选择"序列"、在"来源"中输入"一库,二库,三库,四库"（不含引号，且用英文逗号分隔）；选中"忽略空值"和"提供下拉箭头"后，单击"确定"按钮，如图 8-7 所示。

图 8-6　"数据"菜单中的"数据工具"

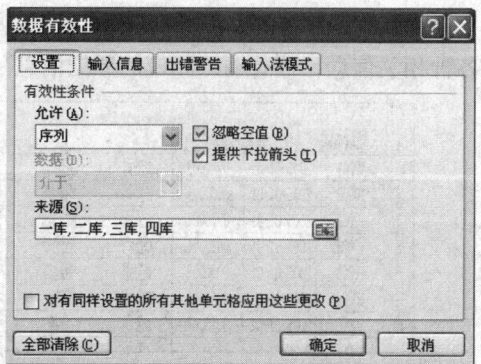

图 8-7　数据有效性对话框

最后返回工作表，在原选定的单元格区域任意单击一个单元格，右侧出现一个下拉箭头，单击下拉箭头，显示一个库别的列表，在列表中选择后单击即可在当前单元格进行数据输入。

用同样的方法，依次建立入库类别和入库制单表单。

出库明细表的编辑方法和入库明细表的类似，这里不再赘述。出库明细表效果图如图 8-8 所示。（毛利的计算可以通过在 N2 单元格中输入用公式 "=L2-M2"，同时使用填充的方法来实现）。

| A | B | C | D | E | F | G | H | I | J | K | L | M | N | O | P |
|---|---|---|---|---|---|---|---|---|---|---|---|---|---|---|---|
| 出库单号码 | 出库日期 | 库别 | 物品代码 | 供货商 | 物品名称 | 规格 | 单位 | 成本单价 | 销售数量 | 销售单价 | 销售金额 | 成本金额 | 毛利 | 入库制单 | 月份 |
| 20001 | 2005-01-02 | 三库 | 0010001 | A公司 | 仿毛方向盘套 | 0 | 套 | 14 | 2 | 16 | 32 | 28 | 4 | 肖雨 | 1 |
| 20001 | 2005-01-02 | 三库 | 0010003 | A公司 | 立标 | 大众 | 套 | 6 | 2 | 8 | 16 | 12 | 4 | 肖雨 | 1 |
| 20001 | 2005-01-02 | 二库 | 0030001 | C公司 | 挡泥板 | 皇冠 | 套 | 23 | 2 | 50 | 100 | 46 | 54 | 肖雨 | 1 |
| 20001 | 2005-01-02 | 二库 | 0030006 | C公司 | 挡泥板 | 包来 | 套 | 25 | 2 | 20 | 40 | 50 | -10 | 肖雨 | 1 |

图 8-8　出库明细表效果图

## 步骤四：入库汇总表的编辑

考虑到入库汇总表在产品出入库管理中的关键作用，其应该能够反映入库的物品总的数量和金额，同时具备一定的查询功能，能够清楚方便地按"库别"和"入库时间"进行分类显示。当然也应该具备一定的统计功能。思量再三，我决定使用 Excel 中的数据透视表来实现。这一步也花费了我较多的时间，现将建立过程说明一下。

第一步，打开入库明细表，选中全部的数据区域，在"插入"菜单里，选择"表"工具栏中的"数据透视表"标签，单击鼠标右键后如图 8-9 所示。

鼠标右键单击"数据透视表（T）"后，弹出如图 8-10 所示的对话框。

图 8-9　数据透视表插入示意图　　　　图 8-10　"创建数据透视表"对话框

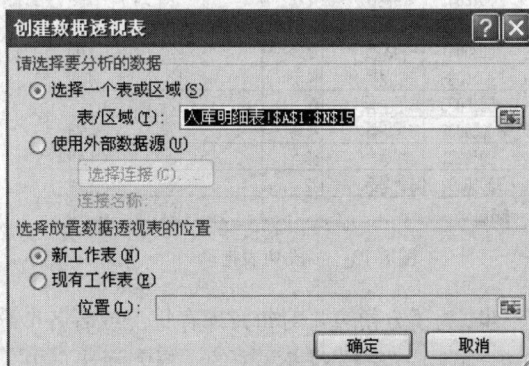

第二步，在"选择放置数据透视表的位置"下选择"现有工作表"，然后指定到名字为入库汇总表的工作表。单击"确定"后，在指定的工作表中，将弹出如图 8-11 所示的数据透视表，在工作表的右端，可以看到如图 8-12 所示的数据透视表字段列表。

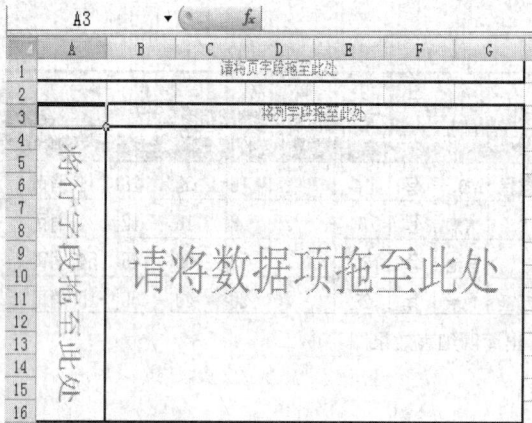

图 8-11　数据透视表

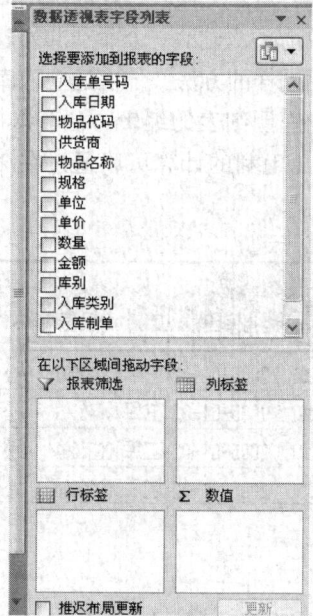

图 8-12　数据透视表字段列表

按需要把物品代码、物品名称、物品规格等项拖入"行标签"。并将相应的"字段设置"设置成"无"。同时将物品数量和金额拖入数值求和区，如图 8-13 所示。数据透视表生成如图 8-14 所示的数据表。

图 8-13　字段列表拖动

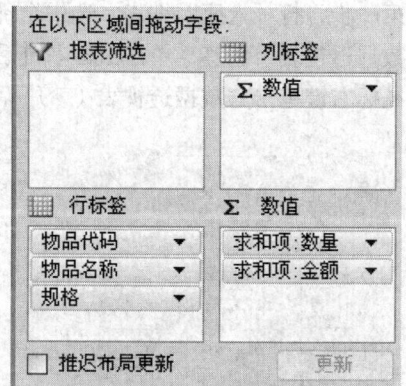

图 8-14　字段拖动后的数据透视表

第三步，为了方便表哥对每月库存情况或者各个仓库库存情况的及时了解，于是我将"库别"、"月份"拖动到了"字段列表"中的"报表筛选"中，这样一来表哥这个外行在我的稍微提点下，也能较好地把握产品的变化情况。这一步完成后，入库汇总表的效果如图 8-15 所示。

出库汇总表的编辑和入库汇总表的编辑方法一样，由出库明细表生成。

考虑到表哥对 Excel 一点都不懂，应该也不知道要将入库汇总和出库汇总配合起来看去发现产品的销售及库存情况。为此，我将入库和出库汇总合在一起做成了名叫"库存盘点表"的工作表（见图 8-16），也就是说表哥只要能打开这张表，就能知道库存中还有什么存货，什么东西已经买完了要补货。我想他要的也就是这样，他才没时间去管那么多呢。

| | A | B | C | D | E |
|---|---|---|---|---|---|
| 1 | 库别 | (全部) | | | |
| 2 | 月份 | 1 | | | |
| 3 | | | | | |
| 4 | 物品代码 | 物品名称 | 规格 | 数量 | 金额 |
| 5 | ⊟0010001 | ⊟仿毛方向盘套 | 0 | 12 | 168 |
| 6 | ⊟0010002 | ⊟挡泥板 | 花冠 | 2 | 12 |
| 7 | ⊟0010003 | ⊟立标 | 大众 | 9 | 54 |
| 8 | ⊟0030001 | ⊟挡泥板 | 皇冠 | 12 | 276 |
| 9 | ⊟0030006 | ⊟挡泥板 | 包来 | 12 | 300 |
| 10 | ⊟0040003 | ⊟卫生套 | M6 | 12 | 240 |
| 11 | ⊟0050002 | ⊟解码器 | 双鸽 | 12 | 18000 |
| 12 | ⊟0060001 | ⊟字标 | 58 | 12 | 120 |
| 13 | ⊟0060002 | ⊟钥匙链 | 22 | 24 | 120 |
| 14 | 总计 | | | 107 | 19290 |

图 8-15　报表筛选的实现

| | | | | |
|---|---|---|---|---|
| 库别 | (全部) | | | |
| 月份 | 1 | | | |
| 物品代 | 物品名 | 规格 | 数量 | 金额 |
| ⊟001000 | ⊟仿毛方 | 0 | 12 | 168 |
| ⊟001000 | ⊟挡泥板 | 花冠 | 2 | 12 |
| ⊟001000 | ⊟立标 | 大众 | 9 | 54 |
| ⊟003000 | ⊟挡泥板 | 皇冠 | 12 | 276 |
| ⊟003000 | ⊟挡泥板 | 包来 | 12 | 300 |
| ⊟004000 | ⊟卫生套 | M6 | 12 | 240 |
| ⊟005000 | ⊟解码器 | 双鸽 | 12 | 18000 |
| ⊟006000 | ⊟字标 | 58 | 12 | 120 |
| ⊟006000 | ⊟钥匙链 | 22 | 24 | 120 |
| 总计 | | | 107 | 19290 |

| | | | | |
|---|---|---|---|---|
| 库别 | (全部) | | | |
| 月份 | 1 | | | |
| 物品代 | 物品名 | 规格 | 销售数量 | 销售金额 |
| ⊟001000 | ⊟仿毛方 | 0 | 2 | 32 |
| ⊟001000 | ⊟立标 | 大众 | 2 | 16 |
| ⊟003000 | ⊟挡泥板 | 皇冠 | 2 | 100 |
| ⊟003000 | ⊟挡泥板 | 包来 | 2 | 40 |
| 总计 | | | 8 | 188 |

图 8-16　库存盘点表

至此，表哥的入库出库数据表就算是弄完了，通过对该数据表的设计和编辑，不仅帮了表哥的忙，同时也使我的 Excel 的应用水平及商务办公实践能力得到了很大的提高。

## 知识点小结

1. 学会对信息的收集归纳及筛选。
2. 进一步掌握如何在 Excel 中输入数据、文本的基本知识。
3. 学会在 Excel 中制作下拉表单。
4. 学习使用“数据透视表”来实现数据的归类、筛选和汇总。
5. 学会如何将 Excel 和现实生活当中的实际应用相结合。

## 拓展训练

1. 公司根据每天的入库出库情况，需要在相应的表格中添加新的数据，是不是添加新产品记录的时候，都要重新设置数据的输入格式？如果不是，应该如何设置呢？

2. 在入库明细表中加入的项目，如何自动地汇总到入库汇总表中。

3. 在本案例中，除了使用数据透视表来实现数据的分类汇总外，是否还可以使用其他的方法呢？

4. 如果想更直观地看到数据的分类、求和、汇总、筛选等效果，是否可以插入一个"数据透视图"呢？在该案例中如何插入和编辑"数据透视图"？

## 知识链接

现将本案例中涉及的其他专业的知识链接介绍如下。

1. 商品的出库入库流程

（1）商品的入库流程

① 采购部根据公司的实际情况，核定进货数，杜绝出现库存积压，滞销等情况。

② 当商品从厂家运抵至仓库时，收货员必须严格认真检查商品外包装是否完好，若出现破损、短少等情况。收货人必须拒绝收货，并及时上报采购部。

③ 确定商品外包装完好后，收货员必须依照相关单据：订单、随货同行联，对进货商品品名、等级、数量、规格、金额、单价、进行核实，核实正确后方可入库保管。

④ 入库商品明细必须由收货员和仓库管理人员核对签字认可，做到账、货相符。仓库管理员应该依据验收单详细记录商品的名称、数量、规格、入库时间、单证号码、验收情况、存货单位等，做到账、货相符。

（2）商品的出库流程

① 销售部开具出库单或调拨单，或者采购部开具退货单。单据上应该注明产地、规格、数量等。

② 仓库收到以上单据后，在对出库商品进行实物明细点验时，必须认真清点核对准确、无误，方可签字认可出库。

③ 商品出库后仓库管理员在当日根据正式出库凭证销账并清点货品结余数，做到账货相符。

2. 盘盈盘亏

盘盈盘亏是会计中的财产清查方面的知识。财产清查的结果有三种情况：

（1）实存数大于账存数，即盘盈；

（2）实存数小于账存数，即盘亏；

（3）实存数等于账存数，账实相符。

简单讲就是实物与账面的差异。盘点实物存数或价值大于账面存数或价值，就是盘盈；盘点实物存数或价值小于账面存数或价值就是盘亏。

另外，盘盈的，账面上没有关于这部分的账，当然也没有这部分的进项税额。盘亏的，无论是何种原因造成的货物的短缺，都不可能再用于销售，因此，盘亏部分的进项税额应做进项税额转出。

# 案例 9
# 人事信息库制作

Miss.HR 这段时间整理公司大量的人事信息，繁多的数据让她感到头昏眼花。Miss.HR 的手握着鼠标，任凭怎么晃动也不听使唤，屏幕上鼠标箭头就是不动。"完了，死机！"Miss.HR 心里念叨着。

还没等她发脾气，就听到手中鼠标说"哎哟，哎哟，别摇晃我啦，我都晕啦！"鼠标居然会说话？Miss.HR 吃惊的说不出一个字来。

"干吗张那么大嘴啊！跟你手底下这么长时间了，我们也该交流一下啦，再怎么说我也是重体力劳动啊！有时间就多关心关心我，给我清洁一下。我说你啊，不要一味的录入数据，其实 Excel 那小子有很多本事呢，完全可以由他自己完成，比如简历的生成、日期定时提醒……不信让他给你演示一下。话音刚落屏幕上 Excel 表格中某个单元格出现了一排函数……"

此时的 Miss.HR 完全不知道自己如何反映，好像这一切就发生在瞬间"是病毒，我机器中毒了，连鼠标也传染了？！刘儿，刘儿……"

"来了，来了，在呢！怎么啦？我问你怎么啦？我说你醒醒好不好，别睡了，哈喇子都流到桌子上了！"同事刘儿坐在桌对面无奈的好言相劝着。

Miss.HR 张开眼睛，看了看手中的鼠标还是那个鼠标，屏幕上表格依然是那个表格"哦，原来梦一场啊！"但是 Miss.HR 似乎从这个梦中得到了什么启示……"我先清理一下鼠标去。"

**提示** 在日常工作中，经常要处理大量的数据，如何利用各种软件来解决这个问题，是提高我们办公效率的重要途径。

Miss.HR 根据自己对 Excel 的了解和在网上收集的一些资料，在针对自己公司的实际情况，建立的人事信息库功能如下。

（1）设置自动填充，减少信息录入工作量

（2）劳动合同定期提醒功能

（3）数据录入首选记录单功能

（4）冻结窗口便于信息查询

（5）工作簿美化

（6）自动筛选便于数据统计

（7）简历的自动生成

**提示**     利用 Excel 2007 提供的功能和操作技巧，可以简化工作流程，从而提高工作效率。

## 任务实现

### 步骤一：性别、出生月日、年龄的自动显示功能设置

1. 性别：=IF(MOD(IF(LEN(E3)=15,MID(E3,15,1),MID(E3,17,1)),2)=1,"男","女")

使用方法：直接输入此公式到设计好的"性别"单元格，类似图 9-1 所示单元格 F3。

可更改地方：E3→可更换成所用文档中已输入身份证号码的单元格位置。

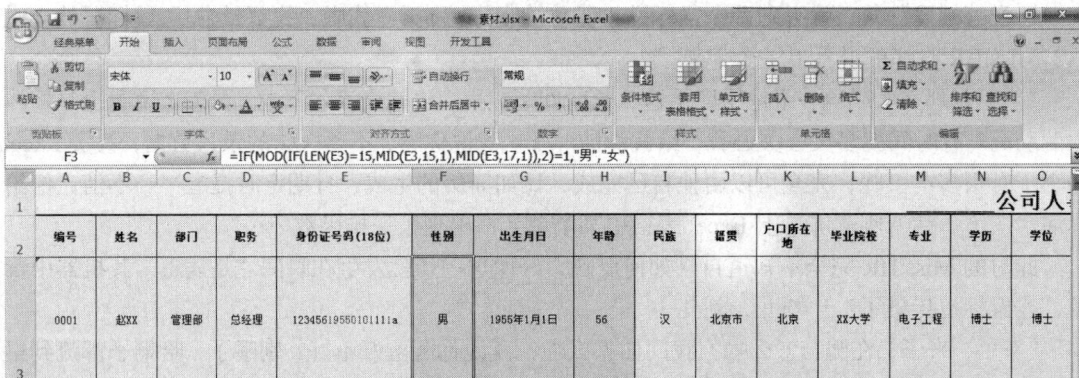

图 9-1 设置性别

2. 出生年月：=DATE(MID(E3,7,4),MID(E3,11,2),MID(E3,13,2))

使用方法：直接输入此公式到设计好的"出生月日"单元格，类似图 9-2 所示单元格 G3。

可更改地方：E3→可以更换成所用文档中已输入身份证号码的单元格位置。

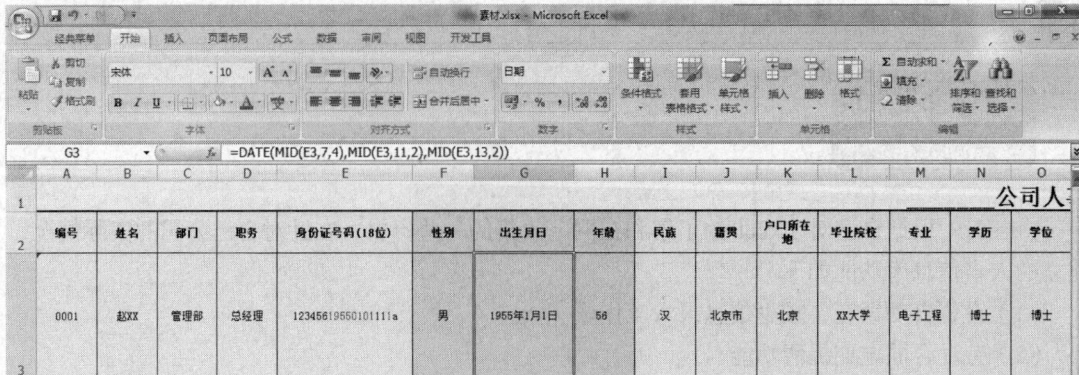

图 9-2 设置出生年月

3. 年龄：=DATEDIF(G3,TODAY(),"Y")

使用方法：直接输入此公式到设计好的"年龄"单元格，类似图 9-3 所示单元格 H3。

可更改地方：G3→可以更换成所用文档中显示现实"出生月日"的单元格位置。

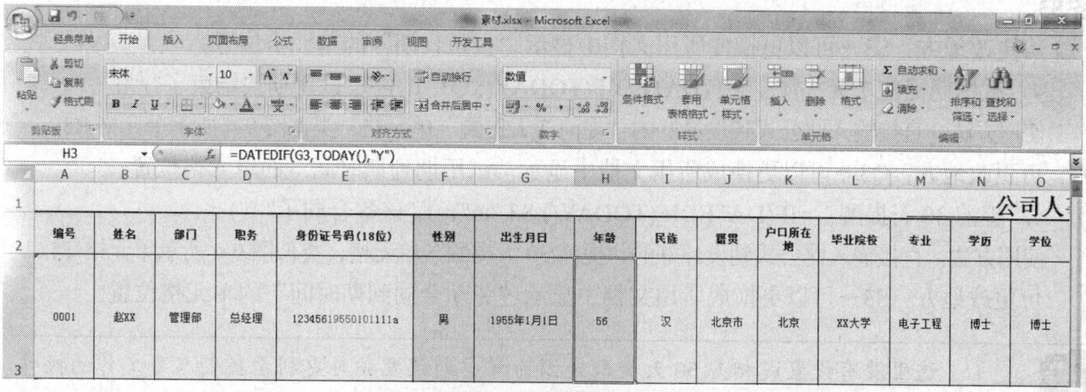

图 9-3　设置年龄

## 步骤二：劳动合同定期提醒功能设置

Miss.HR 查阅了公司的规定，公司规定的试用期为 3 个月，劳动合同期限为 1 年，续签合同只需要在前一个合同基础上增加 1 年，如果试用期或者劳动合同快要到期了，提前 7 天提醒。Miss.HR 根据上述规定，利用 Excel 函数设计了下面功能。

> **提示**　劳动合同是劳动者与用工单位之间确立劳动关系，明确双方权利和义务的协议。

1. 试用期到期时间：=DATE(YEAR(P3),MONTH(P3)+3,DAY(P3)-1)

使用方法：直接输入此公式到设计好的"试用期时间"单元格，类似图 9-4 所示单元格 Q3。

可更改地方：P3→可以更换成所用文档中显示"入司日期"的单元格位置。

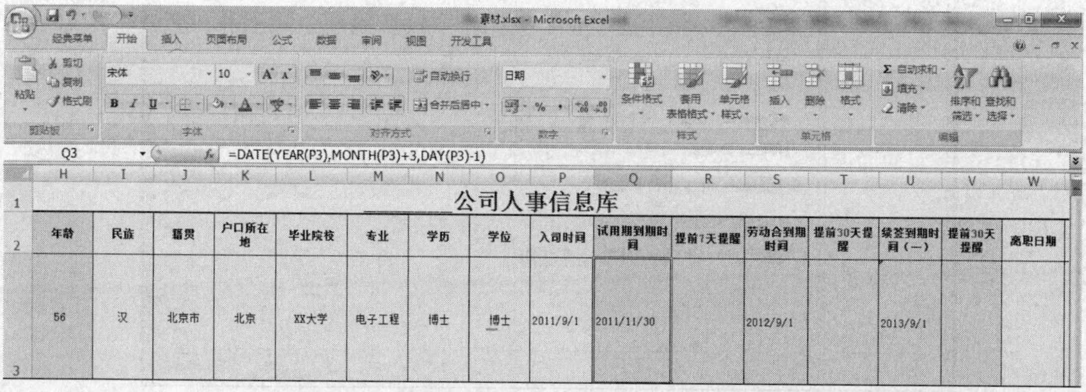

图 9-4　设置试用期到期时间

2. 劳动合同到期时间：=DATE(YEAR(P3)+1,MONTH(P3),DAY(P3)-1)

使用方法：直接输入此公式到设计好的"劳动合同到期时间"单元格，类似图 9-4 所示单元格 S3。

可更改地方：P3→可以更换成所用文档中显示"入司日期"的单元格位置。

3. 续签合同到期时间：=DATE(YEAR(S3)+1,MONTH(S3),DAY(S3))

使用方法：直接输入此公式到设计好的"续签合同到期时间"单元格，类似图 9-4 所示单元格 S3。

可更改地方：S3→可以更换成所用文档中显示"入司日期"的单元格位置。

4. 试用期提前 7 天提醒：=IF(DATEDIF(TODAY(),Q3,"d")=7,"试用期快结束了","")

使用方法：直接输入此公式到设计好的"提前 7 天提醒"单元格，类似图 9-4 所示单元格 R3。

可更改地方：Q3→可以更换成所用文档中显示"试用期到期时间"的单元格位置。

5. 提前 30 天提醒：=IF(DATEDIF(TODAY(),S3,"m")=1,"该签合同了","")

使用方法：直接输入此公式到设计好的"提前 30 天提醒"单元格，类似图 9-4 所示单元格 T4。

可更改地方：S3→可以更换成所用文档中显示"劳动合同到期时间"的单元格位置。

> 这里没有设置成相差 30 天提醒是因为考虑到设置成月更利于我们人事工作的操作。同样需要注意的是不要将显示"今天日期"函数与显示"合同到期日期"函数顺序颠倒。

## 步骤三：用"记录单"录入信息

采用"记录单"方式可以避免因逐行的键入人事信息而产生的串行或输错信息的工作失误。

1. 单击右上角 Office 按钮，再单击"Excel 选项"按钮，如图 9-5 所示。

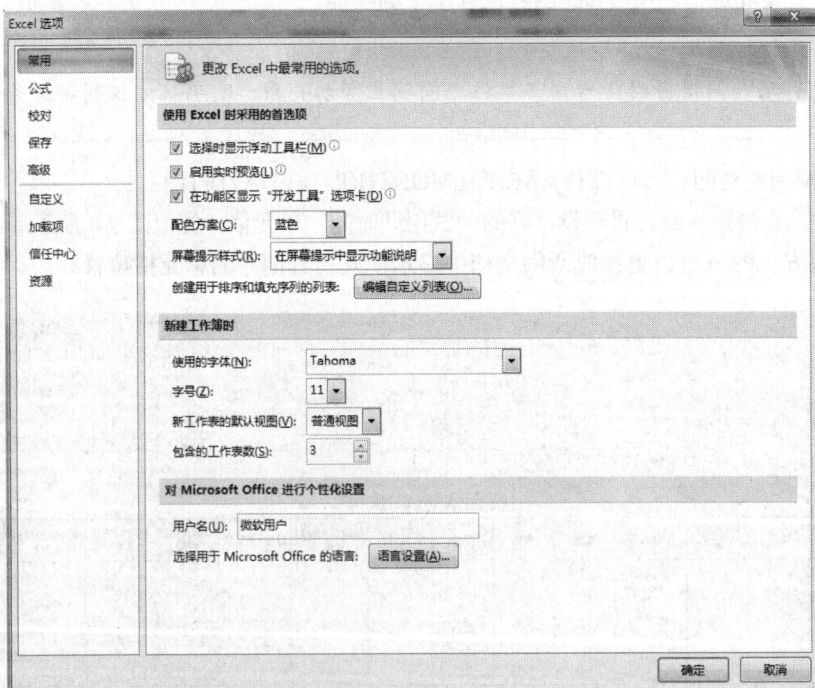

图 9-5　Excel 选项

2. 选择自定义选项，在从下列位置选择命令对话框中选择所有命令，然后添加"记录单"命令，如图 9-6 所示。

3. 单击快速访问栏中的"记录单"，如图 9-7 所示，这样我们就可以快速输入数据。

图 9-6 Excel 选项

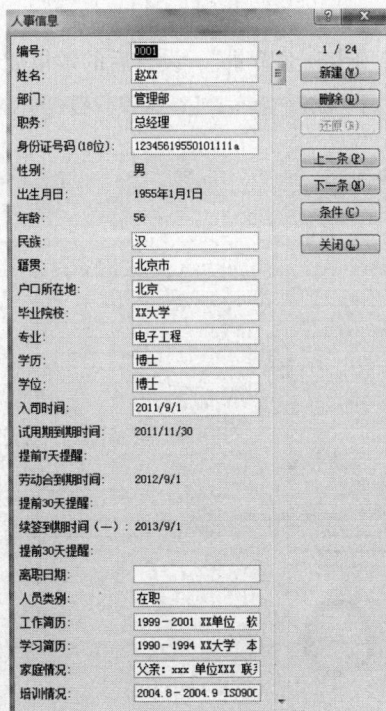

图 9-7 记录单

## 步骤四：用"窗口冻结"功能可以进行简单的数据查询

窗口冻结功能便于大量有效信息的查询。例如我们现在想保留各信息项，同时保留每个人的编号、姓名、部门，让其他信息可以根据需要进行查找。

使用方法：单击 D3 单元格→视图选项卡→"冻结窗口"，就可以出现如图 9-8 所示情况。

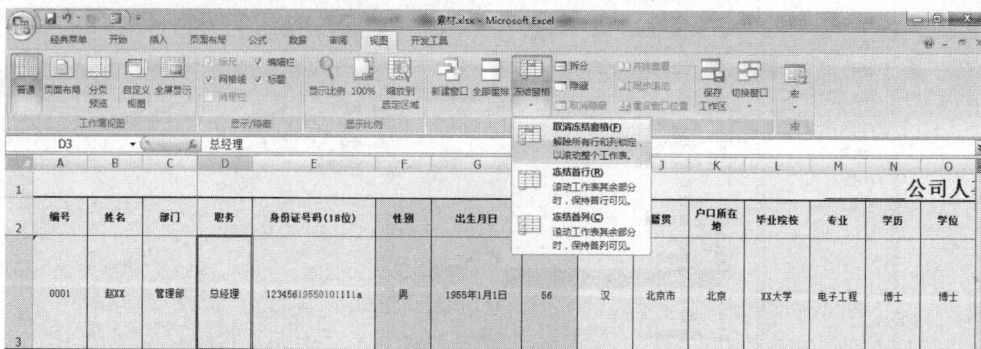

图 9-8　冻结窗口

如果想冻结第 2 行请将光标放到第 3 行单元格处，进行冻结窗口设置。

如果想冻结 C 列，请将光标放到 D 列单元格处，进行冻结窗口设置。

如果既想冻结第 2 行又想冻结 C 列，请将光标放到他们的交叉单元格 D3 上进行设置。

## 步骤五：工作簿美化功能

想让我们的 Excel 表格看上去更具个性吗？这里提供一个可以在 Excel 表格中添加背景图片的方法。

使用方法：单击页面布局选项卡→"背景"。设置后的效果如图 9-9 所示。

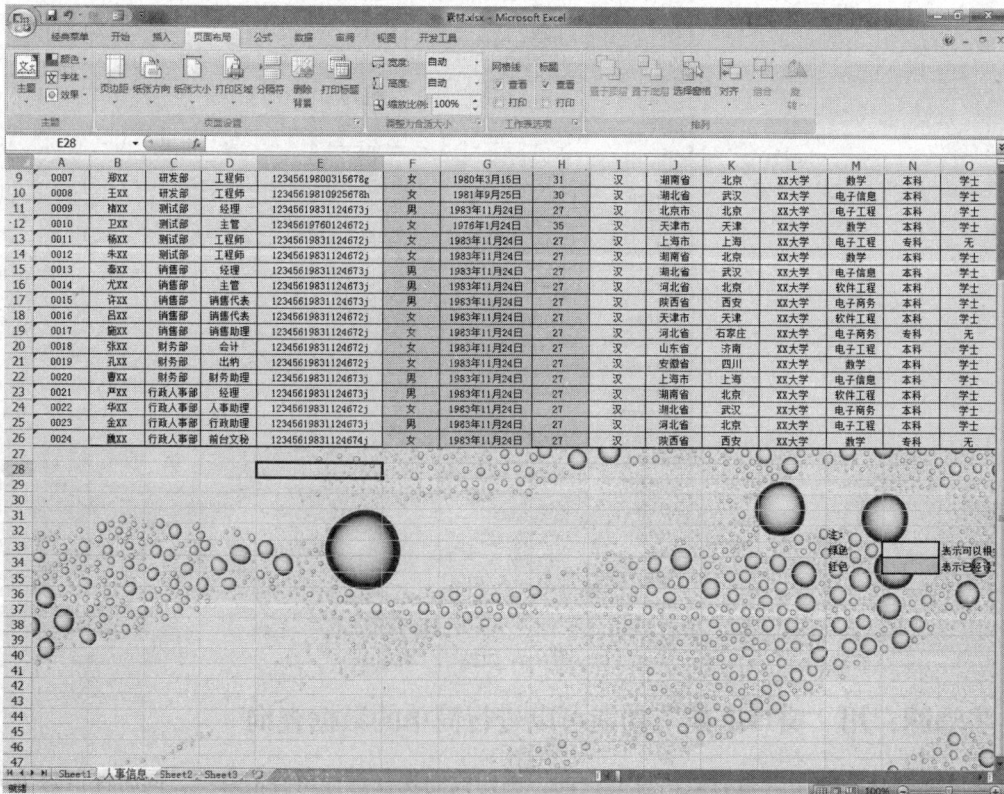

图 9-9　背景设置

## 步骤六："自动筛选"功能可以进行简单的数据统计

自动筛选可以帮助我们快速得到想要的数据。比如我们想知道本公司在职人员中，本科生学历的男生有多少人？

> **提示** 在自动筛选后计算个数时也可以采用函数 subtoal 可以很方便地统计数据，大家不妨尝试着用一下。

使用方法：请选择"人员类别"单元格，单击数据选项卡→"筛选"。在每个信息项单元格右下角都会出现选择按钮。我们分别在人员类别处选择在职，在学历处选择本科，在性别处选择男，最后用鼠标将显示的性别全部选上，这时注意图 9-10 中用红笔圈住的地方就是我们所需要的数据了。

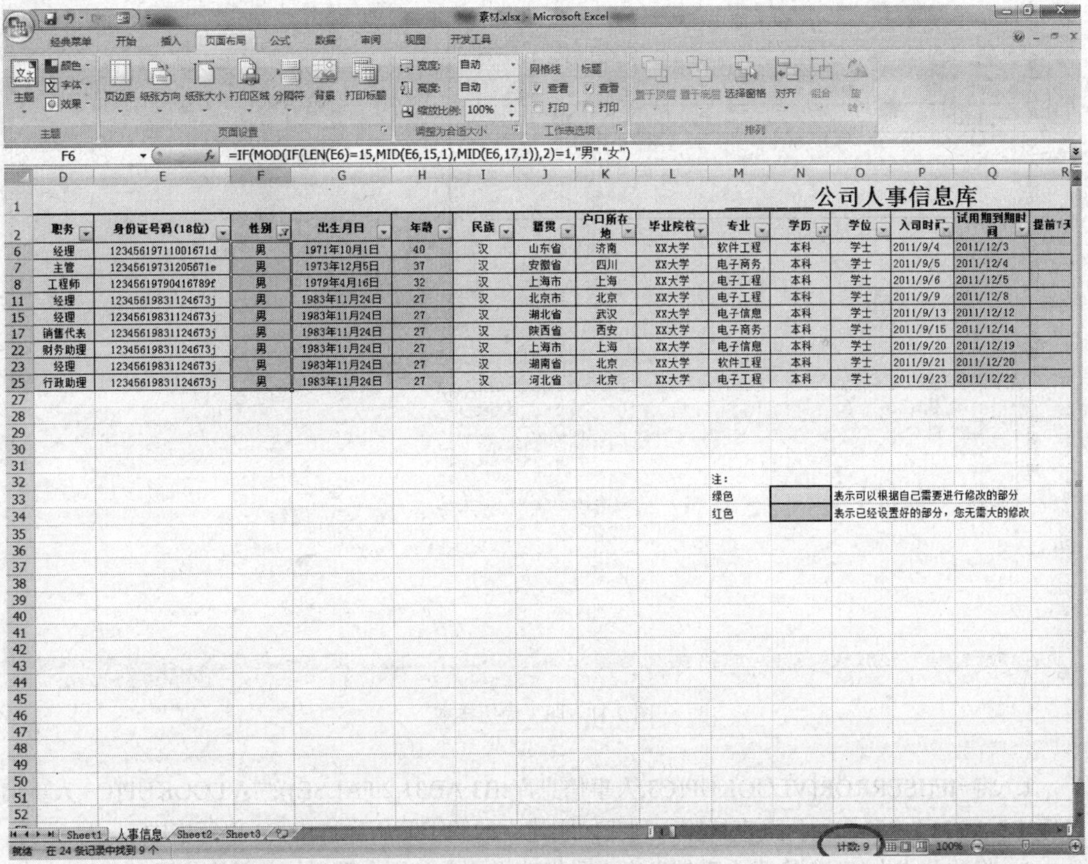

图 9-10 数据筛选

## 步骤七：简历的自动生成

从 Excel 中提取重要的字段，来组成信息表，这一点可以应用到简历建立方面。特别是如果单位参与了 ISO 质量体系的认证，就更深有体会了，每次质量认证审核时人事部门都需要提供大量的人事信息，对于员工简历整理是个必不可少的环节。这里我们通过一些函数设置来自动生成简历。

首先建一个类似下载文档中的"简历样本"。如图 9-11 所示。接下来要做的是在黄色的单元格内输入函数公式，便于相关信息的自动生成。日后我们想要哪位员工的简历，就可以在如图 9-11 所示的 C3 粉红色单元格中输入其姓名，系统就会自动生成此人的简历了。

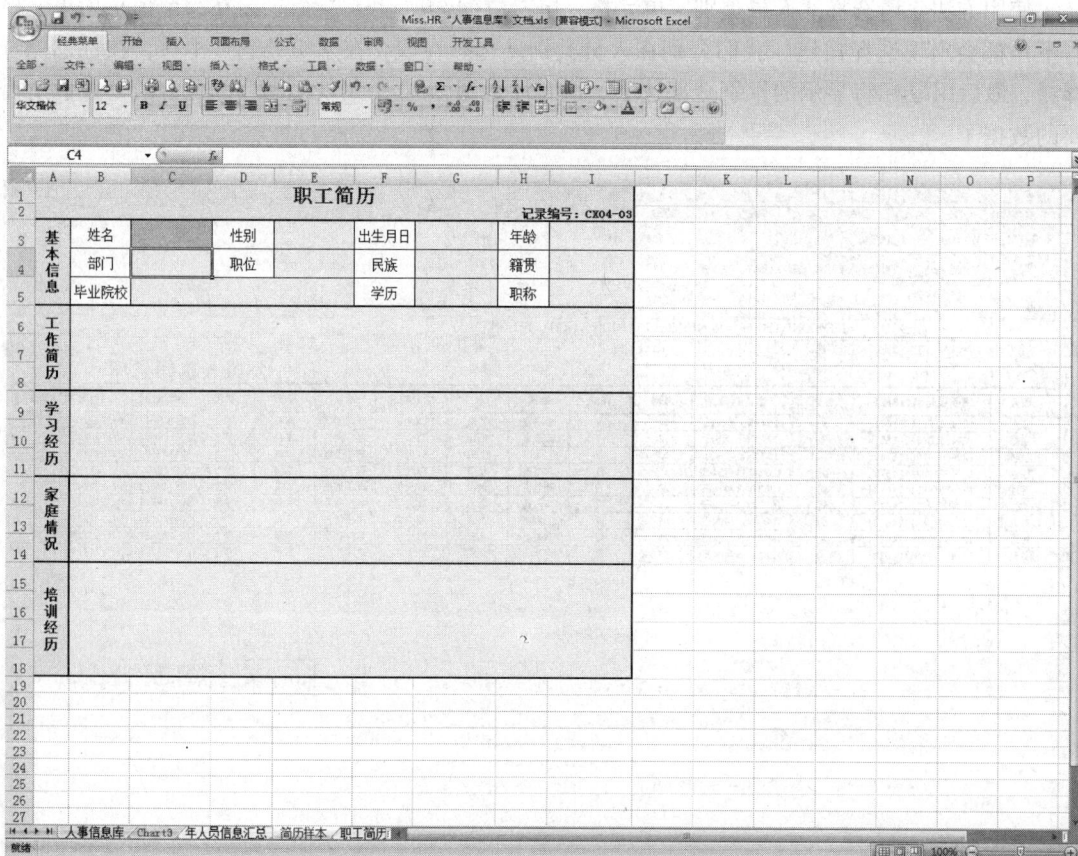

图 9-11　职工简历样本

1. 将=IF(ISERROR(VLOOKUP(C3,人事信息库!B3:AB31,2,FALSE)),"",VLOOKUP(C3,人事信息库!B3:AB31,2,FALSE))公式直接输入到我们刚建立的职工简历样本中 C4 单元格中。

2. 将此公式中的 C3 换成人事信息库中我们选择的人名所在部门的单元格位置。

3. 用鼠标单击公式栏中函数公式的显示标识：table_array，如图 9-12 所示，切换到人事信息库表格中，用鼠标圈定全部数据，单击回车键。

4. 其他的黄色区域，我们只需要改变数值所在列数即可，如性别就是 5，我们可以将公式中的 2 换成 5 "C3,人事信息库!B3:AB31,5,FALSE"。

5. 依此类推，整个简历就可以设置完成，只要我们变换不同的人名就会显示相应人员信息简历，最后完成效果如图 9-13 所示。

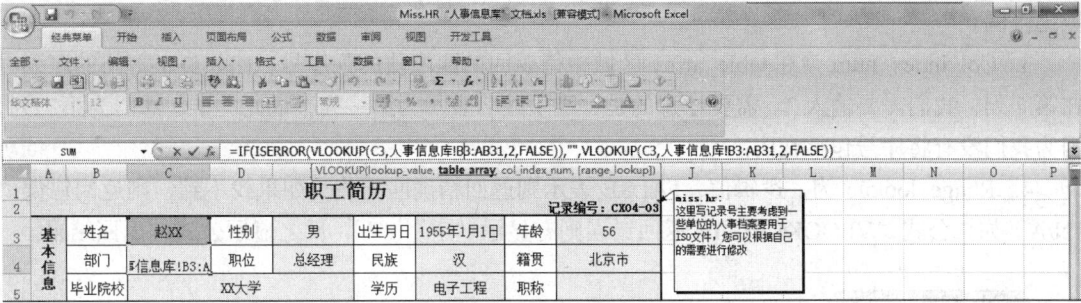

图 9-12　职工简历设置

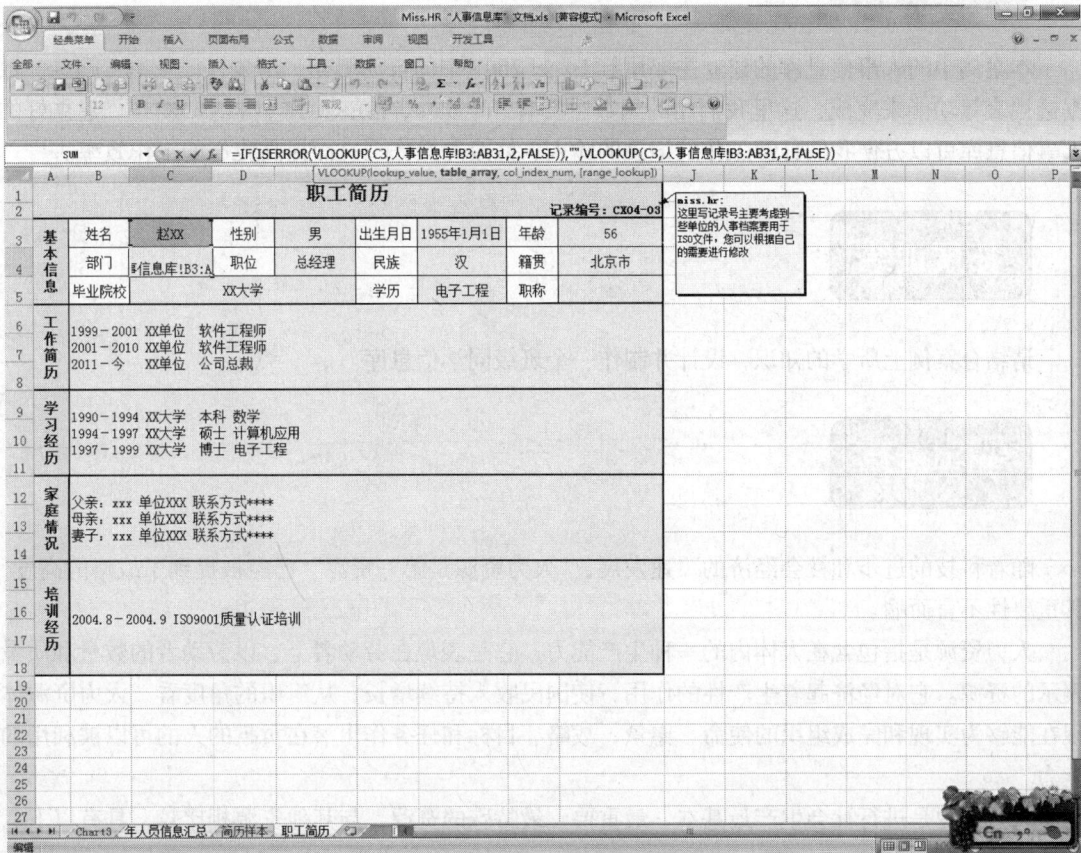

图 9-13　职工简历最终效果

简单说一下 ISERROR、VLOOKUP 两个函数的含义：

公式：部门=IF(ISERROR(VLOOKUP(C3,人事信息库!B3:AB31,2,FALSE)),"",VLOOKUP(C3,人事信息库!B3:AB31,2,FALSE))

ISERROR (value)：

用于测试函数式返回的数值是否有错，如果有错该函数返回 TRUE，反之返回 FALSE。

VLOOKUP (lookup_value, table_array,col_index_num,range_lookup)：

1. Lookup_value 代表需要查找的数值；C3 也就是我们需要手工录入人名，也是需要查找的数值。

2. Table_array 代表需要在其中查找数据的单元格区域；人事信息库!B3:AB31 是人事信息库

数据范围。

3. Col_index_num 为在 table_array 区域中待返回的匹配值的列序号：比如员工部门的序列号在第 2 列，我们需要输入 2。需要注意的是，这里姓名表示为第一列，依此类推，部门为第二列，因为我们没有将序号包括在内。

4. Range_lookup 为一逻辑值，FALSE 表示则返回精确匹配值，如果找不到，则返回错误值 #N/A。如果公式"VLOOKUP( )"返回错误则有显示"空"（""），反之显示公式的返回结果。

## 知识点小结

本案例中的人事信息库的建立主要用到 Excel 2007 中的自动填充、函数、记录单、筛选、数据透视表等功能来完成，这里我们用的函数主要有 if、date、ISERROR、VLOOKUP。建立好的人事信息库可以方便我们日常工作的记录的输入、修改等操作，进而提高我们的工作效率。

## 拓展训练

请结合案例上所学的知识，设计并制作一个班级同学信息库。

## 知识链接

随着科技的进步和社会经济的飞速发展，"人力资源是第一资源"已经被提到了战略的高度，其重要性不言而喻。

人力资源是指包含在人体内的一种生产能力，它是表现在劳动者上、以劳动者的数量和质量表示的资源。它对经济起着生产性的作用，使国民收入持续增长。从组织的角度看，人力资源体现在能够为实现和完成组织的使命、愿景、战略、目标和任务作出潜在贡献的人的可以被利用的能力。

人力资源是进行社会生产最基本、最重要、最特殊的资源，与其他资源相比较，具有以下六种鲜明的特征。

1. 能动性

能动性是人力资源区别于其他资源的根本特征。人具有思想、情感和思维，具有主观能动性，能有目的、有意识、积极主动地利用其他资源，以推动社会和经济的发展。人能够适应各种变化，突破旧思维框架，提出新观念，采用新方法，赋予社会新活力。

2. 不可分割性

人之所以能够创造价值，是因为人所具有的积极态度和工作能力。但是，人的态度和能力与人本身是不可分割的。

3. 两重性

人既是投资的结果，又是财富的创造者；既是生产者，又是消费者。对人力资源的投资程度决定了人力资源质量的高低。从生产和消费的角度看，人力资本投资是一种消费行为，并且这种消费行为是必需的，先于人力资本收益，即先期投资，后期收益。

### 4. 时效性

人力资源存在于人的生命中，是一种具有生命的资源，其形成、开发和利用都要受到时间的限制。作为生命有机体的人有其生命的周期：幼年期、少年期、青年期、中年期和老年期，由于每个时期人的体力、智力和成熟度不同，劳动能力也不同，因此，这种资源在各个时期的可利用程度也不同。同时，科技的不断进步加速了人的知识和技能的老化速度，使得人力资源的实效性特征更为突出。

### 5. 可再生性

与物质资源相似的是，人力资源在使用过程中，也会出现"有形磨损"和"无形磨损"。"有形磨损"是指个体生理方面的自然衰老和疲劳，是不可抗拒的消耗。"无形磨损"是指人的知识和技能的老化、意识的敏觉性下降、意志的消磨以及斗志和士气的下降等。但是，一方面，由于总体人口的再生产和劳动力的再生产，并且个体的技能在生产过程中消耗之后可以通过休息并补充能量得到恢复；另一方面，人的知识和技能可以通过持续不断的培训、学习和潜能开发等手段得到不断的更新。因此，人力资源是可以再生的。这就要求对人力资源的管理要注重人的终身学习，加强后期持续的培训与能力开发，不断提升人的素质水平。

### 6. 社会性

人的社会性是人的本质特征。人不可避免地要与其他人交往联系，认识其所处社会和民族的价值观的载体。不同的社会和民族有不同的价值观，不同的个体也有不同的价值取向、信仰和行为模式。这就要求在劳动力多元化和跨国经营的背景下，人力资源管理注重团队管理的建设，注重人与人、人与群体、人与社会的关系以及利益的协调和整合，倡导团队合作和相互包容的精神。

人才和人的能力建设在当今世界的综合国力竞争中越来越具有决定性的意义，"人力资源是第一资源"。

由于人力资源具有其他资源和生产要素所不具有的无限开发性，人力资源开发成为经济社会可持续发展的最终基础。物资资源的有限性和稀缺性成为经济学家和全人类不得不面对的重要课题。与物资资源的有限性相比，人类潜能的开发具有无可限量的前途。当代世界各国的竞争日益激烈，综合国力竞争的焦点将日趋落在人才、智力资源的开发和使用上，谁拥有一流的人才资源和创新人才，谁就拥有一流的发展优势和创新优势。一个国家技能型人才队伍的数量和质量，特别是质量，将直接影响道一个国家的产业水平，影响到一个国家经济的国际竞争力。人不断地创造新技术，不断地将新技术转化为生产力，不断地推动着社会经济的发展。同时，人力资源又具有再生的特征。因此，理论上和实践上都不可否认，人力资源是社会经济发展的不竭动力。

在知识经济盛行的今天，优秀的组织之所以能够持续地赢得持续的竞争优势，很大程度上得益于其拥有的人力资源。以资源为基础的战略管理理论认为，企业的资源特性和战略要素是企业持久竞争优势的来源。人力资源是具有价值的、稀缺的、难以模仿的，因此成为持久竞争优势的来源。

人力资源管理发展至今，总体上经历了人事管理、人力资源管理、战略性人力资源管理三个阶段。

人事管理是人力资源管理发展的第一阶段（有时也作为广义的"人力资源管理"的代称），是有关人事方面的计划、组织、指挥、协调、信息和控制等一系列管理工作的总称。通过科学的方法、正确的用人原则和合理的管理制度，调整人与人、人与事、人与组织的关系，谋求对工作人员的体力、心力和智力作最适当的利用与最高的发挥，并保护其合法的利益。

人事管理部门的主要任务如下。

1. 组织。即制定、修改关于权限和职能责任的组织结构，建立双轨的、相互的、纵向及横向的信息交流系统。

2. 计划。即预测对于工作人员的需求，作出人员投入计划，并对所需要的管理政策和计划做出预先设想。

3. 人员的配备和使用。即按照工作需要，对工作人员进行录用、调配、考核、奖惩、安置等。

4. 培训。即帮助工作人员不断提高个人工作能力，进行任职前培训和在职培训。

5. 工资福利。即根据按劳分配的原则，做好工作人员的工资定级、升级和各种保险福利工作。

6. 政治思想工作。即通过各种教育方式，提高工作人员的思想政治觉悟，激励工作人员的积极性、创造性。

7. 人事管理研究。即对工作情况和程序进行总结、评价，以便改进管理工作。

# 案例 10
# 员工工资条制作

情景：上班时间

角色：老板、小张

故事：

"会计部的小王住院了，过几天我们公司就得发工资了，听说你数学和电脑水平不错，叫你过来算算这个月每个人应发的工资。"老板和校长聊着。

"好吧，我算算看看。"小王。

可小王接过老板手里的每个员工的原始数据就傻眼了，"这么多呀!"

"每个人的工资的组成还不一样，千差万别。"

"呵呵，我只是平时多用了点电脑知识上网，老板就要我用电脑算这么多数据呀!"

"没办法，老板叫我过来只有硬着头皮做了，呵呵。"

提示　　工资条是员工所在单位定期给员工反映工资的纸条，但并不是所有单位都给员工工资条，有的单位会将工资的各项明细表发给员工，但是有的单位是没有的。通过工资条的公布我们也可以看见芸芸众生的生活状态，可以进行一下横向纵向的各项比较，由此对我们更进一步的了解社会很有裨益。同时也为即将走向社会的毕业生和希望跳槽的朋友提供一个客观的参考。

任务分解

小张拿着老板给的员工工资条进行了研究，发现数据非常多，如果用计算器去一个个算的话，那可太费时了，所以小张决定用拿手的 Excel 中的公式与函数的功能来试试看。

可大学学的 Excel 公式和函数，这时忘得差不多了，于是小张在百度上搜索各种 Excel 公式和函数的用法。小张根据老板给的原始工资条数据结合自己在学校学习的 Excel 知识，建立的工资表功能如下：

（1）Excel 中的公式或函数的使用。

（2）Excel 中自动填充功能。

提示　利用 Excel 2007 提供的函数与公式，可以简化工作流程，从而提高工作效率。我们还可以把 Excel 做成模板，方便以后使用。

### 任务实现

## 步骤一：应发工资、实发工资自动显示功能设置

1. 应发工资= SUM(F6:J6)

| | B | C | D | F | G | H | I | J | M | N | O | P | Q | R |
|---|---|---|---|---|---|---|---|---|---|---|---|---|---|---|
| | SUM | | | =SUM(F6:J6) | | | | | | | | | | |
| 1 | | | | | | 工资表 | | | | | | | | |
| 2 | 时间: | 11月 | | | | | | | | | | | | |
| 4 | 工号 | 姓名 | 部门 | 基本工资 | 奖金 | 岗位工资 | 行政工资 | 驻外补贴 | 应发工资 | | | 扣 款 | | |
| 5 | | | | | | | | | | 养老 | 医保 | 失保 | 其它 | 扣款合计 |
| 6 | 0001 | 王致远 | | 2500 | | | 2500 | | (F6:J6) | 175 | 50 | 25 | | 250 |
| 7 | 0002 | 陈明明 | 财务部 | 1700 | | 2000 | 800 | | 4500 | 119 | 34 | 17 | | 170 |
| 8 | 0003 | 李丹青 | 工程部 | 1800 | 2500 | 3500 | 1200 | | 9000 | 126 | 36 | 18 | | 180 |
| 9 | 0004 | 吕伟 | 技术支持部 | 1800 | | 3500 | 1200 | | 6000 | 91 | 26 | 13 | | 130 |
| 10 | 0005 | 赵永 | 销售部 | 800 | 1600 | 1000 | 1200 | | 4600 | 56 | 16 | 8 | | 80 |
| 11 | 0006 | 杨莉 | 办公室 | 1400 | | 2000 | 800 | | 4200 | 98 | 28 | 14 | | 140 |
| 12 | 0007 | 章昆明 | 市场部 | 500 | 900 | 700 | | | 2100 | 35 | 10 | 5 | | 50 |
| 13 | 0008 | 钱锐 | 工程部 | 1300 | 1250 | 3000 | 1200 | | 6750 | 91 | 26 | 13 | | 130 |
| 14 | 0009 | 代易 | 工程部 | 1000 | | 3000 | | | 4000 | 70 | 20 | 10 | | 100 |
| 15 | 0010 | 钱军 | 市场部 | 1000 | 860 | 1500 | | | 3360 | 70 | 20 | 10 | | 100 |
| 16 | 0011 | 陈薇 | 市场部 | 600 | 625 | 600 | | | 1825 | 42 | 12 | 6 | | 60 |
| 17 | 0012 | 向蓓蓓 | 销售部 | 500 | 400 | 500 | 500 | | 1900 | 35 | 10 | 5 | | 50 |
| 18 | 0013 | 孙谦 | 工程部 | 1000 | | 2500 | | | 3500 | 70 | 20 | 10 | | 100 |
| 19 | 0014 | 徐丽君 | 财务部 | 800 | | 1600 | | | 2400 | 56 | 16 | 8 | | 80 |
| 20 | 0015 | 罗显峰 | 市场部 | 600 | 300 | 600 | | | 1500 | 42 | 12 | 6 | | 60 |
| 21 | 0016 | 周为远 | | 2500 | 3750 | 6500 | 2500 | | 15250 | 175 | 50 | 25 | | 250 |
| 22 | 0017 | 李大伟 | 市场部 | 600 | 540 | 600 | | | 1740 | 42 | 12 | 6 | | 60 |
| 23 | 0018 | 刘琦 | 市场部 | 600 | 525 | 600 | | 300 | 2025 | 42 | 12 | 6 | | 60 |
| 24 | 0019 | 刘长嵘 | 工程部 | 800 | | 1400 | | | 2200 | 56 | 16 | 8 | | 80 |
| 25 | 0020 | 徐哲平 | 销售部 | 500 | 400 | 500 | 500 | | 1900 | 35 | 10 | 5 | | 50 |
| 26 | 0021 | 张默 | 销售部 | 500 | 280 | 500 | | | 1280 | 35 | 10 | 5 | | 50 |
| 27 | 0022 | 刘思琪 | 销售部 | 500 | 500 | 500 | | | 1500 | 35 | 10 | 5 | | 50 |
| 28 | 0023 | 宋晓 | 销售部 | 500 | 460 | 500 | | | 1460 | 35 | 10 | 5 | | 50 |
| 29 | 0024 | 刘莎莎 | 办公室 | 500 | | 500 | | | 1000 | 35 | 10 | 5 | | 50 |
| 30 | 0025 | 柳涵 | 市场部 | 1600 | 3750 | 2200 | 1200 | | 8750 | 112 | 32 | 16 | | 160 |
| 31 | 0026 | 李勇枫 | 技术支持部 | 800 | | 1000 | | | 1800 | 56 | 16 | 8 | | 80 |
| 32 | 0027 | 张情 | 技术支持部 | 800 | | 1200 | | | 2000 | 56 | 16 | 8 | | 80 |
| 33 | 0028 | 童晓琳 | 办公室 | 800 | | 1400 | | | 2200 | 56 | 16 | 8 | | 80 |
| 34 | 0029 | 文楚媛 | 销售部 | 500 | 360 | 500 | | | 1360 | 35 | 10 | 5 | | 50 |

图 10-1　应发工资的计算

2. 实发工资=M6–R6

S6  =M6-R6

工资表

时间：11月

| 工号 | 姓名 | 部门 | 基本工资 | 奖金 | 岗位工资 | 行政工资 | 驻外补贴 | 应发工资 | 养老 | 医保 | 失保 | 其它 | 扣款合计 | 实发工资 |
|---|---|---|---|---|---|---|---|---|---|---|---|---|---|---|
| 0001 | 王致远 | | 2500 | | | 2500 | | 5000 | 175 | 50 | 25 | | 250 | 4750 |
| 0002 | 陈明明 | 财务部 | 1700 | | 2000 | 800 | | 4500 | 119 | 34 | 17 | | 170 | 4330 |
| 0003 | 李丹青 | 工程部 | 1800 | 2500 | 3500 | 1200 | | 9000 | 126 | 36 | 18 | | 180 | 8820 |
| 0004 | 吕伟 | 技术支持部 | 1300 | | 3500 | 1200 | | 6000 | 91 | 26 | 13 | | 130 | 5870 |
| 0005 | 赵永 | 销售部 | 800 | 1600 | 1000 | 1200 | | 4600 | 56 | 16 | 8 | | 80 | 4520 |
| 0006 | 杨莉 | 办公室 | 1400 | | 2000 | 800 | | 4200 | 98 | 28 | 14 | | 140 | 4060 |
| 0007 | 章昆明 | 市场部 | 500 | 900 | 700 | | | 2100 | 35 | 10 | 5 | | 50 | 2050 |
| 0008 | 钱锐 | 工程部 | 1300 | 1250 | 3000 | 1200 | | 6750 | 91 | 26 | 13 | | 130 | 6620 |
| 0009 | 代易 | 工程部 | 1000 | | 3000 | | | 4000 | 70 | 20 | 10 | | 100 | 3900 |
| 0010 | 钱军 | 市场部 | 1000 | 860 | 1500 | | | 3360 | 70 | 20 | 10 | | 100 | 3260 |
| 0011 | 陈薇 | 市场部 | 600 | 625 | 600 | | | 1825 | 42 | 12 | 6 | | 60 | 1765 |
| 0012 | 向蓓蓓 | 销售部 | 500 | 400 | 500 | 500 | | 1900 | 35 | 10 | 5 | | 50 | 1850 |
| 0013 | 孙谦 | 工程部 | 1000 | | 2500 | | | 3500 | 70 | 20 | 10 | | 100 | 3400 |
| 0014 | 徐丽君 | 财务部 | 800 | | 1600 | | | 2400 | 56 | 16 | 8 | | 80 | 2320 |
| 0015 | 罗显峰 | 市场部 | 600 | 300 | 600 | | | 1500 | 42 | 12 | 6 | | 60 | 1440 |
| 0016 | 周为远 | | 2500 | 3750 | 6500 | 2500 | | 15250 | 175 | 50 | 25 | | 250 | 15000 |
| 0017 | 李大伟 | 市场部 | 600 | 540 | 600 | | | 1740 | 42 | 12 | 6 | | 60 | 1680 |
| 0018 | 刘琦 | | 600 | 525 | 600 | | 300 | 2025 | 42 | 12 | 6 | | 60 | 1965 |
| 0019 | 刘长嵘 | 工程部 | 800 | | 1400 | | | 2200 | 56 | 16 | 8 | | 80 | 2120 |
| 0020 | 徐哲平 | 销售部 | 500 | 400 | 500 | 500 | | 1900 | 35 | 10 | 5 | | 50 | 1850 |
| 0021 | 张默 | 销售部 | 500 | 280 | 500 | | | 1280 | 35 | 10 | 5 | | 50 | 1230 |
| 0022 | 刘思琪 | 销售部 | 500 | 500 | 500 | | | 1500 | 35 | 10 | 5 | | 50 | 1450 |
| 0023 | 宋晓 | 销售部 | 500 | 460 | 500 | | | 1460 | 35 | 10 | 5 | | 50 | 1410 |
| 0024 | 刘莎莎 | 办公室 | 500 | | 500 | | | 1000 | 35 | 10 | 5 | | 50 | 950 |
| 0025 | 柳涵 | 市场部 | 1600 | 3750 | 2200 | 1200 | | 8750 | 112 | 32 | 16 | | 160 | 8590 |
| 0026 | 李勇枫 | 技术支持部 | 800 | | 1000 | | | 1800 | 56 | 16 | 8 | | 80 | 1720 |
| 0027 | 张倩 | 技术支持部 | 800 | | 1200 | | | 2000 | 56 | 16 | 8 | | 80 | 1920 |
| 0028 | 童晓琳 | 办公室 | 800 | | 1400 | | | 2200 | 56 | 16 | 8 | | 80 | 2120 |
| 0029 | 文楚媛 | 销售部 | 500 | 360 | 500 | | | 1360 | 35 | 10 | 5 | | 50 | 1310 |

图 10-2 实发工资的计算

**步骤二：绩效奖金表中的个人的评分、评定结果、系数、绩效奖金自动显示功能设置**

1. 评分=SUM(E6:F6)

G7  =SUM(E7:F7)

该月的绩效奖金表

| 工号 | 姓名 | 部门 | 直接上级评分 | 浮动分 | 评分 | 评定结果 | 系数 | 绩效奖金 |
|---|---|---|---|---|---|---|---|---|
| 0002 | 陈明明 | 财务部 | 67 | -3 | 64 | 合格 | 0.5 | 2250 |
| 0003 | 李丹青 | 工程部 | 87 | 0 | 87 | 良好 | 1 | 6500 |
| 0004 | 吕伟 | 技术支持部 | 50 | 0 | 50 | 急需改进 | 0 | 100 |
| 0005 | 赵永 | 销售部 | 89 | 0 | 89 | 良好 | 1 | 3000 |
| 0006 | 杨莉 | 办公室 | 77 | 3 | 80 | 良好 | 1 | 4200 |
| 0007 | 章昆明 | 市场部 | 90 | -2 | 88 | 良好 | 1 | 1200 |
| 0008 | 钱锐 | 工程部 | 95 | 0 | 95 | 优秀 | 1.5 | 8250 |
| 0009 | 代易 | 工程部 | 67 | 3 | 70 | 较好 | 0.8 | 3200 |
| 0010 | 钱军 | 市场部 | 45 | 0 | 45 | 急需改进 | 0 | 100 |
| 0011 | 陈薇 | 市场部 | 76 | 0 | 76 | 较好 | 0.8 | 960 |
| 0012 | 向蓓蓓 | 销售部 | 43 | 0 | 43 | 急需改进 | 0 | 100 |
| 0013 | 孙谦 | 工程部 | 81 | 0 | 81 | 良好 | 1 | 3500 |
| 0014 | 徐丽君 | 财务部 | 79 | 1 | 80 | 良好 | 1 | 2400 |
| 0015 | 罗显峰 | 市场部 | 65 | 0 | 65 | 合格 | 0.5 | 600 |
| 0017 | 李大伟 | 市场部 | 95 | 0 | 95 | 优秀 | 1.5 | 1800 |
| 0018 | 刘琦 | | 77 | 0 | 77 | 较好 | 0.8 | 960 |
| 0019 | 刘长嵘 | 工程部 | 69 | 2 | 71 | 较好 | 0.8 | 1760 |
| 0020 | 徐哲平 | 销售部 | 76 | 0 | 76 | 较好 | 0.8 | 1200 |
| 0021 | 张默 | 销售部 | 80 | 0 | 80 | 良好 | 1 | 1000 |
| 0022 | 刘思琪 | 销售部 | 62 | -2 | 60 | 合格 | 0 | 100 |
| 0023 | 宋晓 | 销售部 | 70 | 3 | 73 | 较好 | 0.8 | 800 |
| 0024 | 刘莎莎 | 办公室 | 63 | 0 | 63 | 合格 | 0.5 | 500 |
| 0025 | 柳涵 | 市场部 | 58 | 2 | 60 | 合格 | 0.5 | 2500 |
| 0026 | 李勇枫 | 技术支持部 | 76 | 3 | 79 | 较好 | 0.8 | 1440 |
| 0027 | 张倩 | 技术支持部 | 87 | 0 | 87 | 良好 | 1 | 2000 |
| 0028 | 童晓琳 | 办公室 | 92 | 0 | 92 | 优秀 | 1.5 | 3300 |
| 0029 | 文楚媛 | 销售部 | 68 | 3 | 71 | 较好 | 0.8 | 800 |

图 10-3 评分的计算

2. 评定结果=IF(G6>=90,"优秀",IF(G6>=80,"良好",IF(G6>=70,"较好",IF(G6>=60,"合格","急需改进"))))

图 10-4　评定结果的计算

小注：IF(logical_test, value_if_true, value)

功能：执行真假值判断，根居逻辑计算的真假值，返回不同结果。

说明：可以使用函数 IF 对数值和公式进行条件简测。函数 IF 可以嵌套七层，用 value_if_false 及 value_if_true 参数可以构造复杂的检测条件。

3. 系数=IF(H6="优秀",1.5,IF(H6="良好",1,IF(H6="较好",0.8,IF(H6="合格",0.5,0))))

图 10-5　系数的计算

4. 绩效奖金=IF(I6<>0,SUM('11 月'!F7,'11 月'!H7:I7)*Sheet1!I6,100)

表格内容（编辑栏）：=IF(I6<>0,SUM('11月'!F7,'11月'!H7:I7)*Sheet1!I6,100)

| 工号 | 姓名 | 部门 | 直接上级评分 | 浮动分 | 评分 | 评定结果 | 系数 | 绩效奖金 |
|---|---|---|---|---|---|---|---|---|
| | | | | | 该月的绩效奖金表 | | | |
| 0002 | 陈明明 | 财务部 | 67 | -3 | 64 | 合格 | 0.5 | I6,100) |
| 0003 | 李丹青 | 工程部 | 87 | 0 | 87 | 良好 | 1 | 6500 |
| 0004 | 吕伟 | 技术支持部 | 50 | 0 | 50 | 急需改进 | 0 | 100 |
| 0005 | 赵永 | 销售部 | 89 | 0 | 89 | 良好 | 1 | 3000 |
| 0006 | 杨莉 | 办公室 | 77 | 3 | 80 | 良好 | 1 | 4200 |
| 0007 | 章昆明 | 市场部 | 90 | -2 | 88 | 良好 | 1 | 1200 |
| 0008 | 钱锐 | 工程部 | 95 | 0 | 95 | 优秀 | 1.5 | 8250 |
| 0009 | 代易 | 工程部 | 67 | 3 | 70 | 较好 | 0.8 | 3200 |
| 0010 | 钱军 | 市场部 | 45 | 0 | 45 | 急需改进 | 0 | 100 |
| 0011 | 陈薇 | 市场部 | 76 | 0 | 76 | 较好 | 0.8 | 960 |
| 0012 | 向蓓蓓 | 销售部 | 43 | 0 | 43 | 急需改进 | 0 | 100 |
| 0013 | 孙谦 | 工程部 | 81 | 0 | 81 | 良好 | 1 | 3500 |
| 0014 | 徐丽君 | 财务部 | 79 | 1 | 80 | 良好 | 1 | 2400 |
| 0015 | 罗显峰 | 市场部 | 65 | 0 | 65 | 合格 | 0.5 | 600 |
| 0017 | 李大伟 | 市场部 | 95 | 0 | 95 | 优秀 | 1.5 | 1800 |
| 0018 | 刘琦 | 市场部 | 77 | 0 | 77 | 较好 | 0.8 | 960 |
| 0019 | 刘长嵘 | 工程部 | 69 | 2 | 71 | 较好 | 0.8 | 1760 |
| 0020 | 徐哲平 | 市场部 | 76 | 0 | 76 | 较好 | 0.8 | 960 |
| 0021 | 张默 | 销售部 | 80 | 0 | 80 | 良好 | 1 | 1000 |
| 0022 | 刘思琪 | 销售部 | 62 | -2 | 60 | 合格 | 0 | 100 |
| 0023 | 宋晓 | 销售部 | 70 | 3 | 73 | 较好 | 0.8 | 800 |
| 0024 | 刘莎莎 | 办公室 | 63 | 0 | 63 | 合格 | 0.5 | 500 |
| 0025 | 柳涵 | 市场部 | 58 | 2 | 60 | 合格 | 0.5 | 2500 |
| 0026 | 李勇枫 | 技术支持部 | 76 | 3 | 79 | 较好 | 0.8 | 1440 |
| 0027 | 张倩 | 技术支持部 | 87 | 0 | 87 | 良好 | 1 | 2000 |
| 0028 | 童晓琳 | 办公室 | 92 | 0 | 92 | 优秀 | 1.5 | 3300 |
| 0029 | 文楚媛 | 销售部 | 68 | 3 | 71 | 较好 | 0.8 | 800 |

图 10-6　绩效奖金的计算

**步骤三**：加班工资表的日期、星期、实际工作时间、小时工资、日工资、交通补贴费，当然加班工资小计自动显示功能设置。

1. 日=IF(OR(A1="",C1=""),"",1)

得出结果后把数字显示方式设置为日格式。

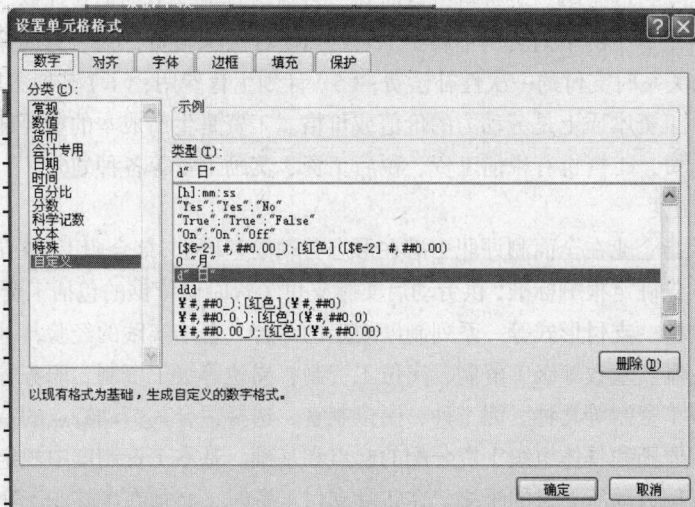

图 10-7　设置单元格格式

2. 星期=IF(OR($A$1="",$C$1="",A6=""),"",TEXT(DATE($A$1,$C$1,A6),"aaa"))

Text(Date(年，月，日), "aaa"):求出当前日期的星期几格式。

3. 实际工作时间= IF(OR(C6="",E6=""),"",D6-C6-E6)

4. 小时工资=IF(F6="","",IF(OR(B6="六",B6="日"),$K$2,$K$1))

根据工作日和非工作日来设定每小时的工资。

5. 日工资=IF(F6="","",(HOUR(F6)+MINUTE(F6)/60)*G6)

根据工作的时间和日工资计算当日的工资。

Hour(时间)+minute(时间)/60：通过这个公式把时间格式化为小数格式。

6. 交通补贴费= IF(F6="","",$K$3)

7. 当日加班工资小计=IF(H6="","",H6+I6)

## 知识点小结

本案例中的工资条计算的建立主要用到 Excel 2007 中的自动填充、函数等功能来完成，建立好的工资条计算方式可以方便我们日常工作的计算，进而提高我们的工作效率。

## 拓展训练

请结合案例上所学的知识，计算出勤工俭学工作时间及工资表。

## 知识链接

工资是指雇主或者用人单位依据法律规定或行业规定、或根据与员工之间的约定，以货币形式对员工的劳动所支付的报酬。工资可以以时薪、月薪、年薪等不同形式计算。在中国，由用人单位承担或者支付给员工的下列费用不属于工资：（1）社会保险费；（2）劳动保护费；（3）福利费；（4）解除劳动关系时支付的一次性补偿费；（5）计划生育费用；（6）其他不属于工资的费用。在政治经济学中，工资本质上是劳动力的价值或价格。工资是生产成本的重要部分。法定最少数额的工资叫最低工资，工资也有税前工资、税后工资、奖励工资等各种划分。

1. 基本工资制度

基本工资制度指企业在全面测评职工潜在形态劳动的基础上,结合职工所在岗位或所任职务，在劳动前为职工预先确定报酬标准，供劳动后实际支付工资时做依据的包括工资等级、工资标准、定级升级、工资调整、支付形式等一系列制度规定的综合。总结实践的经验，基本工资制度一般有：岗位技能工资制、基数等级工资制、岗位工资制、岗位等级工资制、职务等级工资制、多元结构工资制和薪点工资制等几种。因工种、岗位制宜，选择适合其劳动特点的基本工资制度，是企业贯彻按劳分配原则和具体组织工资分配的起点和基础。基本工资制度中规定的工资标准，只是对职工提供的定额劳动所支付的报酬。在实际支付工资时，必须在考核职工实际提供的劳动量后，运用不同的支付形式予以浮动地兑现。当职工在定额劳动之上提供了超额劳动时，除工资之外，还应另外支付超额劳动的报酬即奖金；当其完不成定额劳动时，则要扣减相应部分的工资。

2. 人保部立法规范工资支付

无论正式工还是劳务派遣工，只要从事相同内容工作、付出等量劳动，就应该获得同级别的工资待遇。2009 年 10 月 27 日上午，北京市启动劳动关系管理实务培训系列课程，首期解读工资支付的法律规范。目前人力资源和社会保障部正在研究制定工资支付统一立法工作，同工同酬将是重点之一。自 20 世纪 90 年代起，我国各地制定实施了本地工资支付有关法律规定，北京现行的是 2004 年发布的工资支付规定。本次立法其中主要解决两大问题——一是工资的内涵。此前各项工资有关法规中，工资都等于货币。而今后将加入例如期权等内容的相关规定。二是同工同酬将写入法规。此前工资有关法规规定了按劳分配，今后将加入同工同酬。这表示，事实劳动关系形成后，企业的非正式合同工即劳务派遣工等，与正式工从事相同内容的工作、付出等量劳动，并且取得相同劳动业绩的，都应获得同等的劳动报酬，即报酬在同一工资区间内浮动，任何用人单位都应该执行。

## 情境再现

情境：午休闲聊

角色：王倩、阳云

故事：

"阳云姐，新世纪百货最近在搞化妆品促销，雅姿、玉兰油、美宝莲、DHC……好多牌子都在搞活动，听说最低可以打到 5 折，怎么样，下了班要不要去看看？"午休时间，时尚达人王倩跟坐在对面格子间里的阳云闲聊着。

"化妆品？不怎么用，太费时间，有那闲钱，还不如给我儿子多报几个兴趣班呢！"

"阳云姐，这就是你的不对啦，俗话说得好啊，没有丑女人，只有懒女人，你怎么能嫌化妆浪费时间呢，那你觉得化妆的目的是什么……"

"得了，得了，真服了你啦！倩倩，你对化妆品挺在行的嘛，都快成专家啦！"

"呵呵，还行吧，只是平时喜欢了解一些这方面的信息罢了。"

"刚好公司新接了一个任务，正好就是新世纪百货委托的，要帮它们做一份化妆品的调查问卷，怎么样，你接下来？"

"化妆品的，这不正是我的菜吗，没问题！不过，这个问卷主要针对哪方面的内容啊？"

"具体情况你跟新世纪的市场部经理联系吧，不是正好方便你去看化妆品吗？"

> **提示** 市场调查问卷是公司为获取市场信息，针对公司特定的目标市场和目标人群设计的问卷类调查表。

## 任务分解

王倩接到这个任务后，立马跟新世纪的市场部经理打了个电话，确定了调查的主要内容和目的，新世纪百货这次委托"阳光"工作室做这个调查主要是想摸清楚用户选择化妆品的原因，以便为商场以后引进化妆品的品牌和化妆品专柜的营销做一个参考。

王倩结合以前做过的同类的市场调查的情况，先做了问卷的内容设计。

为了方便进行结果的统计，决定采用 Excel 来设计问卷，并利用 Excel 的宏功能自动获取调查数据，并利用公式自动地计算和统计调查数据的结果。

> 市场调查把消费者、客户、公众和营销者通过信息联系起来，制定、优化营销组合并评估其效果。
>
> 市场调查的形式有定量调查、定性调查、媒体和广告调查、商户和工业品调查，特殊社会群体调查，民间测验等。

## 任务实现

### 步骤一：设计市场调查问卷

1. 设置问卷的内容

王倩在设计问卷内容之前，先到新世纪百货溜达了几圈，在对整个商场的化妆品作了一个大致了解的同时，也和排队抢购化妆品的姐妹们聊了个热火朝天，大有相见恨晚之意，打新世纪回来，王倩心里就对这个问卷的内容大概有数啦，拖过一张纸，王倩"刷刷刷"写下了她设计的问卷内容。

> 市场调查的内容一般包括标题、前言、问卷指导、内容等内容。
>
> 标题:一般由调查对象、调查内容和"调查问卷"组成，如"×××市场调查问卷"。
>
> 前言:用来说明调查的意义、目的、调查项目、内容以及对被调查对象的希望和要求等。

---

### 化妆品调查问卷

亲爱的消费者，您好！我们是"阳光工作室"。为了更好地开展业务，"新世纪百货"特委托我工作室组织一次大型的调查活动。我们认为：除了品牌实力和商场销售榜外，最重要的是让顾客自己发言，用选票表达自己的态度。我们也坚信：一流的产品和服务态度是制造心动的魅力。

非常感谢您在百忙中抽出时间来填写我们的调查表，在此我们对您表示深深的谢意！

本调查问卷仅作内部参考，不对外公开，请您放心作答。

个人资料：

性别：男/女

自己的皮肤状况：了解/不了解

使用化妆品的目的：健康/美丽/礼貌/其他

可接受的价位：99 元以内/99～299 元/299～499 元/499 元以上

您购买护肤霜考虑的因素：功效/价格/质量/品牌/其他

您购买过的化妆品类型：保湿霜/防晒霜/防晒乳/洗面奶/面膜/粉底

您使用过的化妆品品牌：小护士/佳雪/玉兰油/雅姿/美宝莲/丸美

您选择该品牌的原因：知名度高/价格合适/服务热情/促销活动/朋友介绍

您购买化妆品的季节：春季/夏季/秋季/冬季/四季

您觉得对化妆品的影响程度：广告宣传/促销活动/美容讲座/专家推销/其他

您喜欢的促销方式：现场打折/赠送礼品/现金返还/抽奖/抵价券/其他

您喜欢的售后服务：产品回馈/美容讲座/促销活动/答谢会/其他

---

2. 设计问卷的基本格式并输入标题

问卷内容设计好啦，就可以在 Excel 里面设计啦，王倩拖过笔记本电脑，点开了桌面上的"Excel 2007"，并将新建的空白工作簿保存为"新世纪百货化妆品市场调查问卷.xlsx"，考虑到该问卷需要在一张 A4 的纸上打印，王倩打算先做一些基本的格式设置。

（1）选中"Sheet1"工作表，重命名为"问卷"，切换到"页面布局"选项卡，单击"页面设置"组中的"纸张大小"按钮，从弹出的下拉菜单中选择纸张大小为"A4"，设置好后，页面上会出现水平和垂的两条虚线，表明打印时的页面分界线。

（2）由于问卷题目不是很多，王倩准备把问卷横向打印在一张 A4 纸上，她单击"页面布局"选项卡，"页面设置"组中的"纸张方向"按钮，从弹出的下拉菜单中选择"横向"。

（3）单击"页面布局"选项卡→"页面设置"组中的"页边距"，在弹出的下拉菜单中选择"宽"，进行页边距的设置。

（4）取消 Excel 的网格线。切换到"视图"选项卡，取消对"显示/隐藏"组中的"网格线"前面的复选框的选择，使整个工作表中的网格线被隐藏起来。

（5）输入标题：选中"A1:M3"单元格，单击"开始"选项卡→"对齐方式"组中的"合并后居中"按钮，将选中的这些单元格合并并居中，然后往该单元格中输入调查问卷的标题"化妆品调查问卷"，并将该标题设置为"隶书、22 号、加粗、倾斜、深蓝色"的字体效果。

> **提示** Excel 默认工作表中会显示一个网格线，此网格线在打印时虽然不会显示出来，但是在制作 Excel 调查问卷时可能会影响到问卷的视觉效果，所以我们在制作问卷时一般都会选择将网格线去掉。

3. 添加问卷说明文字

整体格式设置好啦，王倩就开始添加问卷的说明文字啦。

（1）插入文本框：单击"插入"选项卡→"文本"组→"文本框"命令按钮，选择下拉菜单中的"横排文本框"，在标题下方绘制一个和页面差不多等宽的文本框。

（2）输入说明文字内容：单击文本框后，在文本框内输入问卷的说明文字，并设置为"隶书，13 号"的字体格式。

> **提示** 说明文字是问卷的开始，也是向消费者说明调查问卷目的的内容，还需向消费者保证填写内容和个人信息的保密性。

（3）设置文本框的格式：选中文本框，单击"格式"选项卡→"形状样式"组中的"形状填充"，在弹出的下拉菜单中将文本框设置为"浅橙色"的填充色；单击"格式"选项卡→"形状样式"组中的"形状轮廓"，在弹出的下拉菜单中将文本框设置为"深红色"的轮廓颜色，设置好格式的标题和说明文字效果如图 11-1 所示。

4. 使用选项按钮设计单选题

王倩在问卷内容中设计的大多数问题都是单项选择题，在 Excel 中，可以用来设计单项选项题的有"选项按钮"和"组合框"，而这些都必须在"开发工具"选项卡中才可以找到，所以王倩先解决的第一个问题就是调出"开发工具"选项卡。

图 11-1 "标题和文字说明"效果图

开发工具选项卡在默认安装时不会显示，需要时要从 Excel 选项中将其调出。

（1）调出"开发工具"选项卡：单击"Office 按钮"→"Excel 选项"，在弹出的"Excel 选项"对话框中勾选"在功能区显示开发工具选项卡"选项，把开发工具选项卡显示出来，如图 11-2 所示，则可把"开发工具"选项卡调出。

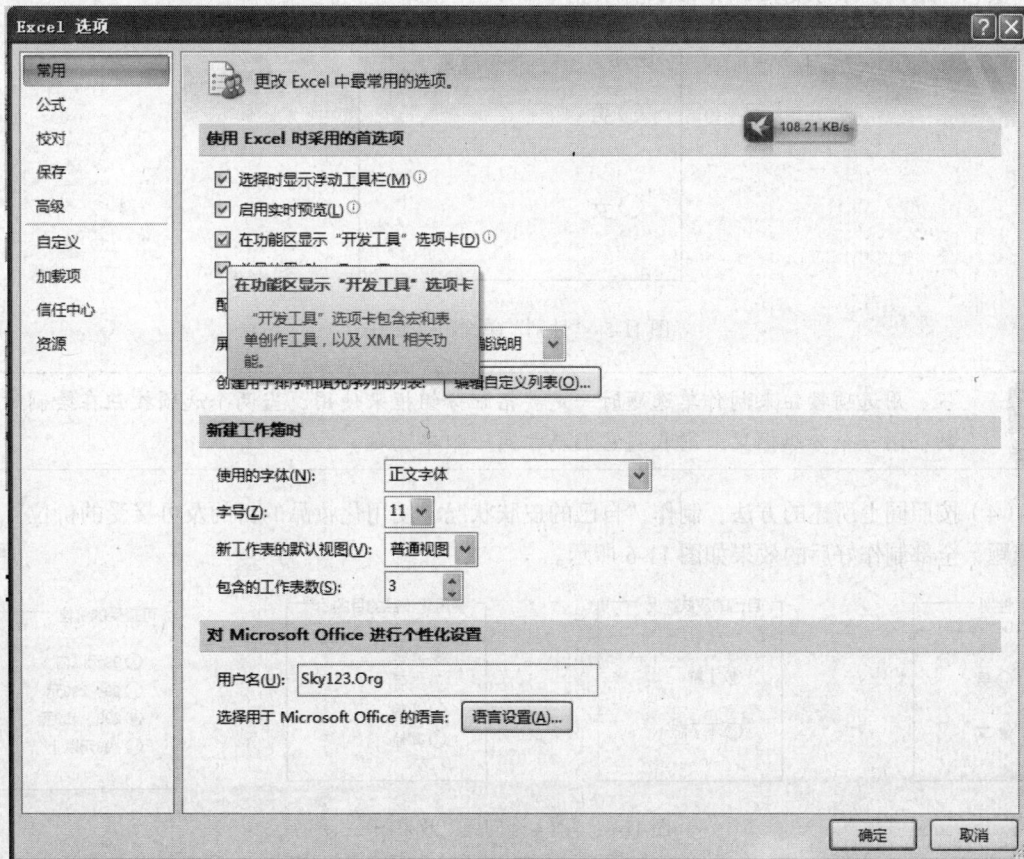

图 11-2 "Excel 选项"对话框

（2）插入"分组框"控件，制作第一个单选题"性别"：单击"开发工具"选项卡→"控件"组→下的"插入"按钮，在弹出的下拉菜单中选择"分组框"控件，并在空白区域绘制一个分组框，并将分组框的标签文字改为"性别"，如图 11-3、图 11-4 所示。

图 11-3 "控件组插入"下拉菜单

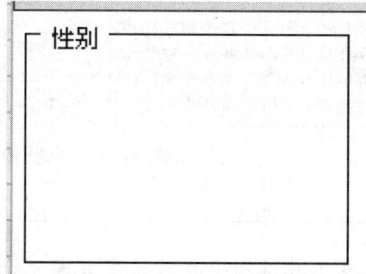

图 11-4 "性别"分组框

（3）插入"选项按钮"控件，制作第一个选项"男"：单击"开发工具"选项卡→"控件"组→下的"插入"按钮，在弹出的下拉菜单中选择"选项按钮"控件，并在"性别"分组框内绘制一个选项按钮，并将选项按钮的的标签文字改为"男"，按照相同的方法，制作另外一个选项"女"，制作好后的效果如图 11-5 所示。

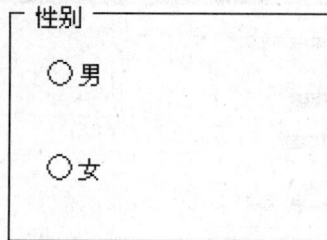

图 11-5 "性别"单选题效果图

> **提示** 用选项按钮来制作单选题时一定要搭配分组框来使用，当两个选项按钮在绘制时绘制在同一个分组框里，则表明它们属于同一个单选题。

（4）按照同上所述的方法，制作"自己的皮肤状况、使用化妆品的目的及可接受的价位"等单选题，全部制作好后的效果如图 11-6 所示。

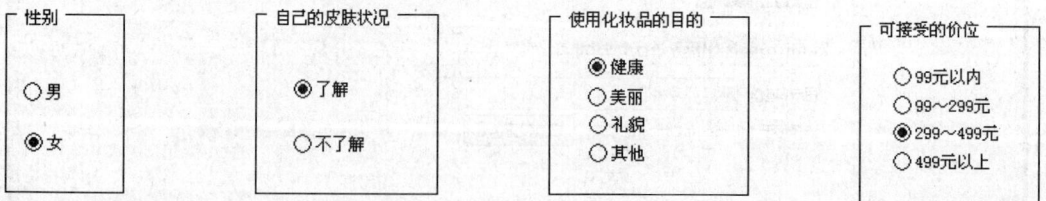

图 11-6 "前 4 个问题"效果图

> **提示** 用选项按钮来制作单选题时一定要搭配分组框来使用，当两个选项按钮在绘制时绘制在同一个分组框里，则表明它们属于同一个单选题。

5. 使用组合框设计下拉菜单的单项选择题

（1）设置组合框的答案选项：选中"Sheet2"工作表，重命名为"选项"，在"A1:H7"单元格中依次输入剩余的单选题的题目和选项，完成后的效果如图 11-7 所示。

| | A | B | C | D | E | F | G | H |
|---|---|---|---|---|---|---|---|---|
| 1 | 考虑的因素 | 化妆品类型 | 化妆品品牌 | 选择原因 | 购买季节 | 影响因素 | 促销方式 | 售后服务 |
| 2 | A.功效 | A.保湿霜 | A.小护士 | A.知名度高 | A.春季 | A.广告宣传 | A.现场打折 | A.产品回馈 |
| 3 | B.价格 | B.防晒霜 | B.佳雪 | B.价格合适 | B.夏季 | B.促销活动 | B.赠送礼品 | B.美容讲座 |
| 4 | C.质量 | C.防晒乳 | C.玉兰油 | C.适合皮肤 | C.秋季 | C.美容讲座 | C.现金返还 | C.促销活动 |
| 5 | D.品牌 | D.洗面奶 | D.雅姿 | D.服务热情 | D.冬季 | D.专家推销 | D.抽奖 | D.答谢会 |
| 6 | E.其他 | E.面膜 | E.美宝莲 | E.促销活动 | E.四季 | E.其他 | E.抵价券 | E.其他 |
| 7 | | F.粉底 | F.完美 | F.朋友介绍 | | | F.其他 | |

图 11-7　"选项"工作表效果图

（2）通过标签输入单选题的题目：切换回"问卷"工作表，单击"开发工具"选项卡→"控件"组→下的"插入"按钮，在弹出的下拉菜单中选择"标签"控件，并在空白区域绘制一个标签，将标签的标签文字改为"您购护肤霜考虑的因素"，拖放到合适的位置上。

**提示**　当单项选择题的选项比较多时，较适合用组合框而不是选项按钮来完成，但最好是事先在另一个表中准备好题目和选项。

（3）通过组合框导入刚才准备好的选项：单击"开发工具"选项卡→"控件"组→下的"插入"按钮，在弹出的下拉菜单中选择"组合框"控件，并在空白区域绘制一个组合框。

（4）右键单击刚才绘制好的"组合框"，在弹出的菜单中选择"设置控件格式"，在弹出的对话框中切换到"控制"选项卡，将数据源区域设置为第（1）步中所设置的相应选项，如图 11-8 所示。

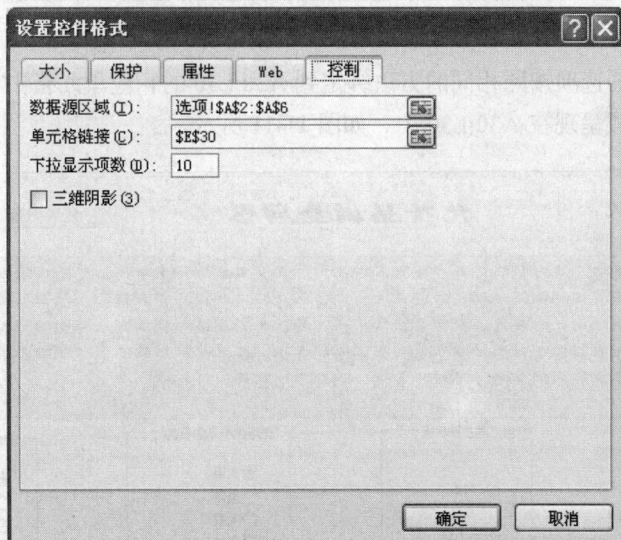

图 11-8　设置控件格式对话框

（5）按照同上的方法，制作剩余的其余问卷题目，最终完成后的效果如图 11-9 所示。

6. 将每道题的结果保存到 A30:L30 单元格中

（1）在 A29:L29 单元格中按问卷内容的先后次序输入问卷的题目如图 11-10 所示。

（2）如要把第一个单选题中的"男"绑定到 A30 单元格中：右键选中"男"的那个选项按钮，在右键菜单中选择"设置控件格式"，在弹出的对话框中选择"控制"，并设定"单元格链接"为"$A$30"。按照相同的方法，把"女"选项也绑定到 A30 单元格中。

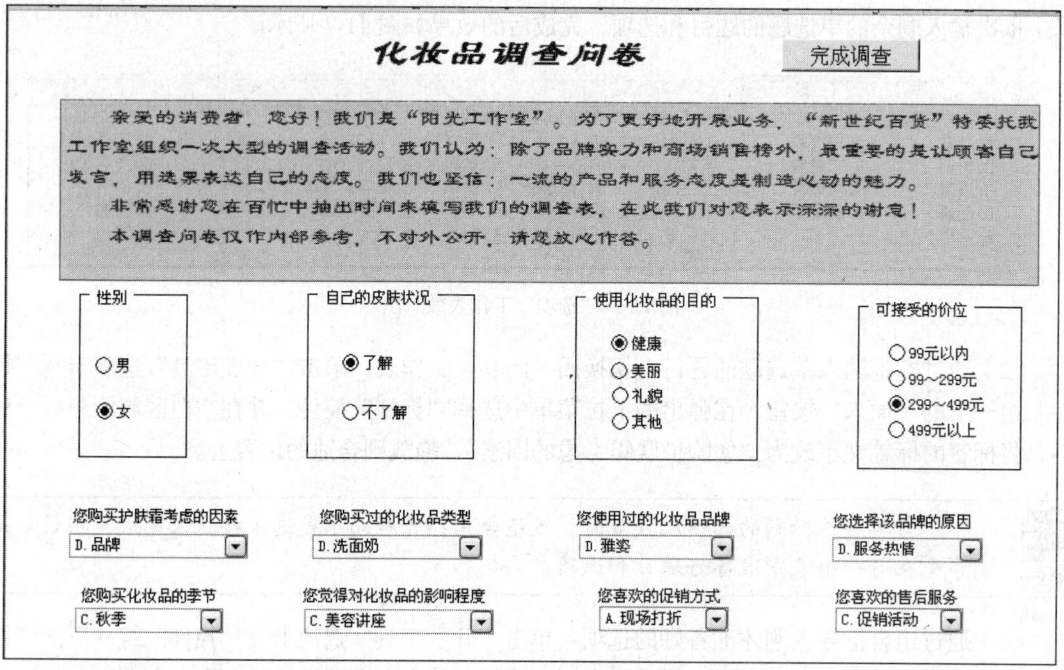

图 11-9 "问卷"效果图

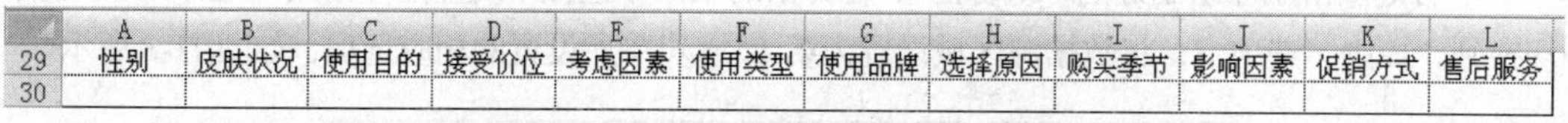

| | A | B | C | D | E | F | G | H | I | J | K | L |
|---|---|---|---|---|---|---|---|---|---|---|---|---|
| 29 | 性别 | 皮肤状况 | 使用目的 | 接受价位 | 考虑因素 | 使用类型 | 使用品牌 | 选择原因 | 购买季节 | 影响因素 | 促销方式 | 售后服务 |
| 30 | | | | | | | | | | | | |

图 11-10 "问卷答案序列"效果图

（3）把其余问题的选项按照相同的方法绑定到 A30:L30 的相应单元格中，则在页面上所选择的内容会以数字的形式呈现在 A30:L30 中，如图 11-11 所示。

| | A | B | C | D | E | F | G | H | I | J | K | L |
|---|---|---|---|---|---|---|---|---|---|---|---|---|
| 29 | 性别 | 皮肤状况 | 使用目的 | 接受价位 | 考虑因素 | 使用类型 | 使用品牌 | 选择原因 | 购买季节 | 影响因素 | 促销方式 | 售后服务 |
| 30 | 1 | 2 | 1 | 1 | 1 | 1 | 1 | 2 | 4 | 2 | 1 | 1 |

图 11-11 "一次调查及结果"效果图

（4）为了不影响到整个调查问卷的外观，王倩选择将这两行题目和选项暂时隐藏起来：选中第 29 和第 30 行，右键单击鼠标，在右键菜单中选择"隐藏"，则可实现这两行的隐藏。

## 步骤二：统计调查问卷的结果

1. 设计"统计"工作表

王倩为了能够更加方便地统计结果，决定用 Excel 的自动计算功能来进行统计，她共设计了 2 个工作表，分别是"统计"，"结果汇总"。

（1）选中"统计"工作表，选中 A1:L1 单元格，将其合并并居中，并输入"调查数据"，设置为"隶书、14 号"的格式。

（2）在 A2:L2 的单元格中输入调查问卷的题目内容。

---

Excel 的自动统计功能需要用到 Excel 的宏。

宏是 Excel 利用"VBA"语言编制的计算机程序，能帮助 Excel 实现一些自动计算等高级应用。

在 Excel 里面要进行 VBA 编程时，需先启动"Microsoft Visual Basic"编程窗口。

---

2. 建立工作表和问卷表之间的联系

（1）单击"开发工具"选项卡→"代码"组的"Visual Basic"按钮，进入到"Microsoft Visual Basic"脚本编程的窗口。

（2）在"Microsoft Visual Basic"窗口左侧的"工程-VBProject"窗格中，右键单击鼠标，并在弹出的右键菜单中选择"插入→模块"，新建一个模块 1，如图 11-12 所示。

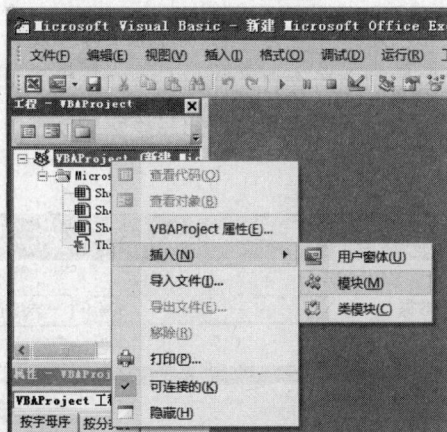

图 11-12　"工程"窗格"插入→模块"

---

输入 VBA 程序时，带""""的部分为注释部分，在录入时可不录入。

---

（3）在"工程"窗格中双击刚才新建的"模块 1"，在右侧的模块代码编辑窗格中输入实现自动统计的代码并保存，保存后会自动生成一个名为"自动统计数据"的宏。

```
Public Sub 自动统计数据()
    Dim Temp As Integer
```

```
    Dim count As Integer
    '定义两个整型变量
    Temp = Sheets("统计").[A1].CurrentRegion.Rows.count
    '将工作表"统计"中的记录行数赋予 count
    count = Temp -3
    '3 行单元格保存字段名
    Sheets("问卷").Select
    Range("A30:L30").Select
    '选择待保存数据的区域
    Selection.Copy
    '复制选择的区域
    Sheets("统计").Activate
    '激活"统计"工作表
    Rows(Temp + 1).Select
    '选择最后一条记录的下一行单元格区域
    ActiveSheet.Paste
    '粘贴数据
    Sheets("问卷").Select
    Application.CutCopyMode = False
    '释放进行复制操作的单元格区域
    MsgBox "数据已经成功保存，请重新进行选择! ", vbOKOnly, "提示信息"
    '弹出提示信息对话框
    Sheets("统计").Select
    '选择"统计"工作表
End Sub
```

（4）切换回"问卷"工作表，单击"开发工具"选项卡→"控件"组下的"按钮"按钮，并在空白区域绘制一个按钮，按钮绘制完后会自动弹出一个"指定宏"对话框，选中刚才创建的宏"自动统计数据"，如图 11-13 所示，则可建立该按钮与该宏的联系，将按钮上的文本修改为"完成调查"。

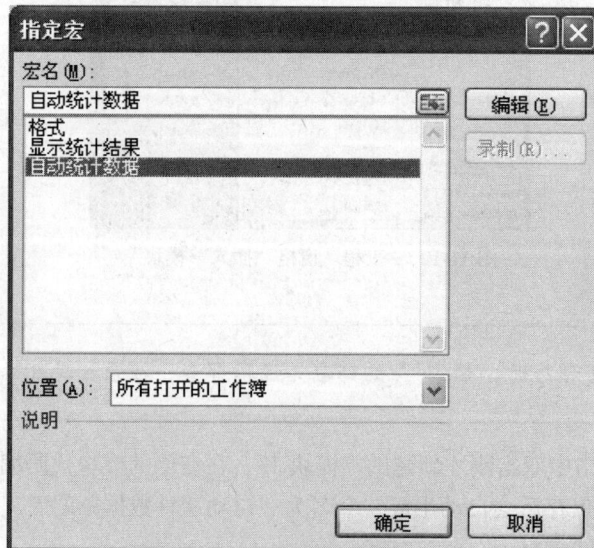

图 11-13 "指定宏"对话框

### 3. 测试填写问卷

进行效果测试，对所有的题目进行选择，选择完了之后，单击刚才制作的"完成测试"按钮，会弹出一个"提示信息"的消息框，如图 11-14 所示，则可以将刚才的调查结果复制到"统计"工作表中，生成一行新的数据，多次测试则会生成多条数据。

图 11-14　"测试成功"消息框

### 4. 设计记录统计工作表

问卷都设计好啦，王倩就开始汇总调查结果啦，她把汇总结果放到"汇总结果"工作表中。

（1）切换到"汇总结果"工作表，合并 A1:B1 单元格，输入："参加调查的总人数"。

（2）在"汇总结果"工作表中，输入如图 11-15 所示的问卷题目和选项，并在题目旁边预留统计结果和百分比的位置。

| | A | B | C | D | E | F | G | H | I | J | K | L |
|---|---|---|---|---|---|---|---|---|---|---|---|---|
| 1 | 参加调查总人数： | | | | | | | | | | | |
| 2 | 性别 | 人数 | 百分比 | 皮肤状况 | 人数 | 百分比 | 使用目的 | 人数 | 百分比 | 接受价位 | 人数 | 百分比 |
| 3 | 男 | | | 了解 | | | 健康 | | | 99元以内 | | |
| 4 | 女 | | | 不了解 | | | 美丽 | | | 99～299元 | | |
| 5 | | | | | | | 礼貌 | | | 299～499元 | | |
| 6 | | | | | | | 其它 | | | 499元以上 | | |
| 7 | | | | | | | | | | | | |
| 8 | 考虑因素 | 人数 | 百分比 | 使用类型 | 人数 | 百分比 | 使用品牌 | 人数 | 百分比 | 选择原因 | 人数 | 百分比 |
| 9 | A.功效 | | | A.保湿霜 | | | A.小护士 | | | A.知名度高 | | |
| 10 | B.价格 | | | B.防晒霜 | | | B.佳雪 | | | B.价格合适 | | |
| 11 | C.质量 | | | C.防晒乳 | | | C.玉兰油 | | | C.适合皮肤 | | |
| 12 | D.品牌 | | | D.洗面奶 | | | D.雅姿 | | | D.服务热情 | | |
| 13 | E.其他 | | | E.面膜 | | | E.美宝莲 | | | E.促销活动 | | |
| 14 | | | | F.粉底 | | | F.完美 | | | F.朋友介绍 | | |
| 15 | | | | | | | | | | | | |
| 16 | 购买季节 | 人数 | 百分比 | 影响因素 | 人数 | 百分比 | 促销方式 | 人数 | 百分比 | 售后服务 | 人数 | 百分比 |
| 17 | A.春季 | | | A.广告宣传 | | | A.现场打折 | | | A.产品回馈 | | |
| 18 | B.夏季 | | | B.促销活动 | | | B.赠送礼品 | | | B.美容讲座 | | |
| 19 | C.秋季 | | | C.美容讲座 | | | C.现金返还 | | | C.促销活动 | | |
| 20 | D.冬季 | | | D.专家推销 | | | D.抽奖 | | | D.答谢会 | | |
| 21 | E.四季 | | | E.其他 | | | E.抵价券 | | | E.其他 | | |
| 22 | | | | | | | F.其他 | | | | | |

图 11-15　"汇总结果"工作表效果图

（3）给统计表中的"性别"所在列，定义名称：切换到"统计"表，以最多 100 个人参加问卷调查为例，选中 A3:A102，单击"公式"选项卡→"定义的名称"组→"定义名称"按钮，在弹出的"新建名称"对话框中，设置名称为"性别"，范围为"工作簿"，引用位置为"统计!$A$3:$A$102"，单击确定，如图 11-16 所示。

（4）按照同上的方法，给"统计"表中的其余各列都定义一个名称。

> **提示**　在 Excel 中，可为某一块单元格区域定义名称，方便在公式当中的引用，特别是跨工作表的引用。
>
> 当参加调查的人数大于 100 人时，相应的名称定义的区域也要扩大。

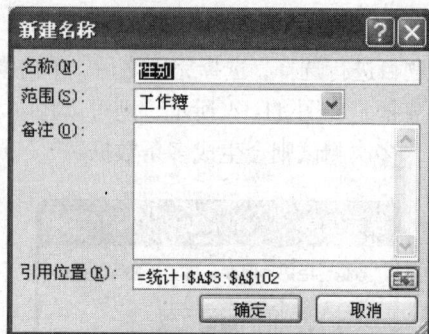

图 11-16 "新建名称"对话框

（5）用公式计算参加调查的总人数：选中"汇总结果"表中的 C1 单元格，输入公式"=COUNT(性别)"，则可计算出参加调查的总人数。

（6）按照同上的方法，为 C1 单元格定义一个名称"总人数"。

（7）用公式计算"性别为男"的人数：选中 B3 单元格，输入公式"=COUNTIF(性别,1)"，则可计算出"性别为男"的人数。同理，选中 B4 单元格，输入公式"=COUNTIF(性别,2)"，则可计算出"性别为女"的人数。

> **提示** 在计算百分比时，公式可为"=B3/总人数"，也可为"=B3/$C$3"或是"=B3/C3"，建议使用前两种，前两种是对总人数的绝对引用，计算完一个百分比后，可复制到其余所有需要计算百分比的地方直接使用。

（8）用公式计算"性别为男"的人数在参加调查的人中所占的"百分比"：选中 C3 单元格，输入公式"=B3/总人数"，则可计算出性别为男的人所占的百分比，用鼠标右键单击 C3 单元格，在弹出的右键菜单中选择"设置单元格格式"命令，并在弹出的对话框中选择"数字"选项卡→"百分比"分类，并把小数位数设置为"2"位，如图 11-17 所示。

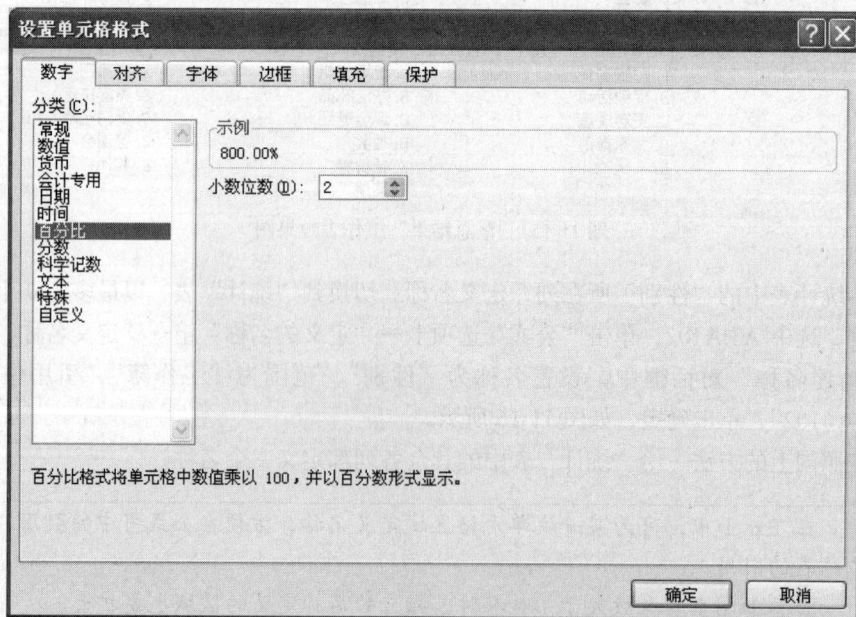

图 11-17 "设置单元格格式"对话框

（9）按照同上所述的方法，计算其余问题的相关选项的人数和百分比。

（10）设置"汇总结果"工作表的格式。设置"人数"单元格的格式：在弹出的右键菜单中选择"设置单元格格式"命令，并在弹出的对话框中选择"数字"选项卡→"自定义"分类，并把"类型"设置为"0'人'"，如图 11-18 所示，则可在人数单元的数字后面出现一个"人"的单位，用格式刷将 C1 单元格中的格式复制到其余"人数"单元格。再对其余单元格进行一定的美化和修饰操作，完成后的效果如图 11-19 所示。

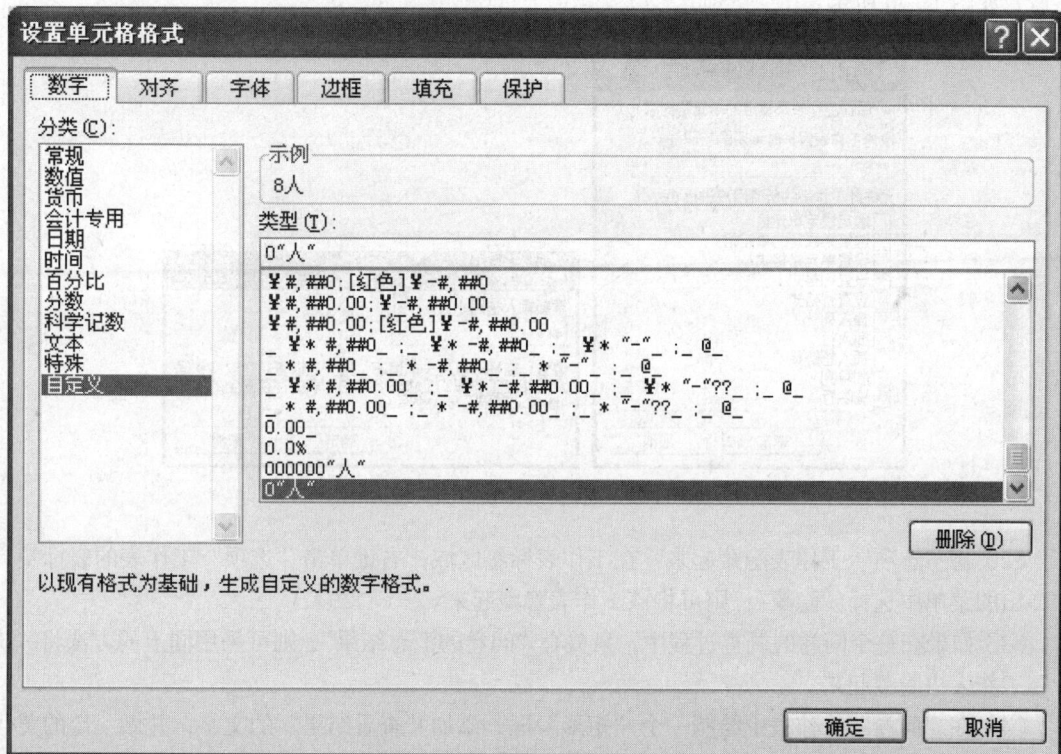

图 11-18　"人数"单元格设置示例

参加调查总人数：　8人

| 性别 | 人数 | 百分比 | 皮肤状况 | 人数 | 百分比 | 使用目的 | 人数 | 百分比 | 接受价位 | 人数 | 百分比 |
|---|---|---|---|---|---|---|---|---|---|---|---|
| 男 | 4人 | 50.00% | 了解 | 4人 | 50.00% | 健康 | 2人 | 25.00% | 99元以内 | 2人 | 25.00% |
| 女 | 4人 | 50.00% | 不了解 | 4人 | 50.00% | 美丽 | 4人 | 50.00% | 99~299元 | 4人 | 50.00% |
| | | | | | | 礼貌 | 2人 | 25.00% | 299~499元 | 2人 | 25.00% |
| | | | | | | 其它 | 0人 | 0.00% | 499元以上 | 0人 | 0.00% |

| 考虑因素 | 人数 | 百分比 | 使用类型 | 人数 | 百分比 | 促销方式 | 人数 | 百分比 | 选择原因 | 人数 | 百分比 |
|---|---|---|---|---|---|---|---|---|---|---|---|
| A.功效 | 1人 | 12.50% | A.保湿霜 | 1人 | 12.50% | A.小护士 | 2人 | 25.00% | A.知名度高 | 4人 | 50.00% |
| B.价格 | 0人 | 0.00% | B.防晒霜 | 0人 | 0.00% | B.佳雪 | 0人 | 0.00% | B.价格合适 | 2人 | 25.00% |
| C.质量 | 3人 | 37.50% | C.防晒乳 | 3人 | 37.50% | C.玉兰油 | 0人 | 0.00% | C.适合皮肤 | 0人 | 0.00% |
| D.品牌 | 4人 | 50.00% | D.洗面奶 | 4人 | 50.00% | D.雅姿 | 3人 | 37.50% | D.服务热情 | 2人 | 25.00% |
| E.其他 | 0人 | 0.00% | E.面膜 | 0人 | 0.00% | E.美宝莲 | 1人 | 12.50% | E.促销活动 | 0人 | 0.00% |
| | | | F.粉底 | 0人 | 0.00% | F.完美 | 2人 | 25.00% | F.朋友介绍 | 0人 | 0.00% |

| 购买季节 | 人数 | 百分比 | 影响因素 | 人数 | 百分比 | 促销方式 | 人数 | 百分比 | 售后服务 | 人数 | 百分比 |
|---|---|---|---|---|---|---|---|---|---|---|---|
| A.春季 | 0人 | 0.00% | A.广告宣传 | 0人 | 0.00% | A.现场打折 | 2人 | 25.00% | A.产品回馈 | 2人 | 25.00% |
| B.夏季 | 1人 | 12.50% | B.促销活动 | 2人 | 25.00% | B.赠送礼品 | 0人 | 0.00% | B.美容讲座 | 4人 | 50.00% |
| C.秋季 | 2人 | 25.00% | C.美容讲座 | 4人 | 50.00% | C.现金返还 | 0人 | 0.00% | C.促销活动 | 1人 | 12.50% |
| D.冬季 | 2人 | 25.00% | D.专家推销 | 2人 | 25.00% | D.抽奖 | 3人 | 37.50% | D.答谢会 | 1人 | 12.50% |
| E.四季 | 3人 | 37.50% | E.其他 | 0人 | 0.00% | E.抵价券 | 1人 | 12.50% | E.其他 | 0人 | 0.00% |
| | | | | | | F.其他 | 2人 | 25.00% | | | |

图 11-19　"汇总结果"工作表最终效果图

### 5. 保护工作表及隐藏工作表

（1）问卷终于做完了，王倩为了避免其他人不小心改动汇总表中的内容，决定将除"结果汇总表"保护起来：切换到"结果汇总"工作表，单击"审阅"选项卡→"更改"组→"保护工作表"命令，在弹出的"保护工作表"对话框中设置"取消工作表保护时使用的密码"，并取消下面的所有允许的操作，单击"确定"按钮，会再弹出的一次"确认密码"对话框，重新输入一次刚才设置的密码，则可将该工作表保护起来，下次用户查看时，不允许对该工作表做任务操作，相关设置如图 11-20 所示。

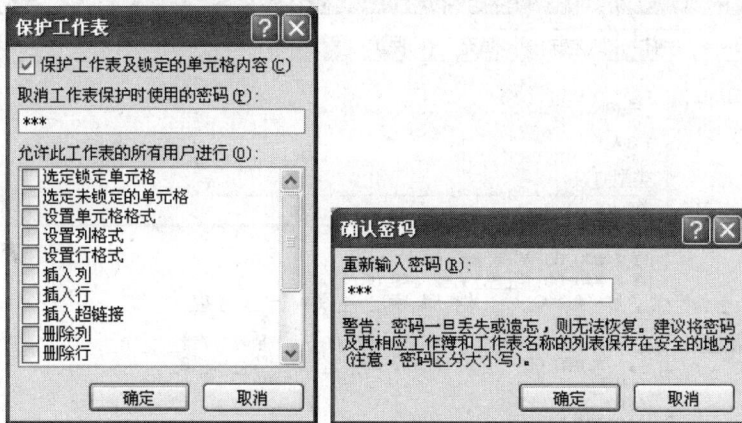

图 11-20 "保护工作表"相关设置

（2）将"选项"工作表隐藏起来：在工作表标签区域，右键单击"选项"工作表的表标签，在弹出的菜单中选择"隐藏"，则可将该工作表隐藏起来。

（3）如果在整个问卷的调查过程中，只关心"问卷的汇总结果"，则可采用同上的方法将"统计"工作表也隐藏起来。

（4）在"问卷"工作表中绘制一个"矩形"框，添加"查看结果"的文字，并做一定的美化和修饰。右键单击"查看结果"，在弹出的菜单中选择"超链接"，在弹出的"插入超链接"对话框中选择链接到"本文档中的位置"，再在右侧窗格中选择"单元格引用"→"汇总结果"，如图 11-21 所示，则将该按钮链接到汇总结果表。

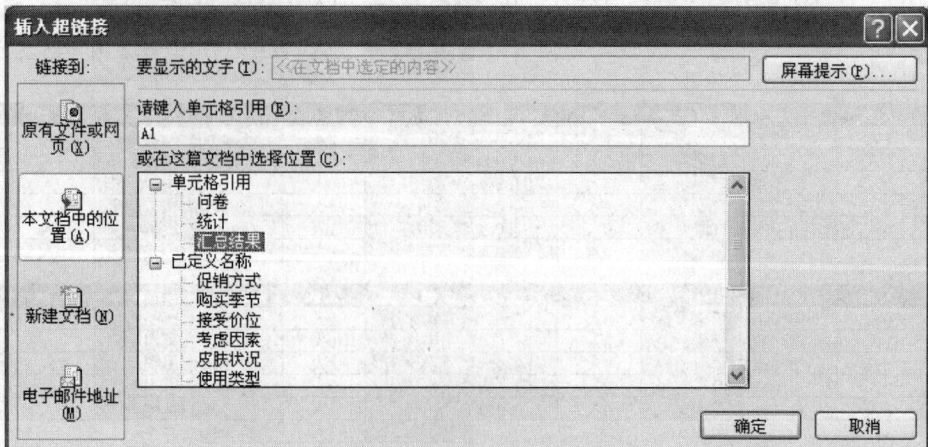

图 11-21 "插入超链接"对话框

## 知识点小结

本案例中主要用到了"开发工具"这个选项卡中的"控件"组中的相关控件来制作问卷的问题和选项，运用宏调用的功能，自动的记录调查问卷的每一次调查的结果，并灵活运用 countif 和 count 等函数来自动的统计出相关的结果。

## 拓展训练

请结合案例上所学的知识，设计并制作一份调查问卷。

## 知识链接

1. 问卷设计的原则

（1）有明确的主题。根据调查主题，从实际出发拟题，问题目的明确，重点突出，没有可有可无的问题。

（2）结构合理、逻辑性强。问题的排列应有一定的逻辑顺序，符合应答者的思维程序。一般是先易后难、先简后繁、先具体后抽象。

（3）通俗易懂。问卷应使应答者一目了然，并愿意如实回答。问卷中语气要亲切，符合应答者的理解能力和认识能力，避免使用专业术语。对敏感性问题采取一定的技巧调查，使问卷具有合理性和可答性，避免主观性和暗示性，以免答案失真。

（4）控制问卷的长度。回答问卷的时间控制在 20 分钟左右，问卷中既不浪费一个问句，也不遗漏一个问句。

（5）便于资料的校验、整理和统计。

2. 问卷设计的程序

问卷设计的程序包括下列几个步骤。

（1）把握调研的目的和内容

问卷设计的第一步就是要把握调研的目的和内容，这一步骤的实质其实就是规定设计问卷所需的信息。这同时也就是方案设计的第一步。对于直接参与调研方案设计的研究者来说，他们也可以跳过这一步骤，而从问卷设计的第二步骤开始。但是，对那些从未参与方案设计的研究者来说，着手进行问卷设计时，首要的工作是要充分地了解本项调研的目的和内容。为此需要认真讨论调研的目的、主题和理论假设，并细读研究方案，向方案设计者咨询，与他们进行讨论，将问题具体化、条理化和操作化，即变成一系列可以测量的变量或指标。

（2）搜集有关研究课题的资料

问卷设计不是简单的凭空想象，要想把问卷设计得完善，研究者还需要了解更多的东西。问卷设计是一种需要经验和智慧的技术，它缺乏理论，因为没有什么科学的原则来保证得到一份最佳的或理想的问卷，与其说问卷设计是一门科学，还不如说是一门艺术。虽然也有一些规则可以遵循以避免错误，但好的问卷设计主要来自熟练的调研人员的创造性。

搜集有关资料的目的主要有三个：其一是帮助研究者加深对所调查研究问题的认识；其二是为问题设计提供丰富的素材；其三是形成对目标总体的清楚概念。在搜集资料时对个别调查对象进行访问，可以帮助了解受访者的经历、习惯、文化水平以及对问卷问题知识的丰富程度等。我们清楚地知道，适用于大学生的问题不一定适合家庭主妇。调查对象的群体差异越大，就越难设计一个适合整个群体的问卷。

（3）确定调查方法的类型

不同类型的调查方式对问卷设计是有影响的。在面访调查中，被调查者可以看到问题并可以与调查人员面对面地交谈，因此可以询问较长的、复杂的和各种类型的问题。在电话访问中，被调查者可以与调查员交谈，但是看不到问卷，这就决定了只能问一些短的和比较简单的问题。邮寄问卷是自己独自填写的，被调查者与调研者没有直接的交流，因此问题也应简单些并要给出详细的指导语。在计算机辅助访问（CAPI 和 CATI）中，可以实现较复杂的跳答和随机化安排问题，以减小由于顺序造成的偏差。人员面访和电话访问的问卷要以对话的风格来设计。

（4）确定每个问答题的内容

一旦决定了访问方法的类型，下一步就是确定每个问答题的内容：每个问答题应包括什么，以及由此组成的问卷应该问什么，是否全面与切中要害。

在此，针对每个问题，我们应反问：

① 这个问题有必要吗？

② 是需要几个问答题还是只需要一个就行了？

我们的原则是，问卷中的每一个问答题都应对所需的信息有所贡献，或服务于某些特定的目的。如果从一个问答题得不到可以满意的使用数据，那么这个问答题就应该取消。

（5）决定问答题的结构

一般来说，调查问卷的问题有两种类型：封闭性问题和开放性的问题。

开放性问题，又称为无结构的问答题，被调查者用他们自己的语言自由回答，不具体提供选择答案的问题。

封闭性问答题，又称有结构的问答题，它规定了一组可供选择的答案和固定的回答格式。

（6）决定问题的措词

（7）安排问题的顺序

（8）确定格式和排版

（9）拟定问卷的初稿和预调查

（10）制成正式问卷

# 案例 12
# 生产利润最大化

## 情境再现

情景：公司会议

角色：李军（好美味食品有限公司一车间主任）

王雷（好美味食品有限公司总经理）

杜云（好美味食品有限公司销售部经理）

肖宁（好美味食品有限公司销售部助理）

**提示** 　　厂商从事生产或出售商品的目的是为了赚取利润。如果总收益大于总成本，就会有剩余，这个剩余就是利润，厂商不仅要获取利润，还总是追求最大利润。

故事：

又到了每月一次的生产计划协调会啦，大家都在商量着下个月各种产品的生产计划。

"杜云，你汇报一下销售部这边的情况。"公司 BOSS 王雷发话啦。

"好的，根据我这边的订单情况来看，蛋黄派至少要生产到 30000 箱以上。"杜云翻了翻报告说。

"30000 箱，没问题。"李军盘算着自己车间的情况，"每箱 0.25 小时，30000 箱总共是 7500 小时，我车间每个月的总工时是 60000 小时，还绰绰有余。那苏打饼和士力架呢？"

"这两个暂时还没有订单，但根据往年的情况来看，这个季节，苏打饼的销量基本在蛋黄派的 1.5 倍以上，士力架还要更多，在 2 倍以上。"

"没有具体的数字吗？"李军挠了挠头，"我们车间的总工时可以在 60000 小时，那多出来的工时我生产什么啊？"

"什么赚钱就生产什么嘛，这还用问！"王雷在一边接话啦。

"可我哪知道怎么安排才最赚钱啊！"李军小声地嘀咕着。

"用规划求解一算不就出来啦！"杜云看不过去啦。

"规划求解！什么东西？"

"不知道？"看着一脸茫然的李军，杜云暗中叹了一口气，谁叫你平时不好好学一下电脑的"小肖，你帮李主任去算一算吧。"

"没问题，李主任，会后我到您办公室去啊。"肖宁的一句话终于让李军舒了口气。

> "规划求解"是一组命令的组成部分，这些命令有时也称作假设分析（假设分析：该过程通过更改单元格中的值来查看这些更改对工作表中公式结果的影响）。

## 任务分解

肖宁在会后，马上跟着李主任来到了他的办公室，他打算用 Excel 的规划求解工具来完成这次生产计划的安排。

这规范求解的总体目标是利润的最大化，可以变动来计划三种产品的产量，约束条件则是会上杜云经理提出的各项要求，中间还会用到一车间的各种产品的所用工时及成本，还有各种产品的毛利。

肖宁，决定把各种产品的工时、成本和毛利先在 Excel 中输入，再调用规划求解工具，设置目标、约束和可变单元格，让规划求解工具自动来完成这次的产品生产数量的规划。

## 任务实现

### 步骤一：列出本次生产计划制订的相应要求和条件

1. 生产计划需要达到的目标

让一车间的所有产品在满足相应条件的基础上，达到毛利的最大化。

> 在利用规划求解工具来做规划问题的求解时，要先确定好求解问题的目标和变量，及相关的约束条件，最好是事先建立好一个规划模型。

2. 一车间三种产品的实际情况

经过和一车间主任李军的详细沟通，肖宁理出了一车间三种产品的具体情况，见表 12-1 所示。

表 12-1　　　　　　　　　　"一车间三种产品"生产情况表

| 食品类别 | 蛋黄派 | 苏打饼 | 士力架 |
| --- | --- | --- | --- |
| 生产每箱所需时间（小时） | 0.25 | 0.32 | 0.33 |
| 生产每箱所需成本 | ￥17 | ￥23 | ￥27 |
| 每箱售价 | ￥42 | ￥40 | ￥45 |

3. 根据上述情况分析，肖宁很快的就确定了此次生产计划制定的目标和变量以及约束

- 目标：合理安排三种产品的生产数量，使得最终三种产品获得最大的总利润
- 可变因素：三种产品的具体数量是未知和可变的
- 约束条件：
  - 蛋黄派的产量必须在 30000 箱以上
  - 苏打饼的产量必须是蛋黄派的 1.5 倍以上

- 士力架的产量必须是蛋黄派的 2 倍以上
- 生产三种产品的总工时必须在一车间的能力范围之内，即 60000 小时之内

4. 肖宁制定了以下的一个线性规划模型，即若设蛋黄派、苏打饼、士力架的生产数量分别为 $X_1$、$X_2$、$X_3$ 的话，则模型为：

$$
\begin{cases}
\text{Max}Z = X_1 \times (42-17) + X_2 \times (40-23) + X_3 \times (45-27) \\
X_1 \times 0.25 + X_2 \times 0.32 + X_3 \times 0.33 \leqslant 60000 & （工时约束） \\
X_1 \geqslant 30000 & （蛋黄派数量约束） \\
X_2 \geqslant 1.5 \times X_1 & （苏打饼与蛋黄派数量关系约束） \\
X_3 \geqslant 2 \times X_1 & （士力架与蛋黄派数量关系约束） \\
X_1, X_2, X_3 \geqslant 0 & （非负约束）
\end{cases}
$$

其中，$X_1$，$X_2$，$X_3$ 分别为蛋黄派、苏打饼和士力架的数量。

## 步骤二：将列出的相关条件录入到 Excel 工作表中

将条件录入工作表。

（1）肖宁启动"Excel 2007"，将"Sheet1"工作表重命名为"好美味食品公司一车间生产计划"。

（2）合并 A1:E1 单元格，输入标题"好美味食品公司一车间生产计划"。

（3）在 A3:E13 的单元格中输入三种产品的生产情况，并进行相应格式设置，输入完成后的结果如图 12-1 所示。

| | A | B | C | D | E |
|---|---|---|---|---|---|
| 1 | 好美味食品公司生产计划 | | | | |
| 2 | | | | | |
| 3 | 食品类别 | 蛋黄派 | 苏打饼 | 士力架 | 合计 |
| 4 | 生产数量(箱) | | | | 箱 |
| 5 | 生产每箱所需时间(小时) | 0.25 | 0.32 | 0.33 | |
| 6 | 生产每箱所需成本 | ￥17 | ￥23 | ￥27 | |
| 7 | 每箱售价 | ￥42 | ￥40 | ￥45 | |
| 8 | | | | | |
| 9 | 总收入 | ￥0 | ￥0 | ￥0 | |
| 10 | 总成本 | ￥0 | ￥0 | ￥0 | |
| 11 | 毛利 | ￥0 | ￥0 | ￥0 | ￥0 |
| 12 | | | | | |
| 13 | 生产所需总时数(小时) | 0 | 0 | 0 | 0 |

图 12-1　"三种产品"产量情况图

（4）肖宁根据车间的实际情况，整理出总收入、总成本、总毛利、总工时的计算规则，并在各个单元格中输入计算的公式，如图 12-2 所示。

- E4 单元格：=SUM(B4:D4)

E4 单元格为生产的总箱数，规则为：总箱数=蛋黄派箱数+苏打饼箱数+士力架箱数

- B9 单元格：=B4*B7

B9 单元格为蛋黄派总收入，规则为：总收入=蛋黄派生产数量*蛋黄派箱数

- B10 单元格：=B4*B6

B10 单元格为蛋黄派总成本，规则为：总成本=蛋黄派生产数量*蛋黄派每箱所需成本

- B11 单元格：=B9-B10

B11 单元格为蛋黄派总毛利，规则为：总毛利=蛋黄派总收入-蛋黄派总成本

- C9 单元格：=C4*C7

C9 单元格为苏打饼总收入，规则为：总收入=苏打饼生产数量*苏打饼箱数

- C10 单元格：=C4*C6

C10 单元格为苏打饼总成本，规则为：总成本=苏打饼生产数量*苏打饼每箱所需成本

- C11 单元格：=C9-C10

C11 单元格为苏打饼总毛利，规则为：总毛利=苏打饼总收入-苏打饼总成本

- D9 单元格：=D4*D7

D9 单元格为士力架总收入，规则为：总收入=士力架生产数量*士力架箱数

- D10 单元格：=D4*D6

D10 单元格为士力架总成本，规则为：总成本=士力架生产数量*士力架每箱所需成本

- D11 单元格：=D9-D10

D11 单元格为士力架总毛利，规则为：总毛利=士力架总收入-士力架总成本

- E11 单元格：=SUM(B11:D11)

E11 单元格为生产的总毛利，规则为：总毛利=蛋黄派总毛利+苏打饼总毛利+士力架总毛利

- B13 单元格：=B4*B5

B13 单元格为蛋黄派总时数，规则为：总成本=蛋黄派生产数量*蛋黄派每箱所需时间

- C13 单元格：=C4*C5

C13 单元格为苏打饼总时数，规则为：总成本=苏打饼生产数量*苏打饼每箱所需时间

- D13 单元格：=D4*D5

D13 单元格为士力架总时数，规则为：总成本=士力架生产数量*士力架每箱所需时间

- E13 单元格：=SUM(B13:D13)

E13 单元格为生产的总时间，规则为：总时间=蛋黄派总时间+苏打饼总时间+士力架总时间

| | A | B | C | D | E |
|---|---|---|---|---|---|
| 3 | 食品类别 | 蛋黄派 | 苏打饼 | 士力架 | 合计 |
| 4 | 生产数量(箱) | | | | =SUM(B4:D4) |
| 5 | 生产每箱所需时间(小时) | 0.25 | 0.32 | 0.33 | |
| 6 | 生产每箱所需成本 | 17 | 23 | 27 | |
| 7 | 每箱售价 | 42 | 40 | 45 | |
| 8 | | | | | |
| 9 | 总收入 | =B4*B7 | =C4*C7 | =D4*D7 | |
| 10 | 总成本 | =B4*B6 | =C4*C6 | =D4*D6 | |
| 11 | 毛利 | =B9-B10 | =C9-C10 | =D9-D10 | =SUM(B11:D11) |
| 12 | | | | | |
| 13 | 生产所需总时数(小时) | =B4*B5 | =C4*C5 | =D4*D5 | =SUM(B13:D13) |

图 12-2　各单元格的公式

## 步骤三：加载规划求解项并进行规划求解

1. 加载规划求解项

单击"Office 按钮"→"Excel 选项"，单击"加载项"分类中"转到"按钮，在弹出的"加

载宏"对话框中勾选"规划求解加载项"选项,则可加载"规划求解"工具,在"数据"选项卡的"分析"组中出现,如图 12-3 所示。

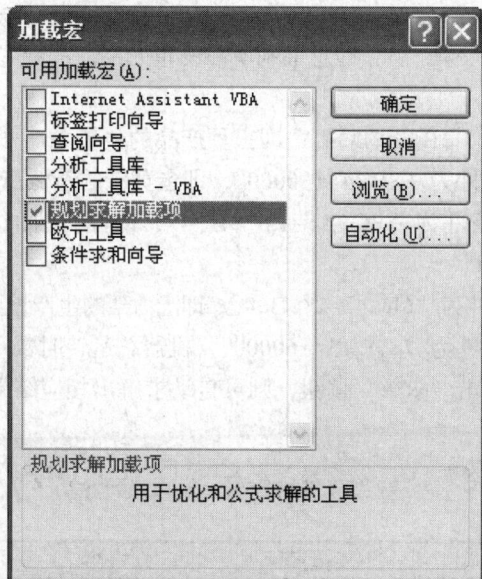

图 12-3　"加载宏"对话框

> "规划求解"工具是 Excel 自带的一个重要分析与评量工具,利用它可以帮我们轻松地进行某些问题的规划,如利润最大化,生产成本最小化等,但使用前必须先加载它。
> 　　如果在"加载宏"的对话框里没有看到"规划求解加载项",则表示当初安装软件时,并未安装此项功能。

2. 进行规划求解

(1)单击"数据"选项卡→"分析"组→"规划求解"命令,在弹出的对话框中进行"目标单元格、可变单元格、约束"的设置,如图 12-4 所示,具体的参数设置的含义见后面的"知识点总结"部分。

图 12-4　"规划求解"对话框参数设置

113

提示 　　Excel 的规划求解可以用来解决最多 200 个变量、100 个外在约束和 400 个简单约束（决策变量整数约束的上下界）的问题。

（2）设置目标单元格为 "$E$11" 即总毛利所在的单元格，等于 "最大值"，即求得毛利的最大化。

（3）设置可变单元格为 "$B$4:$D$4"，即三种产品的数量。

（4）设置第一个约束条件为 "$B$4>=30000"，即蛋黄派的最低产量必须为 30000。

（5）设置第二个约束条件为 "$C$4>=1.5*$B$4"，即苏打饼的生产量至少必须为蛋黄派的 1.5 倍。

（6）设置第三个约束条件为 "$D$4>=2*$B$4"，即士力架的生产量至少必须为蛋黄派的 2 倍。

（7）设置第四个约束条件为 "$D$13<=60000"，机器总运转时数不得超过 60000 小时。

（8）全部设置好后，单击 "求解" 按钮，则可自动求解出相应结果，结果如图 12-5 所示。

| | A | B | C | D | E |
|---|---|---|---|---|---|
| 1 | 好美味食品公司一车间生产计划 | | | | |
| 2 | | | | | |
| 3 | 食品类别 | 蛋黄派 | 苏打饼 | 士力架 | 合计 |
| 4 | 生产数量(箱) | 43,165 | 64,748 | 86,331 | 194,245 |
| 5 | 生产每箱所需时间(小时) | 0.25 | 0.32 | 0.33 | |
| 6 | 生产每箱所需成本 | ￥17 | ￥23 | ￥27 | |
| 7 | 每箱售价 | ￥42 | ￥40 | ￥45 | |
| 8 | | | | | |
| 9 | 总收入 | ￥1,812,950 | ￥2,589,928 | ￥3,884,892 | |
| 10 | 总成本 | ￥733,813 | ￥1,489,209 | ￥2,330,935 | |
| 11 | 毛利 | ￥1,079,137 | ￥1,100,719 | ￥1,553,957 | ￥3,733,813 |
| 12 | | | | | |
| 13 | 生产所需总时数(小时) | 10,791 | 20,719 | 28,489 | 60,000 |

图 12-5 "规划求解" 结果

## 知识点小结

　　本案例中主要用到了 "规划求解" 这个加载项来自动的计算利润最大化问题，在计算的过程中，关键是要弄清楚目标、可变和约束是什么，通过巧设约束，自动得到最大化的生产利润。

　　借助 "规划求解"，可求得工作表上某个单元格（被称为目标单元格）中公式的最优值。"规划求解" 将对直接或间接与目标单元格中公式相关联的一组单元格中的数值进行调整，最终在目标单元格公式中求得期望的结果。

　　"规划求解" 通过调整所指定的可更改的单元格（可变单元格）中的值，从目标单元格公式中求得所需的结果。

　　在创建模型过程中，可以对 "规划求解" 模型中的可变单元格数值应用约束条件（约束条件：

"规划求解"中设置的限制条件。可以将约束条件应用于可变单元格、目标单元格或其他与目标单元格直接或间接相关的单元格），而且约束条件可以引用其他影响目标单元格公式的单元格。

　　关于"规划求解参数"对话框（如图 12-6 所示）的说明如下。

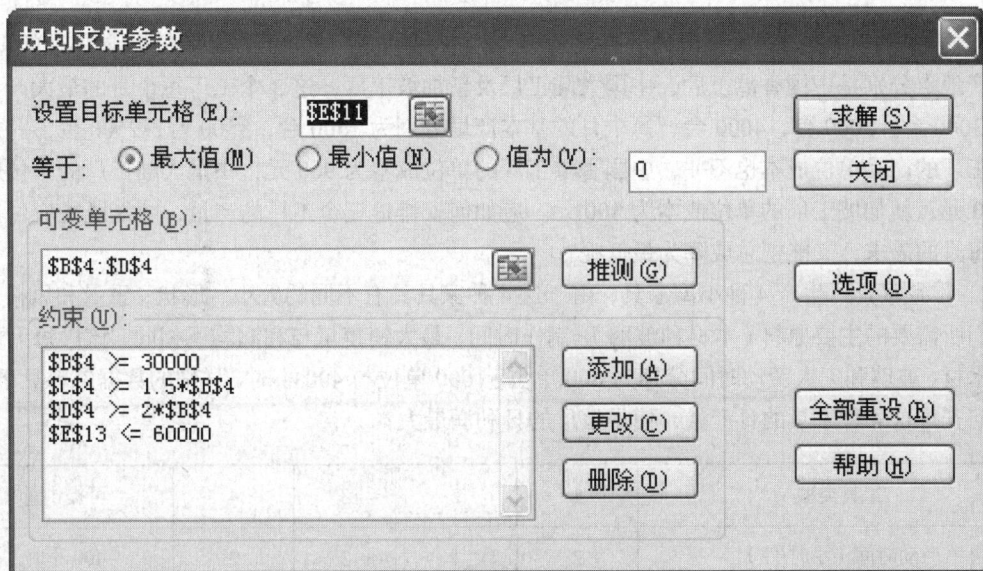

图 12-6　"规划求解参数"对话框

"规划求解参数"对话框里的各个参数或按钮的含义如下。

- "设置目标单元格"：想要最大化或最小化或者要指定其运算结果刚好等于某数值的目标单元格。此单元格必须是包含公式的单元格。
- "等于"：这里有三个单选按钮和一个文本框，用来指定"设置目标单元格"的值为最大值、最小值，还是刚好等于某个数值，如果选择"值为"，就要在右边的文本框里输入指定数值。
- "可变单元格"：指定让规划求解工具调整的单元格，最终目的是要让"设置目标单元格"里所指定的单元格能够达到它的目标值。因此，可变单元格一定要和目标单元格有直接或间接的关联。
- "推测"：利用此按钮的功能可推测"设置目标单元格"里指定的单元格的公式内引用的非公式单元格，并自动将它们输入至"可变单元格"文本框中。
- "约束"：列出各项规划问题需要的约束。
- "添加"：打开"添加约束"对话框。
- "更改"：打开"更改约束"对话框。
- "删除"：删除选定的约束。
- "求解"：立即启动已定义问题的求解运算。
- "关闭"：关闭对话框且不解决任何问题，任何使用"选项"、"添加"、"更改"或"删除"按钮所做的更改都会保留下来。
- "选项"：打开"规划求解选项"对话框，可用来加载和保存问题模式，并控制求解过程的高级选项。
- "全部重设"：清除当前的设置，并将所有的设置值重新设置成原来的初值。

## 拓展训练

1. 振兴科技有限公司所生产的液晶显示器，必须每月生产 10000 台，以满足世界各地的需求，而生产地点分别是中国香港工厂，中国大陆工厂及新加坡工厂，这 3 个工厂每个月的最大产量分别为 3000 台，5000 台，4000 台，每个月的基本产量分别为 1500 台，3500 台，2500 台，此外，每个工厂的产品单位成本也不一，中国香港工厂的单位成本为 900 元，中国大陆工厂的单位成本为 700 元，新加坡工厂的单位成本为 800 元。应如何安排这三个工厂的产量，才能既能应付世界各地每月的需求，又能把总成降为最低呢？

2. 雅致家具厂生产 4 种小型家具，由于这 4 种家具具有不同的大小、形状、重量和风格，所以它们所需要的主要原料（木材和玻璃）、制作时间、最大销售量与利润均不相同。该厂每天可提供的木材、玻璃和工人劳动时间分别为 600 单位、1000 单位与 400 小时，详细的数据资料见下表。应如何安排这 4 种家具的日产量，使得该厂的日利润最大？

| 家具类型 | 1 | 2 | 3 | 4 | 可提供量 |
|---|---|---|---|---|---|
| 劳动时间（小时/件） | 2 | 1 | 3 | 2 | 400 小时 |
| 木材（单位/件） | 4 | 2 | 1 | 2 | 600 单位 |
| 玻璃（单位/件） | 6 | 2 | 1 | 2 | 1000 单位 |
| 单位利润（元/件） | 60 | 20 | 40 | 30 | |
| 最大销售量（件） | 100 | 200 | 50 | 100 | |

## 知识链接

1. 利润最大化原则

经济学中利润的涵义。利润是收益减去成本的差额。在经济学上，利润市场上决定进退的指标，只要有利可图，厂商就会继续经营，没有愿做赔本生意的。但是，利润在会计学和经济学中的意义是有差别的。经济学中的收益与成本和会计的收益与成本是不同的，因此使得利润有会计利润和经济利润之分。具体表现在：

（1）收益。经济学中的收益来源有四种：一是内在收益，即由于供给要素带来的收益；二是风险收益，"一旦内在收益——对资本的纯利息、管理、劳动的内在工资以及其他被扣除以后，剩余的部分是承担不确定性的报酬。风险收益具体包括不能履约的风险收益、纯粹的风险收益或统计风险收益以及对创新和事业心的风险收益；三是垄断收益，即市场收益或垄断权力的现实基础，只包括已实现受益，将未实现收益排除在外。四是与会计有着本质区别的收益——持有损益。经济学收益将企业经济业务收益和企业因持有资产而获得的收益同等对待，而不考虑是否实现。而会计收益不包括未实现收益。

（2）成本。由于人们面临着权衡取舍，所以作出决策就要比较可供选择方案的成本与收益。当经济学家将企业生产成本的时候，他们指的是生产物品与劳务量的所有机会成本。机会成本除包括会计成本之外还包括会计未计算在内的隐含成本。在经济学家看来，尽管厂商无需对自有生产要素的耗费进行现实的货币支付，即无需对隐含成本进行货币补偿，但隐含成本却反映了生产要素的真实耗费。赚取相当于隐含成本的那部分会计利润，是厂商从事经营活动要求获得的最低报酬，是它正常经营的基本条件。机会成本的概念出自这样的思想：如果你把自己的生产要素例如劳动用于某一用途，你就失去了把它应用于别处的机会。因此，这种放弃的收益如工资就是生产的一部分成本。可以说，一种东西的机会成本是为了得到这种东西所放弃的东西。

利润的经济定义需要我们估价所有投入物和产出物的机会成本。经济学中假定厂商的经营目标只有一个：利润最大化。利润最大化是特指经济利润最大化。即在一定的生产技术和市场需求约束下，厂商实现利润最大或亏损最小。

2. 线性规划

线性规划是运筹学中研究较早、发展较快、应用广泛、方法较成熟的一个重要分支，它是辅助人们进行科学管理的一种数学方法。在经济管理、交通运输、工农业生产等经济活动中，提高经济效果是人们不可缺少的要求，而提高经济效果一般通过两种途径：一是技术方面的改进，例如改善生产工艺，使用新设备和新型原材料；二是生产组织与计划的改进，即合理安排人力物力资源。线性规划所研究的是：在一定条件下，合理安排人力物力等资源，使经济效果达到最好。一般地，求线性目标函数在线性约束条件下的最大值或最小值的问题，统称为线性规划问题。满足线性约束条件的解叫做可行解，由所有可行解组成的集合叫做可行域。决策变量、约束条件、目标函数是线性规划的三要素。

线性规划的模型建立

从实际问题中建立数学模型一般有以下三个步骤：

① 根据影响所要达到目的的因素找到决策变量；

② 由决策变量和所在达到目的之间的函数关系确定目标函数；

③ 由决策变量所受的限制条件确定决策变量所要满足的约束条件。

所建立的数学模型具有以下特点：

① 每个模型都有若干个决策变量（$x_1$, $x_2$, $x_3$, …, $x_n$），其中 $n$ 为决策变量个数。决策变量的一组值表示一种方案，同时决策变量一般是非负的。

② 目标函数是决策变量的线性函数，根据具体问题可以是最大化（max）或最小化（min），二者统称为最优化（opt）。

③ 约束条件也是决策变量的线性函数。

当我们得到的数学模型的目标函数为线性函数，约束条件为线性等式或不等式时称此数学模型为线性规划模型。

例：

生产安排模型：某工厂要安排生产 I 、II 两种产品，已知生产单位产品所需的设备台时及 A、B 两种原材料的消耗，如表所示，表中右边一列是每日设备能力及原材料供应的限量，该工厂生产一单位产品 I 可获利 2 元，生产一单位产品 II 可获利 3 元，问应如何安排生产，使其获利最多？

解：

① 确定决策变量：设 $x_1$、$x_2$ 分别为产品 I 、II 的生产数量；

② 明确目标函数：获利最大，即求 $2x_1+3x_2$ 最大值；

③ 所满足的约束条件：

设备限制：$x_1+2x_2 \leqslant 8$

原材料 A 限制：$4x_1 \leqslant 16$

原材料 B 限制：$4x_2 \leqslant 12$

基本要求：$x_1$，$x_2 \geqslant 0$

用 max 代替最大值，s.t.（subject to 的简写）代替约束条件，则该模型可记为：

max $z=2x_1+3x_2$

s.t. $x_1+2x_2 \leqslant 8$

$4x_1 \leqslant 16$

$4x_2 \leqslant 12$

$x_1$，$x_2 \geqslant 0$

# 第三部分
# 图像处理篇

　　图像是由扫描仪、摄像机等输入设备捕捉实际的画面产生的数字图像。由像素点阵构成的位图。图像是一个矩阵，其元素代表空间的一个点，称之为像素（Pixel），每个像素的颜色和亮度用二进制数来表示，这种图像也称为位图。对于黑白图用 1 位表示，对于灰度图常用 4 位（16 种灰度等级）或 8 位（256 种灰度等级）来表示某一个点的亮度，而彩色图像则有多种描述方法。分辨率和灰度是影响显示的主要参数。图像适用于表现含有大量细节（如明暗变化、场景复杂、轮廓色彩丰富）的对象，如照片、绘图等，通过图像软件可进行复杂图像的处理以得到更清晰的图像或产生特殊效果。

　　图像处理是指按照不同图像的类型和应用需求，运用图像软件如 PhotoShop 或 CorelDraw 等进行处理，以满足生活及商务办公需要的过程。

# 案例 13
# 名片设计

在现在的生活中，名片已经成了一种不可或缺的交往工具。名片提供了持有人的基本信息，可以用来介绍自己、拜会他人并互通联系方式。名片的尺寸大小有限，设计时需要简洁大方，在有限的空间上体现必须的内容。设计名片的软件有很多，如名片制作专家、名片之星等，本篇以 CorelDraw X3 为例介绍名片的制作。

**提示**　名片，又称卡片，古称名刺，是标示姓名及其所属组织、公司单位和联系方法的纸片。名片是新朋友互相认识、自我介绍的最快有效的方法。交换名片是商业交往的第一个标准官式动作。

## 情境再现

情景：暑期兼职

角色：郑洁（打印店学徒）、小曾（客户）、阿姨（打印店老板）

故事：郑洁放暑假了，想利用暑假的时间找点活干，可是到人才市场上一打听，几乎所有的用人单位都只招聘有工作经验的。可是郑洁只是一个大一的学生，可以说只有两样事情不会：这也不会，那也不会。

灰心之余郑洁想起来，阿姨开了一家打印店，就去那帮帮忙吧！几天下来，郑洁帮着打字、复印、扫描，生活过得倒也充实。

这天下午，阿姨去买打印纸和墨粉了，留下郑洁一个人看店，这时候进来了一个小帅哥，开口就问："老板，有空不？"

"您好，什么事？"经过几天的帮工，郑洁也学会笑脸迎人了。

"帮我做个名片，要快一点，我过两个小时来拿！"小帅哥话说得很干脆，也很简洁。一边说着他一边随手从桌上拿起一张纸唰唰唰画了个草图，补充道："我把电话、姓名什么的都留下了，这是个大概的样式，照着这个样子给我做好看点啊！"

"好的，没问题！"郑洁看了看那张草图，也很爽快地回答。

送走了这位小帅哥，郑洁马上给她阿姨打电话，告诉她有一个名片要做，让她尽快赶回来。可是阿姨说堵车了，没有一两个小时回不来。

郑洁发愁地说："阿姨啊，那可怎么办啊？那人说过两个小时来拿的。"

阿姨说："没关系。用 CorelDraw 做名片也很简单的，你平时也看过我做，你自己试试，有不懂的打电话问我好了。"

CorelDraw 是加拿大 Corel 公司出品的矢量图形制作工具软件，提供了矢量动画、页面设计、网站制作、位图编辑和网页动画等多种功能。

## 任务分解

挂了电话，郑洁打开 CorelDraw X3 软件，先到网上找找名片制作教程试试，这么一看还真觉得做名片还不简单呢。

（1）名片的内容应包括持有人信息，包括姓名、电话、地址以及职位、头衔等。

（2）名片还可能会有单位的图标（LOGO）。

（3）名片的打印需要用专用的纸张，可以用普通的激光打印机或胶印机完成，对特种名片可能要用到丝印机，在打印店通常用激光打印机制作。

（4）名片的标准尺寸是 90mm × 54mm，但是需要预留"出血"上下左右各 2mm，所以制作尺寸应设定为 94mm × 54mm。

（5）在 CorelDraw 中，除系统自带的字体外，为使图像美观，还需要额外安装字体。

出血，在印刷中是指任何超过裁切线或进入书槽的图象。出血必须确实超过所预高的线，以使在修整裁切或装订时允许有微量的对版不准。

## 任务实现

### 步骤一：设置纸张

打开 CorelDraw X3 软件，依次单击"文件"→"新建"，或使用 Ctrl+N 组合键，设定纸张大小为 A4，如图 13-1 所示。

图 13-1　设定纸张大小

### 步骤二：绘制图形

单击工具箱中的矩形工具 ，绘制一个矩形，在属性栏中调整矩形大小为长 94mm*高 54mm，并在属性栏中对矩形设置边角圆滑度为 ，得到效果如图 13-2 所示的圆角矩形。

图 13-2　绘制图形

### 步骤三：色彩填充

单击工具箱中的填充对话框工具 ▣ ，选择"填充对话框"，在弹出的"均匀填充"窗口中将填色的数值设置为 CMYK（34，100，98，1），单击"确定"按钮，如图 13-3 所示。

图 13-3　色彩填充

### 步骤四：去除轮廓

鼠标右键单击调色板中的 ⊠，去除矩形外轮廓线，如图 13-4 所示。

图 13-4　去除轮廓

### 步骤五：复制图形

按"+"号键复制图形，按住"Ctrl"键把图形向右平移，或使用鼠标右键进行复制粘贴，得到两个矩形，分别用于制作名片的正面和背面，如图 13-5 所示。

图 13-5　复制图形

### 步骤六：导入素材

依次单击"文件"→"导入"，导入花卉素材。单击工具箱中的挑选工具 ▣ 选择花卉，把它拖放在名片相应位置，如图 13-6 所示。

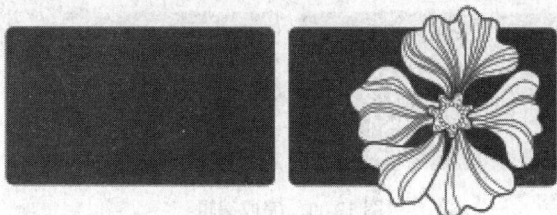

图 13-6 导入素材

## 步骤七：剪裁素材

依次单击"效果"→"图框精确剪裁"→"放置在容器中"，把花卉素材放置在下方的圆角矩形中，如图 13-7 所示。

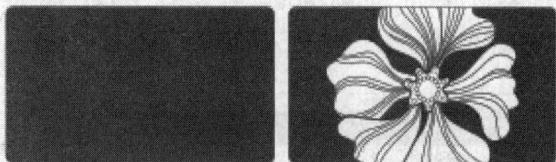

图 13-7 剪裁素材

## 步骤八：编辑内容

使用挑选工具选择矩形，单击鼠标右键，弹出对话框，如图 13-8 所示。

图 13-8 选择对象

选择"编辑内容"，如图 13-9 所示。
继续使用挑选工具选择图形，移动花卉素材，如图 13-10 所示。

图 13-9 编辑内容

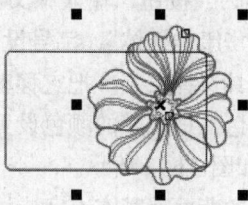

图 13-10 移动对象

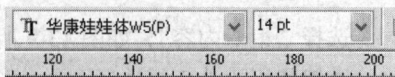

单击 CorelDraw 窗口左下角文挡导航栏中的"完成编辑对象"，如图 13-11 所示。

图 13-11  完成编辑

## 步骤九：安装字体

在控制面板中双击"字体"图标，在打开的窗口中依次单击"文件"→"安装新字体"，在如图 13-12 所示的窗口中找到存放字体文件的路径，双击字体即可完成安装。

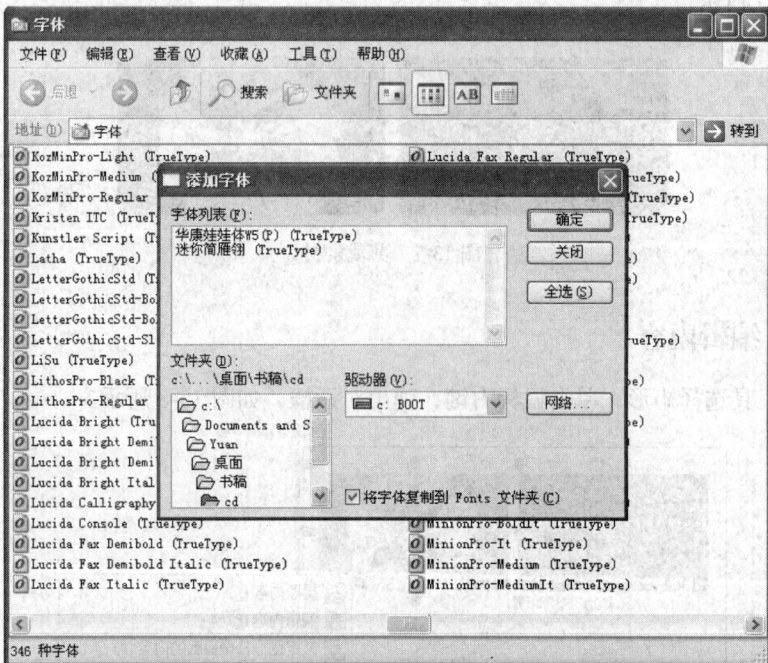

图 13-12  安装字体

## 步骤十：输入文字

选择工具栏中文本工具，单击属性栏中的"将文本更改为垂直方向"按钮，输入中文"创意工作室"，并将字体设置为"华康娃娃体"，字号设置为"14pt"。

使用挑选工具选择文字，把它移动到相应位置，并单击调色板中的白色，把文字的颜色设置为白色（由于背景是深色），结果如图 13-13 所示。

到此，名片的背面就基本上完成了。

按[+]号键复制文字（或使用鼠标右键进行复制粘贴），

图 13-13  输入文字

使用挑选工具把复制的文字移动到名片正面相应位置，如图 13-14 所示。

图 13-14　复制文字

继续选择文本工具，单击属性栏中的"将文本更改为水平方向" ⬚ 按钮，输入中文"曾又名"，在属性栏中设置字体为"迷你简雁翎"，设置字号为"20pt"，将文字颜色设置为白色，最后使用挑选工具，把它移动到相应位置，如图 13-15 所示。

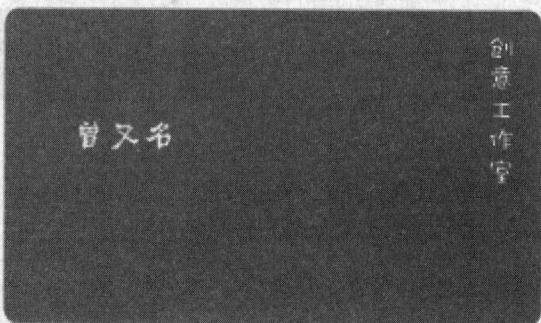

图 13-15　输入姓名

继续选择文本工具，输入中文"设计师"，将字体设置为"黑体"，将字号设置为"10pt"，将文字颜色设置为白色，最后使用挑选工具，把它移动到相应位置，如图 13-16 所示。

图 13-16　输入职位

继续选择文本工具，分别输入地址、邮编、电话和手机号码等项，将字体设置为"宋体"，将字号设置为"8pt"，将文字颜色设置为白色，最后使用挑选工具，把它移动到相应位置，如图 13-17 所示。

图 13-17 输入地址

## 步骤十一：群组图形

使用挑选工具框选图形，对名片的正、背面分别使用"Ctrl+G"组合键群组图形，如图 13-18 所示。

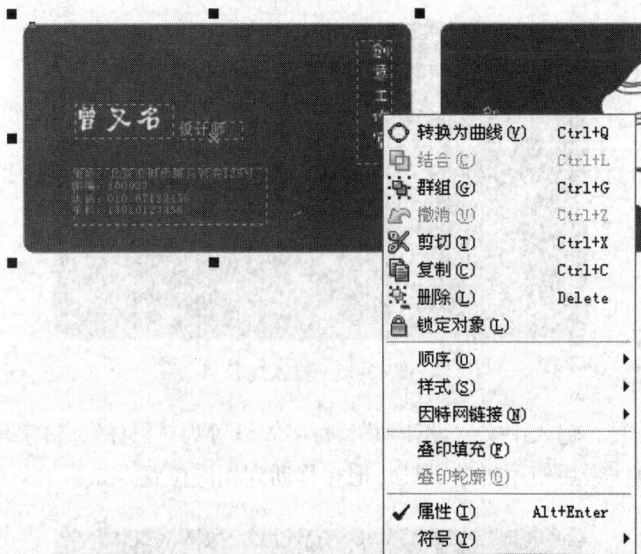

图 13-18 群组图形

这样就完成了名片的制作，整体效果如图 13-19 所示。

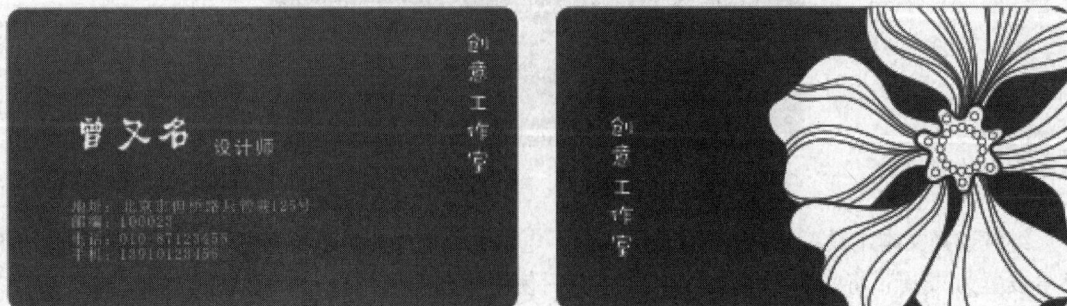

图 13-19 最终效果

## 知识点小结

　　名片是一个人的简介，应体现持有人的行业、身份和文化背景，设计得体的名片可以给人深刻的印象和良好的感受。

　　本例中的名片设计主要考虑到纸张的大小、名片的形状、背景颜色和素材、字体等元素。

　　1. 纸张大小

　　多数名片可能是在打印店用喷墨打印机或激光打印机输出，需要设置纸张大小为 A4，通常是在名片纸上排好十张名片打印出来，然后用切纸机进行裁切。

　　2. 名片形状

　　通常名片的形状是直角矩形，也有些名片为了显示不同的风格，会做成折卡式名片，在版式方面也有横排和竖排的区分。

　　3. 背景素材

　　特别是对于大型企事业单位来说，强调文化背景，要求在名片上体现专有的标记，如 LOGO 和特殊的颜色等。对于这样的名片，需要客户提供这些素材。

　　4. 字体

　　为美化名片，展示持有人的个人风格，需要在计算机上安装不同的字体，使得名片能够在风格上有所区别，引起注意并保留。

## 拓展训练

　　请结合案例上所学的知识，设计并制作一张汽车运输公司的名片，如图 13-20 所给的示例。

图 13-20　名片示例

## 知识链接

　　1. 关于 CorelDraw X3

　　CorelDraw X3 是 Corel 公司于 2006 年发行的版本，是结合矢量绘图和位图处理于一身的功能强大的图形图像处理软件，可以进行页面排版（如报纸和书籍）、广告平面设计、标志设计、名片设计、服务设计、工业设计、室内设计等，如表 13-1 所示，其生成的文件后缀默认为 cdr。

表 13-1　　　　　　　　　　　　CorelDraw 在各领域的应用

|  包装设计 |  标志设计 |  插画设计 |
|---|---|---|
|  工业设计 | 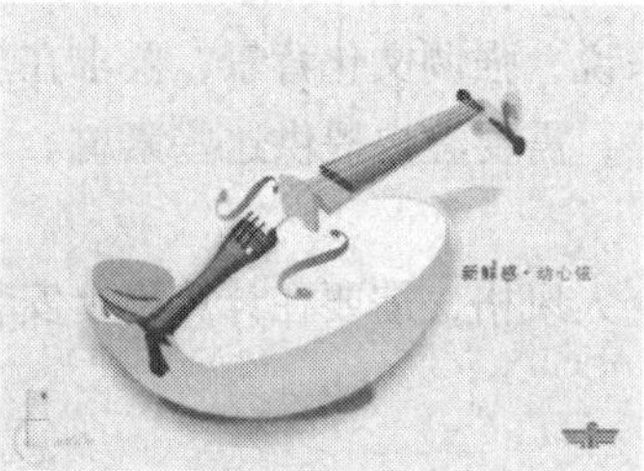 广告设计 |  室内设计 |

CorelDraw X3 的程序主界面如图 13-21 所示，主要包括：

（1）菜单

包括视图（视图和辅助视图）、排列（对象的群组、结合、布尔运算、对齐和分布）、效果（图像的调整、交互式工具）、位图（滤镜）和文本等。

（2）标准工具栏

包括要对文件的操作和一些常用命令。

（3）属性栏

默认为页面属性，根据操作的不同会显示不同的按钮命令。

（4）工具箱

包括绘图工具，带有右下箭头的工具，可以展开。

（5）泊坞窗

可以展开和折叠。

（6）调色板

会显示默认的 RGB 和 CMYK 调色板。

（7）导航器

用来显示页码和页数，并可以切换页面。

（8）视图导航器

快速显示文档不同区域。

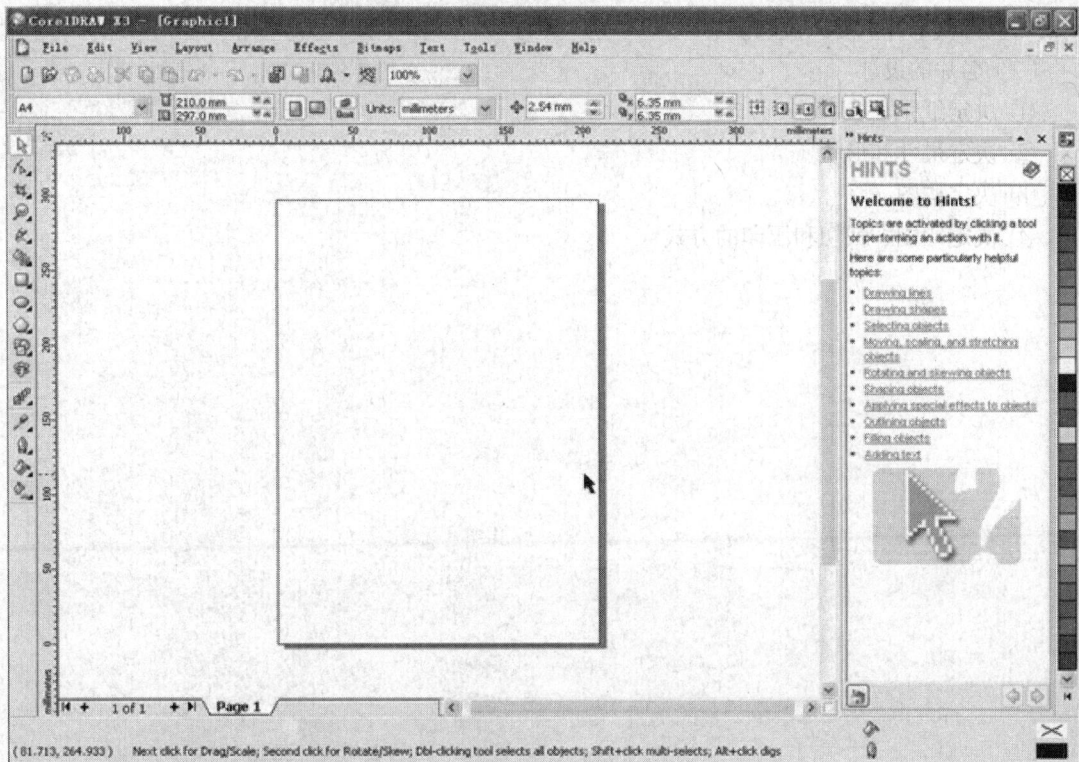

图 13-21　CorelDraw X3 程序主界面

（9）工作区

可编辑区域，内容就放在其中。

（10）状态区

显示当前的各种状态。

2．关于矢量图

矢量图包括两个要素：矢，即方向；量，即长度。矢量图可以是一个点，也可以是一条直线或曲线，由这些形状来构成图形对象，每个对象都是一个实体，具有颜色、形状、轮廓、大小和位置等属性。

矢量图适用于标志设计、图形设计、文字设计和名片设计等，其优点是图像放大后不会失真，和分辨率无关，文件占用空间小，缺点是难以表现色彩层次丰富的逼真图像效果。

与矢量图相对应的图形格式称为像素图，相关介绍见案例 14。

3．关于名片设计

名片的设计并不是一个简单叠加的工作，所谓的设计是把各个要素集合在一个领域，表达特定的含义。

（1）名片的要素

① 形状要素：如企业标志、商品造型。

② 文字要素：如企业名称、姓名、地址、联系方式。

③ 其他要素：如企业专有颜色。

（2）名片的构图

常见的构图如直立形和水平形，其他的构图如十字形、菱形、十字形等，不同的形状会给人不同的视觉效果并引导人去阅读。

（3）名片的设计

① 决定纸张

② 决定尺寸和形状

③ 决定构图

④ 决定印刷、裁切和压印的方式

# 案例 14 照片处理

　　随着生活水平的不断提高和交通的便利，人们外出游玩的机会也越来越多了，拍些好照片以供分享纪念也是出游必不可少的一个组成环节。但在很多情况下，由于摄影技术的欠缺和环境的影响，拍出来的照片往往不尽如人意，这时候，对照片的后期处理就显得非常重要了。

　　本篇以 Adobe 公司出品的 PhotoShop CS3 版本为例简单介绍照片处理。

> **提示**　　PhotoShop 是美国 Adobe 公司旗下最为出名的图像处理软件之一，是集图像扫描、编辑修改、图像制作、广告创意，图像输入与输出于一体的图形图像处理软件。

## 情境再现

情景：宿舍夜话

角色：郑洁、胡芸

故事：郑洁和胡芸是某大学同一宿舍的好朋友，两个人经常一起出去玩。这不，明天是周末，晚上她俩正躺床上聊天，琢磨着上哪去逛逛呢。

郑："芸，明天上哪去呢？"

胡："听说红谷滩那边有菊花展，去看看吧。"

郑："行啊，带上相机去，我这数码相机拍微距的效果还不错，正好明天可以去多照几张花。"

胡："又照相啊……"

郑："怎么了啊，你个大美女不是挺喜欢照相的嘛。"

胡："照是可以照啊，只是……我又长痘痘了，照出来红红的，一脸都是，怎么办啊？"

郑洁沉默了一会儿，忽然兴奋得好像想起来什么似地说："没关系！我认得计算机系几个帅哥，他们用过一个叫 PhotoShop 的软件，可以对照片进行加工，我上次就看他们用过。你那几个小痘痘，就算照片里能看出来也可以处理的，肯定没问题！"

## 任务分解

　　郑洁和胡芸周末开开心心地逛了一圈回来，把照片拷贝到电脑里看了看，发现那几个小痘痘还真是有点惹人注意。郑洁马上给计算机系那几个帅哥打电话，想请他们帮忙，可是不巧他们也都出门去了。看着那些照片，胡芸不禁有点火大，干脆自己来处理好了。

挂了电话，胡芸先去下载了一个 CS3 版本的 PhotoShop 软件，然后开始浏览网上的教程。看了半天，她发现网上的这些教程大致都包括以下几个方面。

（1）图层的操作。

（2）滤镜的操作。

（3）图像的各类调整。

看了半天，胡芸找了一篇相对简单容易的教程，对着一步步操作起来。

## 任务实现

### 步骤一：制作背景图层

打开 Photoshop CS3 软件，打开素材图，可以看到模特脸上有较多斑点，如图 14-1 所示。

在图片上单击鼠标右键，选择"复制图层"，在图层窗口中将会出现两个图层，如图 14-2 所示。

图 14-1　打开素材

图 14-2　复制图层

### 步骤二：调整色阶

依次单击"图像"→"调整"→"色阶"按钮，在弹出的色阶窗口中将输入色阶的亮度为 155，如图 14-3 所示。

单击"确定"按钮之后，图像的亮度提高了。

同时注意到在上图中右上角所显示的直方图的状态发生了变化，图中灰色部分为调整前的状态，亮色的部分较少。

---

*直方图的横轴从左到右表示图片从黑（暗）到白（亮）的像素数量，纵轴就表示相应部分所占画面的面积。*

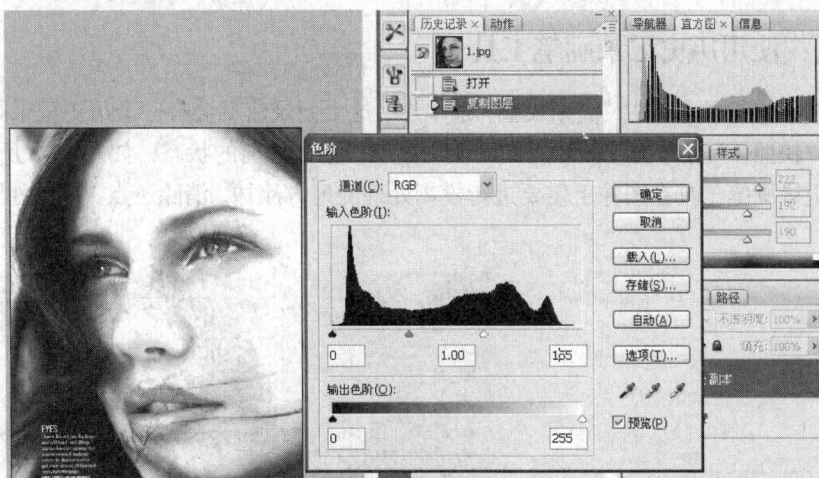

图 14-3　调整色阶

## 步骤三：创建快照

在历史记录面板中，创建快照，如图 14-4 所示。

图 14-4　创建快照

## 步骤四：使用滤镜

依次单击"滤镜"→"模糊"→"高斯模糊"，拖动滑块，直到看不清脸上的斑点，如图 14-5 所示。

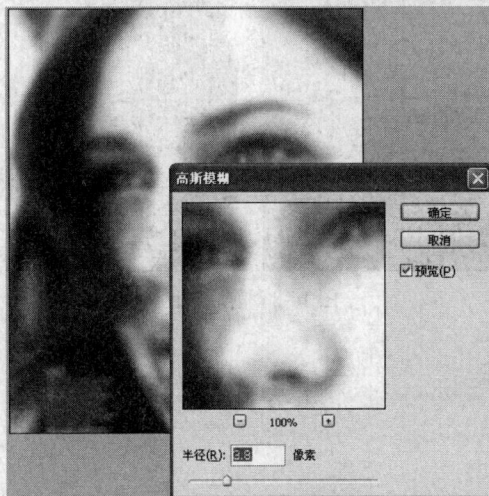

图 14-5　使用滤镜

### 步骤五：使用历史记录画笔工具

用鼠标在历史记录面板中"高斯模糊"前单击，这个记录前就会有一个历史记录画笔的标记。再用鼠标在"快照 1"上单击，图片返回到使用高斯模糊处理前的状态，如图 14-6 所示。

用历史记录画笔工具在图像上需要进行模糊处理的地方涂抹，消除斑点，得到如图 14-7 所示的效果。

图 14-6　选择历史记录

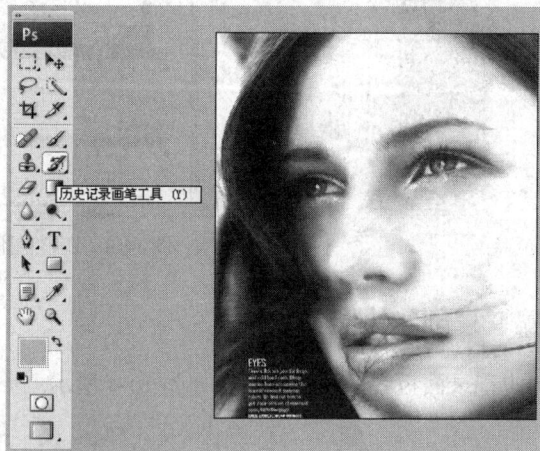

图 14-7　历史记录画笔工具

### 步骤六：拼合图像

最后，对图像调整颜色、亮度和对比度等，依次单击"图层"→"拼合图像"，再使用"滤镜"→"锐化"→"锐化"，这张照片就基本处理完毕了。图 14-8 给出了处理前后的对比。

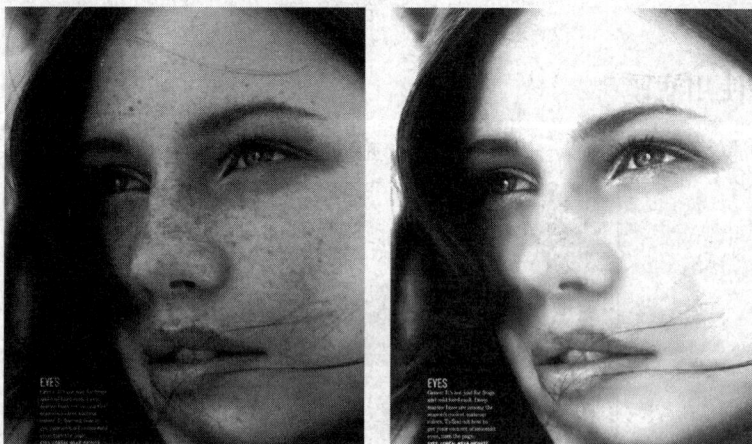

图 14-8　前后对比

## 知识点小结

PhotoShop 是一个功能强大的图形处理软件，不仅适用于专业的设计领域，也被普通电脑用户广泛使用。用 PhotoShop 来处理人像中的斑点只是一个微不足道的应用，在该例中用到了图层、色阶、快照和滤镜。

1. 图层

图层就像是印有不同文字或图形的透明胶片，一张张叠放起来构成页面。图层可以复制、隐藏和删除，不同图层也可以合并。

2. 色阶

色阶表示图像亮度的强弱，取值范围为 0（最暗，黑色）至 255（最亮，白色），中间部分是不同深浅的灰色。"色阶"直方图用作调整图像基本色调的直观参考。

3. 快照

快照记录图像历史记录调板中的某一个特定状态，可以创建图像在某状态所有图层的快照，快照中可以包含图像中的图层、路径、通道等多种信息。

4. 滤镜

类似于人们在摄影时，会在照相机前加挂各种各样的"镜头"以取得特殊的效果。在 PhotoShop 中，滤镜主要是用来实现图像的各种特殊效果，分为内阙滤镜、内置滤镜和外挂滤镜，有些滤镜效果可能占用大量内存。

## 拓展训练

请结合案例中所学的知识，修饰、美化自己的照片。

## 知识链接

1. 关于像素图

像素图（也叫点阵图、位图）由像素点构成，最小单位是一个像素，若干个点排列成图案。我们通常称显示器的分辨率如 1024*768 就表示水平像素为 1024 个，垂直像素为 768 个，像素越多，图象显示就越清晰。像素图也是同样的道理，但若把像素图放大到一定的比例时便可以看到构成图像的颗粒，放大倍数越高，图像会变得更模糊。

制作像素图的工具包括 Adobe 公司的 PhotoShop、Microsoft 公司的 Windows 操作系统中的画图，Macromedia 公司（已被 Adobe 收购）公司的 Fireworks 等。

2. 关于照片处理

（1）素材准备

现在常见的照片素材主要来自于两方面：已冲印好的照片和数码照片。对于已冲印好的照片，需要通过扫描仪扫描输入电脑，在扫描时需注意选择分辨率和色彩模式等。对于数码照片，现在使用的数码相机的照片格式主要为 TIFF 和 JPG 两种，TIFF 格式体积较大，用 500W 像素相机拍出的 TIFF 格式照片有将近 10MB，但保留了更多的细节，图像还原效果好，印刷质量比较高；JPG 格式是通用性最强的一种压缩格式，在视觉效果没有太大损失的情况下照片的体积可以缩减至前者的 1/20。使用 JPG 格式可以大量节省空间，但在后期处理时转为 TIFF 格式是无法提升照片品质的。

（2）摄影准备

要想得到好的照片效果，首先在拍摄时就要尽力做到完美，在构图、曝光、角度、光圈、焦距等方面做好工作，不要马虎省事。在拍摄时推荐以下两个原则：

① 宁欠误过。宁可曝光不足，保留高光细节，再通过后期增加曝光补偿。

② 较小的对比度和锐度。这两个参数后期要增加比较容易，但果要减少就非常困难了。

（3）心理准备

后期制作只能对照片不足处进去弥补，不能从根本上改变照片的品质，一张照片的效果在按下快门的时候就已经决定了，不要对后期处理予以过高的期望。

（4）过程准备

照片处理其实是一件非常费时费力。PhotoShop 在照片处理上是一个非常强大的软件，常见的工具包括亮度，色温，对比度，gamma 值，锐度，色彩饱和度等，还可以使用各种滤镜的插件，针对不同的照片素材选择合适的工具和操作流程来达到满意的效果，如老旧照片翻新、去除相机的时间、去红眼、换背景等。

（5）印刷准备

目前市场上打印照片主要是通过普通的喷墨打印机使用专用的照片纸进行打印，打印效果一般，画面生硬，如身份证照。

另外一种打印方式就是到专业相片冲晒店外冲。在冲印过程中，工作人员会帮助修正照片亮度、对比度以及曝光等不足，对比例不正确的图片也会进行裁切。

# 第四部分
## 办公设备运用篇

　　办公设备一般泛指与办公室相关的设备，包括传真机、打印机、复印机、投影仪、碎纸机、扫描仪、一体机、复合机、考勤机、电教设备及耗材，还有电脑、程控交换机等与相关设备。

　　办公设备运用是指为了提高办公效率，顺利召开会议，快速传输文件，备份、保存、销毁办公文档，而合理运用办公设备以配合办公事务处理的过程。

# 白领必备技能：打印的学问

## 情境再现

打印如今应该是每位公司员工再熟悉不过的操作了。但如果你恰巧也遇到了如下情景，那还能觉得"打印不过如此"吗？

情景：办公惊梦

角色：红红（公司新到的总经理助理）、叶康（行政助理）

故事：上午 10 点了，叶康风一样地冲进公司，因为今天他外出洽谈公司重新全面装修事宜，已与供应商达成初步共识。刚颠进行政部的走廊，一溜弯儿，和来人撞了个满怀。顿时，只见纸张横飞，散落一地。迎面的那人一个踉跄，差点朝后仰摔倒。

"抱歉，没撞着吧？"说话间，叶康才晃过神来，对面一个很文静的女孩，似乎不认识。

"没，没事儿。"女孩一边低头嘀咕着："啊，糟了，这怎么办呀！"

"我帮你拣，没大碍吧？"

"我倒没事，可是……这么多文件，都乱了。哎，怎么办哪？"女孩有点着急。

"我帮你按页码理好，别急，实在对不起……"叶康看看手里捡起来的几页文件，顿时头大了，"啊，怎么没页码？"

"糟了，经理 1 小时后就要文件，这、这怎么办呀？"女孩几乎带出现了哭腔。

"拿到我办公室，我找人帮你一起整理。对了，你是哪个部门的，之前没见过你？"叶康抱着一摞凌乱的文件，"不过，我先去和头儿打个招呼。"

……

三分钟后，叶康从经理室出来了，他和女孩到了行政部，几个同事一起帮忙整理着文件。

"噢，我叫叶康，你呢？刚来？"叶康问小女生。

"嗯，刚来三天。我叫红红。"

……

四十分钟过去了，散落的文件终于整理出原来的次序。妮妮也终于松了一口气。

"记得下次打印材料时加上页码，免得再碰到我，呵呵。"叶康开起玩笑来。

"啊，不要再碰上了。我以前从来没打印过这么长的文件，而且都是双面打印，又不是打印成标准的 A4 纸张，还有横向纵向不同的页面，打的时候就够费劲的！"红红轻拭了一下鼻尖上的汗，说："要不有空教教我？"

"好啊，求之不得呀。要不就现在？呵呵……"

"不行啦，我现在要去交差了。"红红挥手再见，"中午吃完饭吧！回见！"

中午，红红坐在叶康旁边，叶康第一次给小女生讲课，似乎还有点紧张……

## 任务分解

打印应遵照如下原则。

（1）不论何时，不论文档长短，都应给文档添加页码，以方便整理。

（2）如果是草稿，仅供大家提出修改意见的文档，除了用使用过后的纸的反面（又称再生纸）来打印，使用缩小打印和双面打印也是不错的节约纸张的办法。

（3）有时，文档输入结束后发现纸张设置不对，再设置纸张大小需要重装调整文档格式。这时就可以使用纸张大小缩放功能。

（4）如果是正式的合同，通常需要打印好几份出来；如果合同内容较长，那么掌握多份打印和逐份打印的技巧就十分重要。

（5）要是给客户介绍业务，那么打印上代表公司形象或标识的水印，可以给客户留下更好的印象。

（6）某些时候，文档中有些页面是横排，有些页面是竖排，就需要插入分隔符来帮助设置。

（7）是不是所有的公司员工都跑到前台来要求你打印某份文件呢？如果是那样的话，你早应该将打印机设置为共享，让大家通过网络来打印自己可以处理的文档。

## 任务实现

任务列表如下。

（1）节约纸张打印、缩放纸张

（2）打印副本

（3）添加水印

（4）对打印队列进行操作

（5）打印文本框里的内容

（6）打印附加信息

（7）同一文档中横向纵向页面打印

### 任务一　约纸张打印

纯粹从节约纸张的角度来看，用打印过的废纸的反面来打印一些草稿是最直接的了。如果留心观察，有许多公司在其办公区的显眼位置都有一个台子，上面标注着"二次打印纸回收处"。这一方面可以提醒员工将已经单面打印过的没用的纸张主动放于此处，另一方面，这也是公司一种特殊文化氛围，时时刻刻提醒员工，不论什么时候都应该保持勤俭的态度。但除此之外，还有一些方法可以节约纸张。

如果公司使用激光打印机，因为打印质量很好，即使很小的字也能打印得很清楚。利用此特点，对于一些非正式的文档，特别是有时专门打印出来供大家提出修改意见的那种草稿文件，打印时，可以将 Word 中的好几页缩放到一张纸上打印出来，这样既不影响工作的进行，又可以节约纸张。

1. 打开要打印的文档，选择 Office 按钮→打印，在打印对话框的"缩放"栏中选择"每页的版数"为"4 版"，如图 15-1 所示。

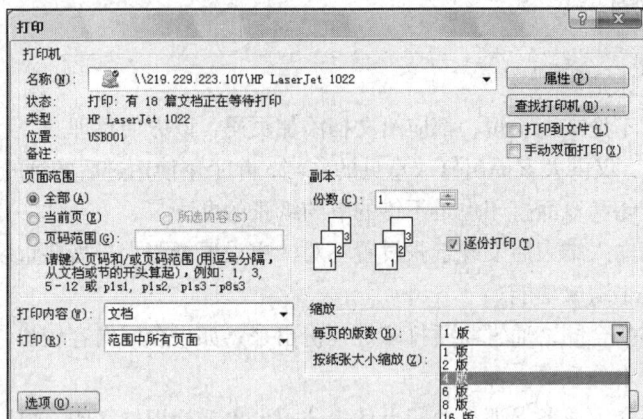

图 15-1　选择每页打印的版数

> 这样，便可在一张 A4 纸上打印 4 页 Word 文件，而且是按比例缩小的。根据实际情况，可以选择不同的版数。如果文档中的字很大，则可以一页多打印几版；如果原来文档中的字就比较小，则可以一页少打印几版，如 2 版。

2. "按纸张大小缩放"就是将 Word 文档按比例缩放到不同的纸型上的一个功能。选择 16 开（与 B5 差不多大），这样就可将 A4 版面的文档内容缩放到 16 开纸上打印。

除了按缩放功能可以节省纸张，使用双面打印也可以最大限度地节省纸张。但目前使用的打印机多为单面打印机，即一次只能在一面上打印。所以必须要手动换纸，才能实现双面打印。要实现双面打印有两种方法可以组合实现。

（1）先打印奇数页，再逆序打印偶数页

① 在打印对话框的"打印"项中，选择"奇数页"，即先打印文档中的奇数页。如文档有 20 页，将只打印 1、3、5、……17、19 页，如图 15-2 所示。

② 奇数页打完以后，就需要打印偶数页了。这是应该把已经打印的纸张直接反面放到打印机里。此时，第 19 页在最上面，而第 1 页在最下面。因此，打印偶数页时需要逆页序打印。在打印对话框中单击左下角的选项按钮，弹出如图 15-3 所示对话框。选中"高级"→"打印"→"逆页序打印页面"，然后单击"确定"按钮。

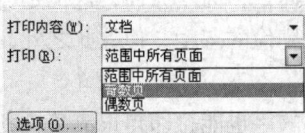

图 15-2　打印奇数页

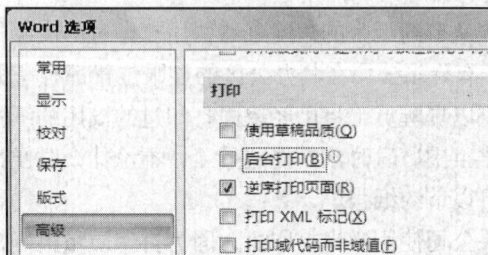

图 15-3　逆序打印页面

提示 　　双面打印的步骤是先打印奇数页，再打印偶数页，并且要注意纸张的放置方向。

③ 在"打印"选项中选择"偶数页"，然后单击"确定"按钮。

经过这样设置以后，Word 会首先打印第 20 页，而且正好打印在第 19 页的把反面，依此类推。需要注意的是，如果文档有 21 页，奇数页打完以后，一定要把第 21 页取出来，只将第 1～19 页的反面放进打印机，然后执行上述操作，打印偶数页，否则就会出现错页。

（2）使用"手动双面打印"实现双面打印

① 在如图 15-4 所示的对话框中，选择"手动双面打印"选项。同时，将打印范围重新选回"范围中所有页面"。

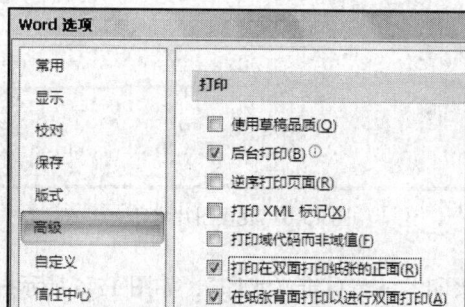

图 15-4　选择手动双面打印

② 单击选项按钮，在弹出的对话框中需要对双面打印进行设置。先选中"打印在双面打印纸张的正面"。

③ 等正面打印完成后，直接将已打好一面的纸张取出现放回送纸器中，单击"在纸张背面打印以进行双面打印"。

## 任务二　打印副本

在 Word 中可以选择文档要打印的份数，然后执行一次打印命令，将所选文档全部打印出来。

1. 在打印对话框中选择副本份数为 5，然后单击"确定"按钮后，次性完成 5 份文档的打印。

打印完发现，这 5 份的打印方法原来是先连续打印 5 份第 1 页，再连续打印 5 份第 2 页，直到最后。这时我们可以逐次将每页相同的文档分成 5 份，最终完成打印文件的整理工作。但是，如果一份文件有 100 页，总共要打印 5 份，甚至打印 15 份呢？人工去配页的话将是十分麻烦的事情，如何解决呢？

2. 如果在添加打印份数的时候，顺手选择中其下面的"逐份打印"选项，然后再单击"确定"按钮开始打印的话，就会看到，Word 将先打印完一份文档的所有页，然后再打印下一份的所有页，这样就可以用省去整理的麻烦，如图 15-5 所示。

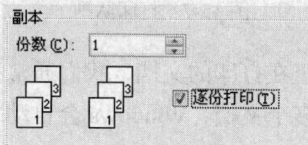

图 15-5　逐份打印

## 任务三　添加水印

不管是公司文件还是公司的宣传资料，如果能够在文档背景上打印上有关公司的一些信息作为水印，那么对于推广公司形象和理念是非常有帮助的。

我们可以用添加水印的方法实现上述想法。不过，严格说来，添加水印并不是我们这里讲的打印方法，而是在编辑要打印的文档时就应该将水印加入其中。

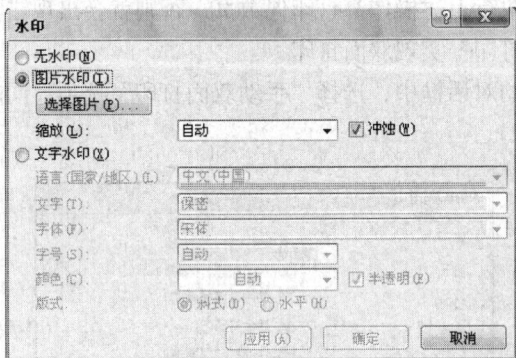

图 15-6　设置图片水印

单击"页面布局"→"水印"→"自定义水印"，如图 15-6 所示。单击"选择图片"，从我的电脑中选择一张合适的图片，确定即可。

## 任务四　对打印队列进行操作

一般公司都采用几人一组的网络打印机，因此，当几个人都在打印文件时，怎么查看自己的文件是否已经打印了呢？有时候错误地按下了打印按钮，如何停止已经启动的打印操作呢？如果我的文件需要比别人的先打印出来，而在我发送打印命令之前，其他人已经开始打印了，而且他要打印很长的文档，怎么调整呢？这些都可以在打印队列中实现。

1. 在 Windows（以 Windows XP 为例）中单击"开始"→"打印机和传真机"命令，并双击所使用的打印机图标（或双击任务栏中的打印机图标），此时会弹出如图 15-7 所示的对话框。

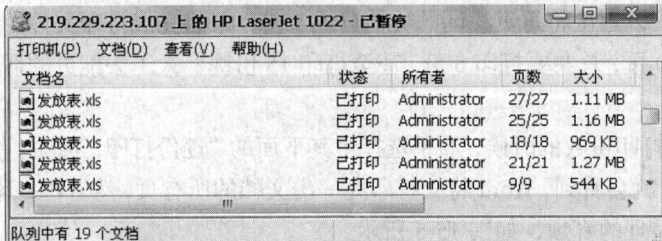

图 15-7　打印队列

此对话框中会显示该台打印机正在打印的文档，我们通常称为打印队列（Windows 打印机可以使用后台方式打印，即可以提交多个文档，Windows 会自动从文档队列中根据先后顺序提取文档进行打印）。

2．选中相应文档后，单击"文档"菜单中的"暂停"命令，可以暂时停止对所选文档的打印，而打印下面的文档。等打印结束之后，再单击"文档"→"继续"命令，继续对它的打印。

3．如果不想打印队列中的某一个文档的话，单击"文档"→"取消"命令，结束当前正打印的文档。

4．如果打印机出现故障，比如队列中已经有多个待打印的文档，这时便要将这些文档全部取消掉，然后再解决打印机故障。这时，可以单击"打印机"→"取消所有文档"来一次取消当前打印队列中的所有文档。

5．如果想查看打印机的相关属性，可以单击"打印机"→"属性"命令，在弹出的对话框中查看相关内容。

> 使用网络打印机的用户不可以对网络打印机是否打印进行暂停，只有直接连接该台打印机的计算机才能暂停。因此，在打印前应仔细检查文档。

## 任务五　打印文本框里的内容

有时在文本框中输入的内容，在打印的时候无法打印出来，解决的方法其实很简单，只要将文本框转换为图文框，就能对框里的内容进行打印了。

选中文本框单击右键，然后选择"设置文本框格式"，在弹出的对话框中选择"文本框"→"转换为图文框"即可，如图 15-8 所示。

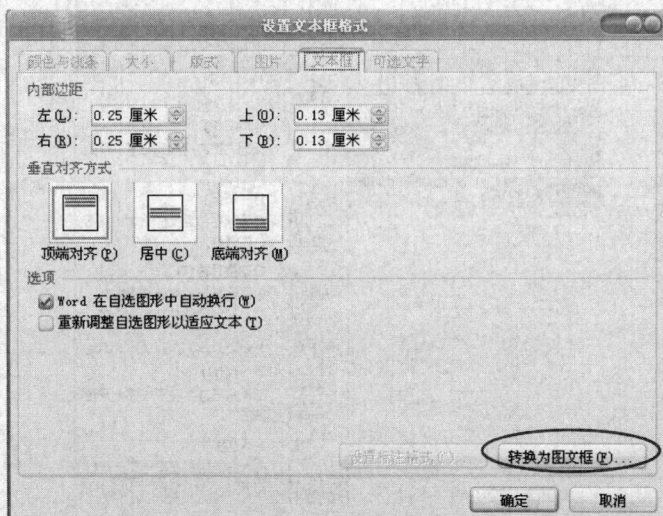

图 15-8　文本框转换成图文框

## 任务六　打印附加信息

如果希望在将要打印出来的文档里包含该文档的属性、批注等信息。那就单击 Word 的 Office 按钮，调出"打印"对话框再单击"选项"，在"打印文档的附加信息"栏里选择需要的附加信息，如该文档的属性、域代码等。设置完成后单击"确定"按钮，就可以开始打印了。如果你不希望打印这些不必要的附加信息，不选中该项即可，如图 15-9 所示。

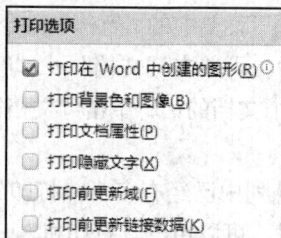

图 15-9　打印选项

## 任务七　同一文档中横向纵向页面打印

某些时候，文档中有些页面需要横排，有些页面需要竖排，这时就需要通过插入分隔符来帮助实现。

1. 先把光标定位在需要进行特别设置的页面最前端。选择"页面布局"→"页面设置"→"分隔符"→"连续"，如图 15-10 所示。

> 提示　节是文档的一部分。插入分节符之前，Word 将整篇文档视为一节。在需要改变行号、分栏数或页面页脚、页边距等特性时，需要创建新的节。

2. 把光标定位在该页面最末端，再插入一个"连续"分节符。

3. 选择"页面布局"→"纸张方向"→"横向"，如图 15-11 所示。

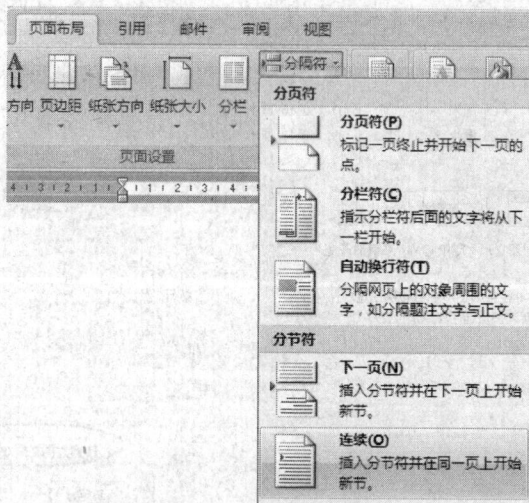

图 15-10　插入"连续"分节符

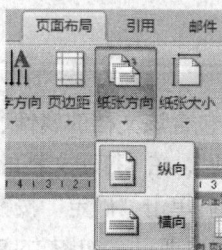

图 15-11　设置纸张方向

## 知识点小结

（1）了解打印机的使用方法，并学会打印文档的操作。

（2）学会为文档添加页码（培养为每篇文档都添加页码的习惯）。

（3）学习为文档添加水印，并能够对水印进行调整。

（4）学会使用网络打印机。

## 拓展训练

如果要将一张 A4 纸制作成类似报纸一样一页四版，该如何设置页码及打印？

## 知识链接

1. 分隔符

（1）分页符

想把标题放在页首处或是将表格完整地放在一页上，只要在分页的地方插入一个分页符就可以了。

在 Word 中输入文本时，Word 会按照页面设置中的参数使文字填满一行时自动换行，填满一页后自动分页，叫做自动分页，而分页符则可以使文档从插入分页符的位置强制分页。

若要把两段分开在两页显示时，把光标定位到第一段的后面，打开"插入"菜单，单击"分隔符"命令，打开"分隔符"对话框，选择"分页符"，单击"确定"按钮，在这里就插入了一个分页符，这两段就分在两页显示了。

要是又不想把这些内容分页显示，把插入的分页符删除就可以了。默认的情况下分页符是不显示的，单击"常用"工具栏上的"显示/隐藏编辑标记"按钮，在插入分页符的地方就出现了一个分页符标记，用鼠标在这一行上单击，按 Delete 键，分页符就被删除了。

分页符的快捷键：Ctrl+回车。

（2）分栏符

在设置分栏之后，Word 会自动添加一个分栏符，在每一栏的下方。但是如果分栏后的效果不理想（比如两栏不对称），你可以在需要分开的位置插入一个分栏符就可以重新定义分栏的位置。

（3）换行符

为了排版的需要会给标题设置一个比较大的段后间距，如果不使用换行符，而把这个标题分成两段的话，就要重新设置段落的格式，而换行符是把东西放到了另外的一行中，并没有分段，行与行之间还是只有行距在起作用，这样就不用再设置段落格式了。换行符主要是在那种要换行但又不想分段的地方使用

（4）分节符：为在一节中设置相对独立的格式页插入的标记。

① 下一页：光标当前位置后的全部内容移到下一页面上；

② 连续：光标当前位置以后的内容将新的设置安排，但其内容不转到下一页，而是从当前空白处开始。单栏文档同分段符；多栏文档，可保证分节符前后两部分的内容按多栏方式正确排版；

③ 偶数页/奇数页：光标当前位置以后的内容将会转换到下一个偶数页/奇数页上，Word 会自动在偶数页/奇数页之间空出一页。

2. 打印机种类

（1）针式打印机

针式打印机在打印机历史的很长一段时间上曾经占有着重要的地位，从 9 针到 24 针，可以说针式打印机的历史贯穿着这几十年的始终。针式打印机之所以在很长的一段时间内能长时间的流行不衰，这与它极低的打印成本和很好的易用性以及单据打印的特殊用途是分不开的。当然，它很低的打印质量、很大的工作噪声也是它无法适应高质量、高速度的商用打印需要的根结，所以现在只有在银行、超市等用于票单打印的很少的地方还可以看见它的踪迹。

（2）彩色喷墨打印机

彩色喷墨打印机（见图 15-12）因其有着良好的打印效果与较低价位的优点因而占领了广大中低端市场。此外喷墨打印机还具有更为灵活的纸张处理能力，在打印介质的选择上，喷墨打印机也具有一定的优势：既可以打印信封、信纸等普通介质，还可以打印各种胶片、照片纸、光盘封面、卷纸、T 恤转印纸等特殊介质。

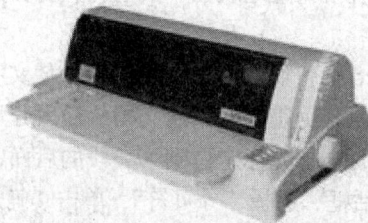

图 15-12　彩色喷墨打印机

（3）激光打印机

激光打印机则是近年来高科技发展的一种新产物，也是有望代替喷墨打印机的一种机型，分为黑白和彩色两种，它为我们提供了更高质量、更快速、更低成本的打印方式。其中低端黑白激光打印机的价格目前已经降到了几百元，达到了普通用户可以接受的水平。虽然激光打印机的价格要比喷墨打印机昂贵的多，但从单页的打印成本上讲，激光打印机则要便宜很多。而彩色激光打印机的价位很高，至少要三千元左右，应用范围较窄，很难被普通用户接受，在此就不过多地进行介绍了。

（4）一体机

一体机（见图 15-13），是数码速印机的一种，简单而言就是集传真、打印与复印等功能为一体的机器。其影像是通过油墨形成的，而不象复印机是通过碳粉形成。但是在操作及外形上，今天的一体机都像一台典型的复印机。一体机的工作原理与传统油印机相似，均是通过油墨穿过蜡纸上的细微小孔（小孔组成了与原稿相同的图像），将图像印于纸上。但其蜡纸并非传统油印机上用的蜡纸或扫描蜡纸，而是热敏蜡纸，由一层非常薄的胶片和棉脂合成的。因此，在这些胶片上制作非常细小的孔，这使得它能印出非常精细的高质量印刷品。

图 15-13　一体机

# 案例 16
## 会场设备布置

情景：会场风云

角色：

钱总（恒发房地产公司总经理）

小田（房地产公司行政部主管）

小李（小田的朋友）

故事：

恒发房地产公司刚搬迁了新的办公地点，年底将至，公司准备在新会议室召开一次董事会，由于这次会议规格比较高，参会的人员都是公司高层董事、监事、公司高级管理人员，于是钱总经理拨打行政部电话。

钱总："小田，你到我办公室来一下。"

小田："好的，马上到。"

小田接到钱总经理的电话，马上来到总经理办公室。

钱总："小田，我们公司定于下周一开一个年度股东大会，会场的各项布置工作交给你了。详细的会议安排在这本资料里面。"

小田："保证完成任务。"

小田回到办公室后，详细阅读了会议细则，然后有条不紊地安排各项工作，分别将相关工作任务分派给本部门的相关负责人。

最后一项内容是小田比较头痛的问题，也就是各种会议设备的布置和安装问题。由于小田是中文专业出身，只对本专业的相关知识比较了解，对设备和技术的知识是比较欠缺的。于是她想到了搞IT技术的小李，他拨打了小李的电话。

小田："小李，你好，公司下周要召开董事会，会议地点安排在二楼新会议室，相关的设备安装等工作老板也要我全权处理，没办法了，想了半天，只能麻烦你了。"

小李："你的事就是我的事，我来看看吧，出出主意是没问题的。"

小田："细节问题，你来我办公室，我把详情给你说说。"

小李："好的。"

小李来到行政部的办公室后，仔细阅读了会议的要求。

小李："我看了一下，这是间新办公室，东西都要全新配置，不过看来基本设备你都买好了，我的工作就是保证投影仪和笔记本电脑能正常连接和显示，笔记本电脑能正常无线上网，此外会议的音响效果能正常运行。"

小田："基本上是这样的，我参考了公司老会议室的设备，再考虑到过去会议中常用的东西，就把安装用的投影仪、投影幕布、笔记本电脑、无线话筒和无线接收器、音响和功放、无线路由器等都买好了，有些东西厂家帮忙装好了，可是有些东西，我实在是不懂，就只能找你了，跟你学学。"

小李："其实一点也不难。我来帮你，下次你就会弄了。"

## 任务分解

小李离开行政部办公室以后，仔细分析了会议材料，对自己的工作安排做了以下方面的设计和规划。

1. 设计好会议设备的摆放位置。分别对笔记本电脑，无线路由器和解调器，投影仪、幕布、无线话筒、接收器、音响和功放等设备的合理布局进行全面设计。大致设计效果图如图 16-1 所示。

图 16-1　会场设备分布图

2. 将笔记本电脑，进行分区，重新安装 Windows XP 操作系统和安装会议需要的各类软件（Office 2007 全套软件、输入法、解压缩软件、视频播放器等）。

3. 安装无线路由器，保证笔记本电脑能无线上网。

4. 安装好投影仪、幕布，调整好各项参数。

5. 对无线话筒和接收器进行调试和安装，对音响和功放进行安装。

## 任务实现

### 任务一：自己动手制作系统 U 盘安装盘。

准备如下原料。

- U 盘（或者同等功能的闪存设备）。
- ISO 系统镜像文件（也就是刻盘用的那个文件）。
- UltraISO 软件（可自行上网下载）。

操作步骤：

1. 用 Windows 把 U 盘格式化（FAT32 文件系统），在盘符上单击右键，格式化。
2. 安装 UltraIISO。
3. 打开 UltraISO，如果是 Windows 7 操作系统，打开时一定要用管理员身份运行如图 16-2 所示。

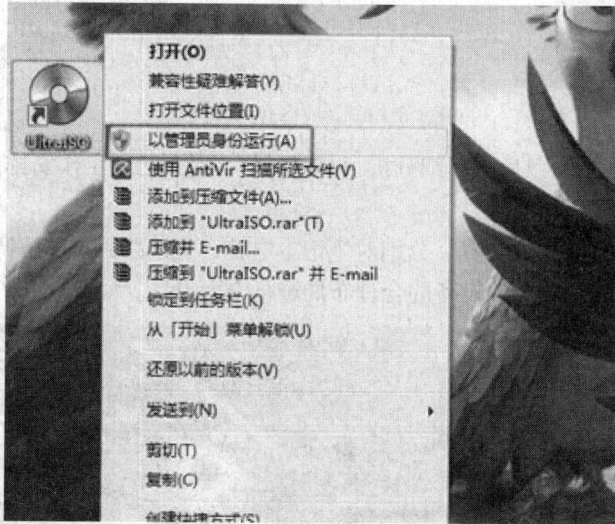

图 16-2　UltraISO 运行图

4. 选择"文件"菜单中的"打开"命令，如图 16-3 所示。

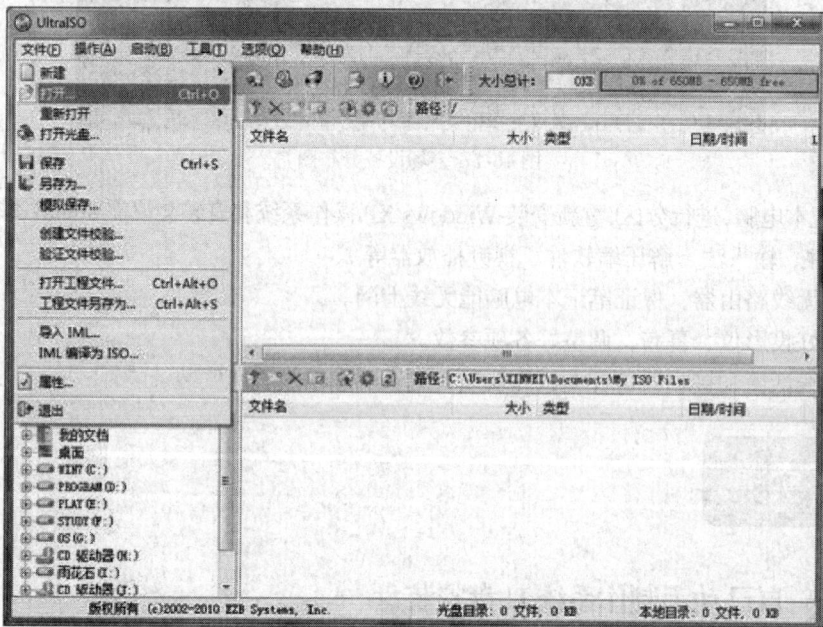

图 16-3　UltraISO 操作图 1

**提示**　ISO 系统镜像文件：早期的光盘刻录中，因为主机的速度无法满足需要，所以只能在刻录前将数据预先转换成使用 ISO-9660 格式的图像文件，然后再进行刻录。现在制作 ISO 文件还可以用于虚拟光盘，放 CD、玩游戏，用硬盘来虚拟光盘速度快，延长光驱寿命。

5. 选择镜像文件的位置，打开，如图 16-4 所示。

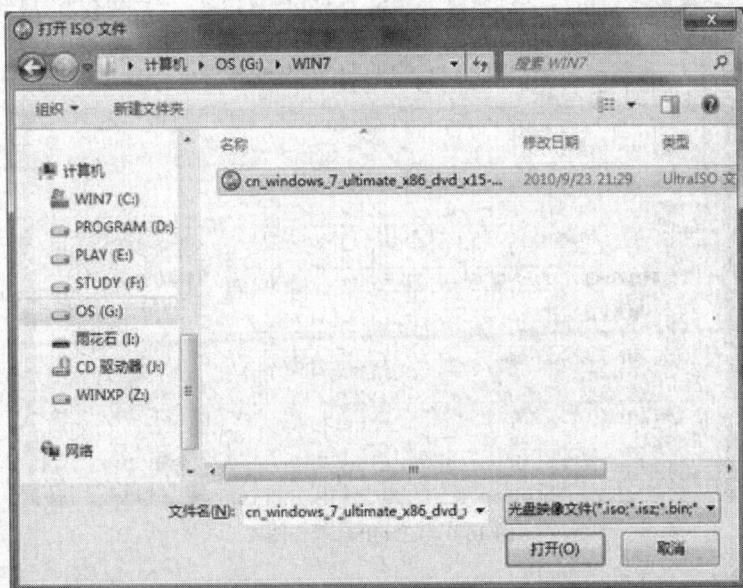

图 16-4　UltraISO 操作图 2

6. 选择"启动"菜单中的"写入硬盘映像"命令，如图 16-5 所示。

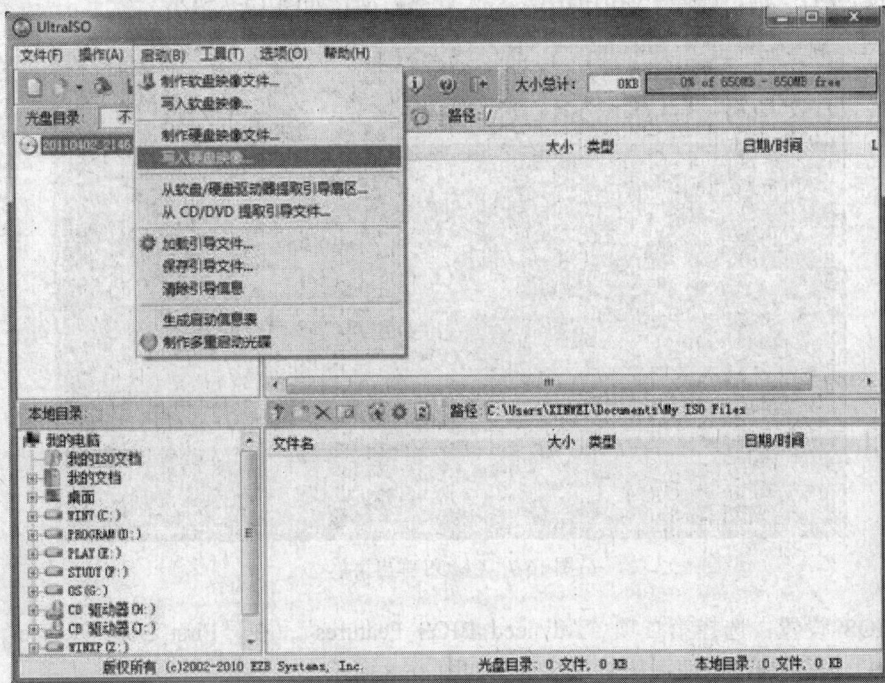

图 16-5　UltraISO 操作图 3

7. 然后出现如图 16-6 所示的窗口。硬盘驱动器——要刻的 U 盘的盘符。写入方式——默认就可以，如果有特殊要求可以修改。然后单击"写入"就行，我们第一步已经格式化了。等完成以后，就可以来装系统了，和其他光盘的用法一样，只是启动时候要选择 USB 启动即可。

图 16-6　UltralISO 操作图 4

## 任务二：安装操作系统

1. 开机后，选择 DEL 键，进入 CMOS 界面（或者快捷键设置，一般联想机器按"F12"键，方正机器按"F11"键，选择"USB-HDD"，从 U 盘启动，如图 16-7 所示。

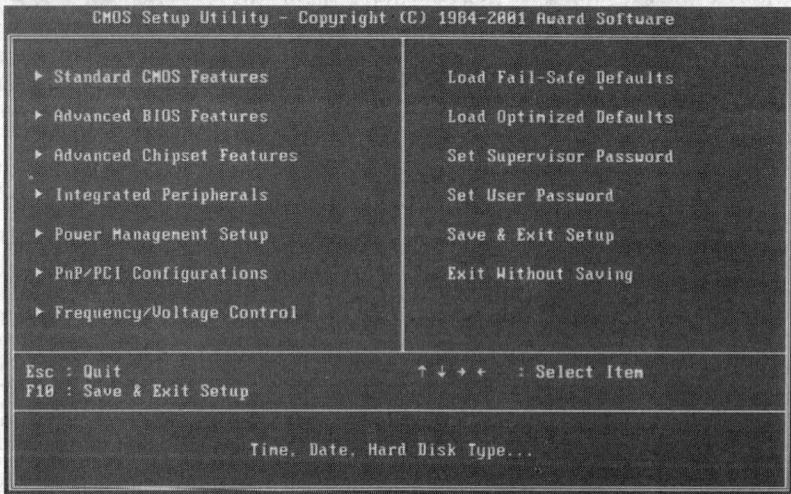

图 16-7　CMOS 弹出菜单

2. BIOS 设置：选择第二项"Advnced BIOS Features"，在"First Boot Device"中设置"USB-HDD"，再重启电脑即可从 U 盘启动，如图 16-8 所示。

3. 重启电脑，进入菜单选择项（见图 16-9），选择 Window PE 系统，如图 16-10 所示。

4. 选择硬盘快速分为 4 个区，如图 16-11 所示。

**提示**　CMOS 界面并不是一成不变的，不同品牌电脑的 CMOS 界面可能千差万别，进入方法也可以不同，笔记本与台式机更是不同，建议查看相关电脑的说明书，一般说明书中都会注明进入方法。

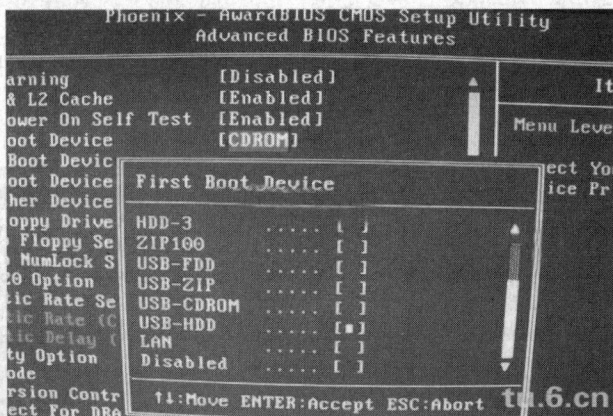

图 16-8　启动项设置弹出菜单

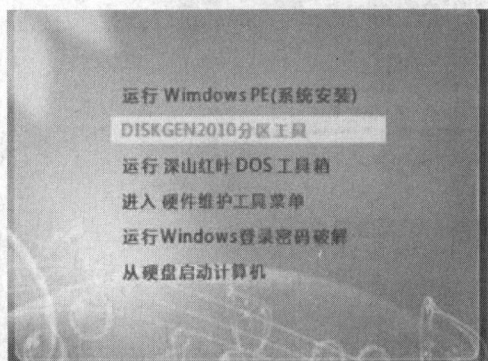

图 16-9　Winxp 选择菜单界面

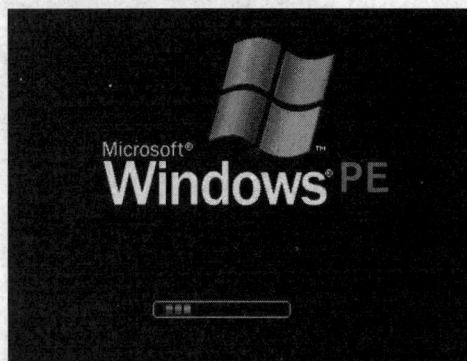

图 16-10　Windows PE 启动界面

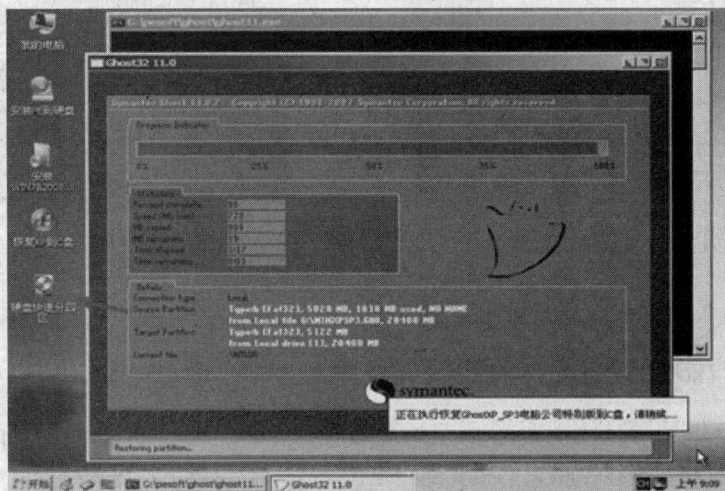

图 16-11　ghost 分区界面

图 16-8 所示界面就是前面用 ISO 文件制作的系统引导盘，引导系统启动后的界面。此类 ISO 文件在互联网上通过输入诸如"系统 ISO 镜像文件下载"等关键字就很容易找到。读者们也可以试试哟。

5. 分区结束后，然后单击桌面的"恢复 XP 到 C 盘"的图标，进入 ghost 版的 XP 安装过程，界面如图 16-12 所示。

6. ghost 版安装结束后，计算机将会自动重启，再次进入安装状态如图 16-13 所示，等待步骤结束后，进入 Windows XP 系统，如图 16-14 所示。

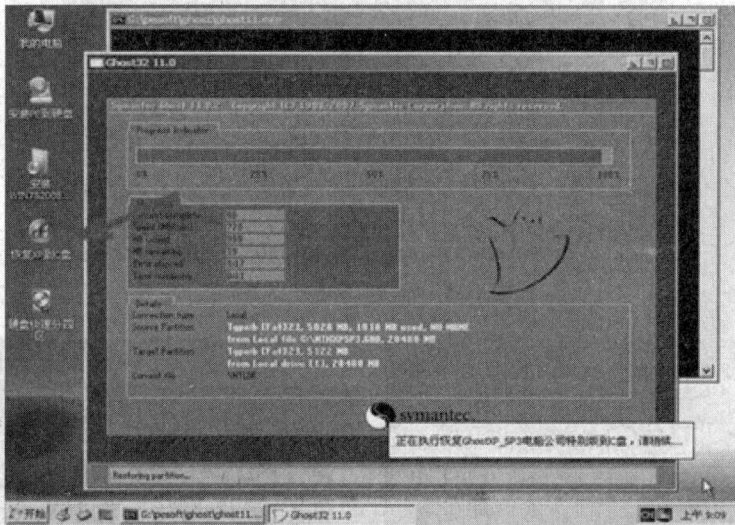

图 16-12　ghost 版 Windows XP 安装界面

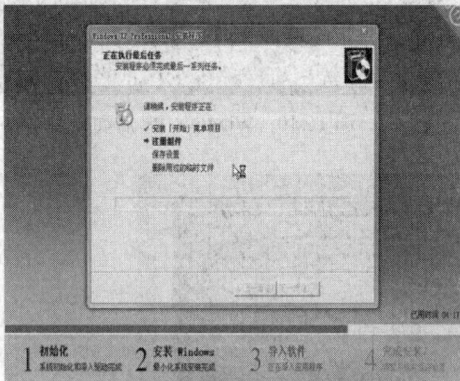

图 16-13　Windows 安装界面

图 16-14　Windows XP 安装结束后界面

7. 默认情况下，ghost 版 Windows XP 自带 Office 等常用软件，如需要单独安装，需另行介绍。

## 步骤三：投影仪与笔记本的连接与设置

1. 通过施工人员，将投影仪安装固定到天花板的指定位置，同时从投影背面只需要引两根线，分别是电源线和数据线，将它们布置到指定位置。一般情况下，电源线安装至统一电源管理箱进行统一管理，数据线则统一布置到笔记本电脑安放位置，如图 16-15 所示。

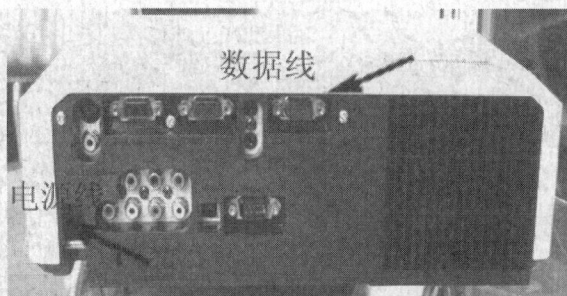

图 16-15　投影仪接口图

2. 笔记本的 RGB 接口只需要与投影仪的数据线的另一方连接即可。笔记本的 RGB 连接口如图 16-16 所示。

图 16-16　笔记本 RGB 接口图

> **提示**　将投影仪的数据线接好后，按 Fn 键，第一次切，投影仪显示，电脑不显示，第二次切，都显示，第三次切，投影仪不显示，电脑显示。各电脑按键会有所不同，在此介绍几种：TOSHIBA（Fn + F5），IBM（Fn + F7），Compaq（Fn + F4），Gateway（Fn + F3），NEC（Fn + F3），Panasonic（Fn + F3），Fujitsu（Fn + F10），DEC（Fn + F4），Sharp（Fn + F5），Hitachi（Fn + F7），Dell（Fn + F8）。

3. 在所有接口链接后，打开电源。先开投影机，投影仪开完后再将控制板上按钮单击到笔记本上，再打开电脑。以便投影机接收电脑信号。使用完成后，电脑和投影仪可以一起关闭，然后在断电的情况下将接头拔掉。

如果在电脑打开后还是没有信号，就将信号进行切换，此时需要按住笔记本电脑的 Fn 键，来完成投影仪的视频显示。

## 步骤四：无线路由的连接与设置

企业高层的领导一般都配有笔记本电脑或平板电脑等设备，其重要资料都会随身携带，因此在会议室很有必要配备无线网络，下面将对笔记本电脑连接无线网络的准备工作进行详细介绍。

### 1. 硬件安装

（1）将电源接头接上无线路由器背面的电源孔，然后将另一端接上电源插座。稍候约 30 秒，待无线路由器激活完毕后，再进行下一步连接动作，电源接口如图 16-17 所示。

（2）将连接至 ADSL/Cable Modem 的网络线接上广域网端口（WAN），如图 16-18 所示。

（3）完成连接设定之后，无线路由器的指示灯应该为：

① Power：灯恒亮。

图 16-17　无线路由电源接口图

图 16-18　无线路由数据线接口图

② Status：灯约每秒闪烁一次。

③ WAN：灯不定时闪烁。

④ WLAN：灯闪烁。

⑤ LAN 1-4：指示灯闪烁。

## 2. 软件设置

（1）检测笔记本电脑是否有无线信号，如果有则双击此图标，选择查看无线信号，如图 16-19 所示。

（2）找到自己无线路由器的型号，双击后完成连接，如图 16-20 所示。

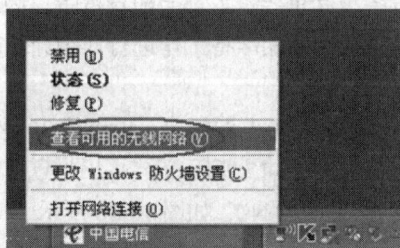

图 16-19　笔记本电脑无线信号图

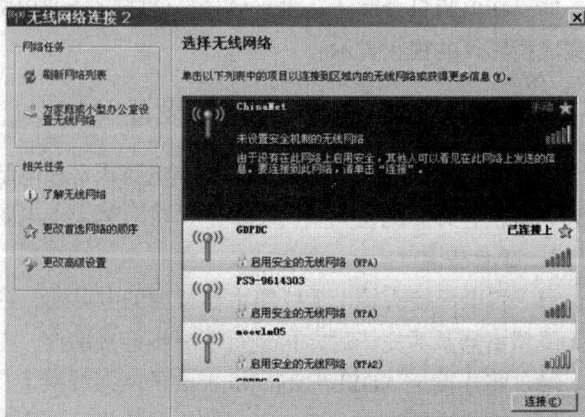

图 16-20　笔记本电脑无线网络连接成功图

（3）正确连接到路由之后，我们只需要打开 IE 浏览器，在地址栏输入：192.168.1.1，用户名：admin，密码：admin，即可进入 TP Link 路由器内部的设置页面了，如图 16-22 所示。用户名密码标贴就贴在路由器的底部，大家注意看一下，实际上所有品牌的路由器都是这样设计的，但是初始 IP 地址和用户名可能不同而已；当一切都设置正确之后，就进入如图 16-22 所示界面了。

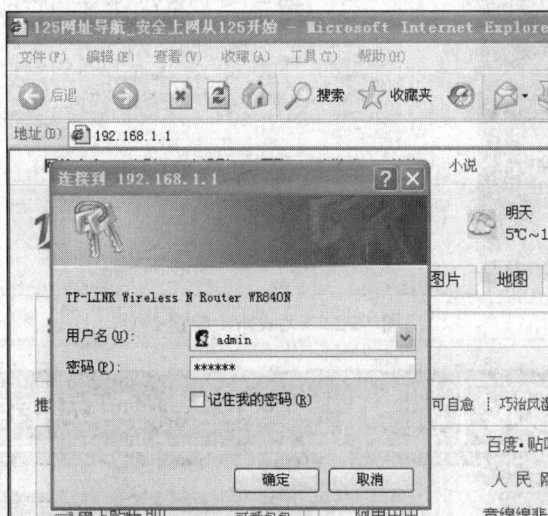

图 16-21　笔记本电脑无线网络连接成功图

（4）进入无线路由器配置界面，选择设置向导，再单击"下一步"，选择路由器自动上网方式，如图 16-23 所示。

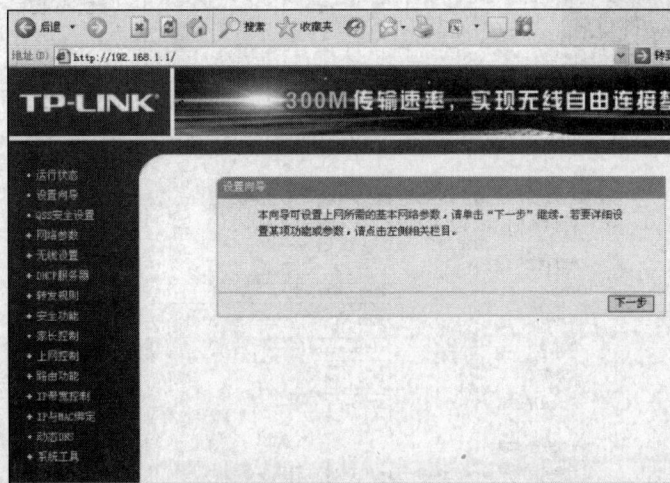

图 16-22　无线路由配置 1

（5）完成网络检测以后，出现输入提示框，要求填写 IP 地址，子网掩码，网关，DNS 服务器，备用 DNS 服务器等内容，如图 16-24 所示。

（6）然后分别对无线状态、SSID、信道、模式、密码等内容进行填写和设置，具体内容如图 16-25 所示。

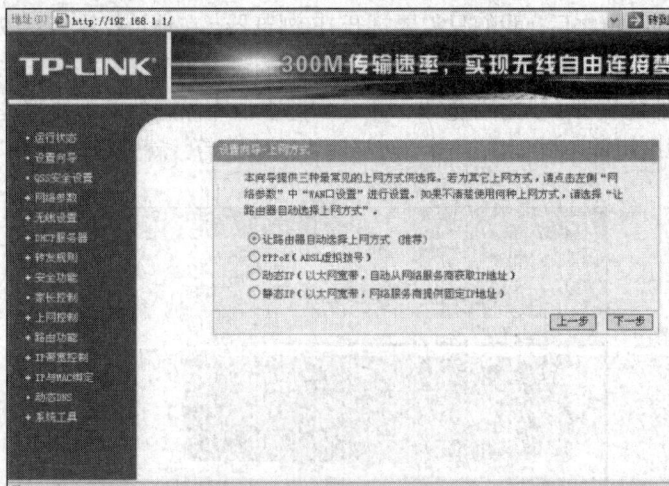

图 16-23　无线路由配置 2

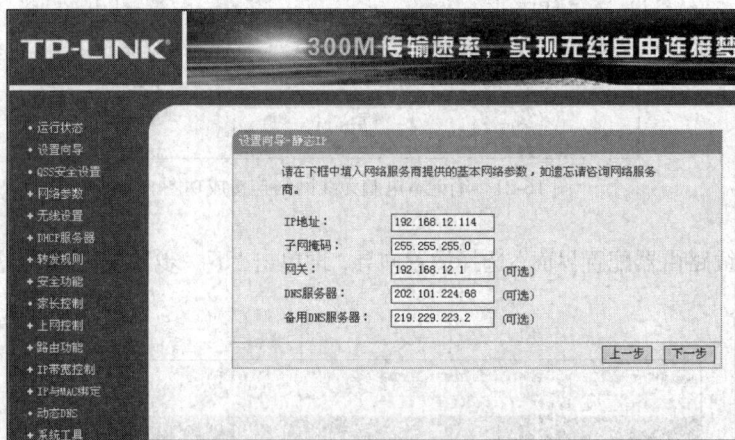

图 16-24　无线路由配置 3

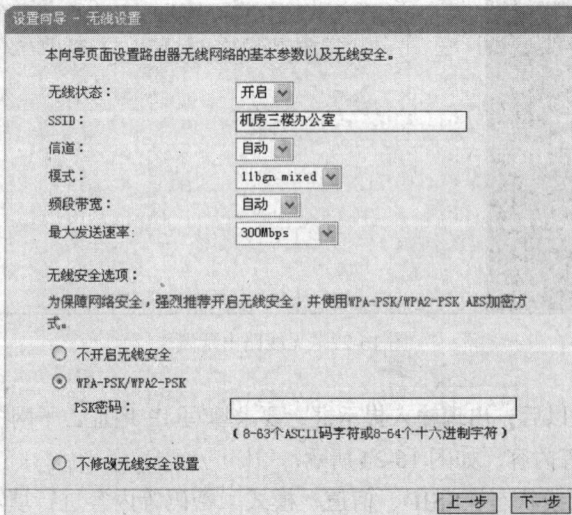

图 16-25　无线路由配置 4

（7）完成以上设置以后，单击"下一步"按钮后，再确认完成，如图 16-26 所示。

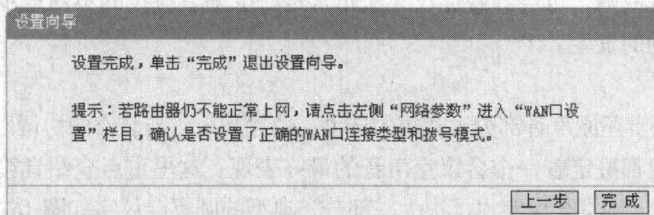

设置向导

设置完成，单击"完成"退出设置向导。

提示：若路由器仍不能正常上网，请点击左侧"网络参数"进入"WAN口设置"栏目，确认是否设置了正确的WAN口连接类型和拨号模式。

上一步　完 成

图 16-26　无线路由配置 5

## 步骤五：音响设备的设计与布置

会议作为人们沟通交流的常用媒介，在日常工作和生活中起着不可或缺的重要作用。随着科技的飞速发展，会议本身的规模与方式也在发生着大的变革。从最初的面对面的谈话到可以节省大量时间与成本的视频会议；从最初简单的扩声设备到现代日趋完善的会议系统。所有的变化发展都是为了更好地实现会议集中解决问题、统一认识、上传下达的重要功能。音响系统作为会议系统的重要组成部分，随着会议系统在弱电行业中地位的不断提升而变得越来越重要，这就要求系统设计人员改变以往的观念，从应用的角度来考虑设计，从操作者的角度去考虑方案的可行性，从运行的角度来考虑系统的稳定性等，这些方面在设计时必须加以重视。本节从设计的角度谈谈会议系统中的音响设计。

音响系统中按信号的流程来分，主要分为以下几大部分：音源、信号的传输处理及转发、声音的还原等。

1. 音源话筒是音响系统中最主要音源，其他如 CD、DVD、卡座等音源可根据实际需要进行配置。会议系统中最常用的话筒有：手拉手类型的话筒（见图 16-27）和独立式鹅颈会议话筒（见图 16-28）。独立式鹅颈话筒不论在频响范围还是在动态范围的指标均远远高于手拉手式话筒，因此在一些较重要场合，推荐使用独立式鹅颈话筒。

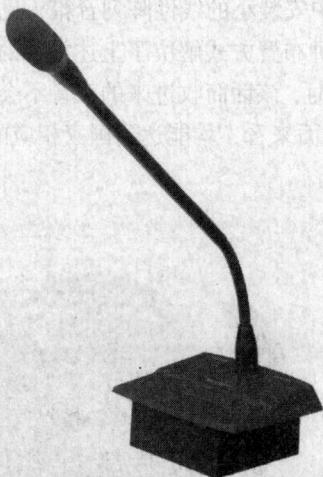

图 16-27　手拉手话筒　　　　图 16-28　独立式鹅颈话筒

2. 信号处理和转发

传统的信号传输均采用模拟的方式，实际运用中经常出现话筒与前级设备线路过长导致出现线路噪声、声音音质变差，不论处理设备如何调节，均达不到理想效果。另外，核心处理设备由于某些原因突然出现故障，也会导致会议无法正常进行。随着科技的不断进步，利用网络传输技术即可避免上述问题的发生。

3. 音响还原

音箱在系统中负责还原声音部分。音箱的选型、位置摆放、与装修的协调以及是否易于音响系统的整体调试等因素都决定着一个会议室声音的最终表现。这里重点介绍音箱的选型及位置的摆放。在各类会议室中，圆桌会议室占了很大一部分，典型的圆桌会议室如图 16-29 所示。

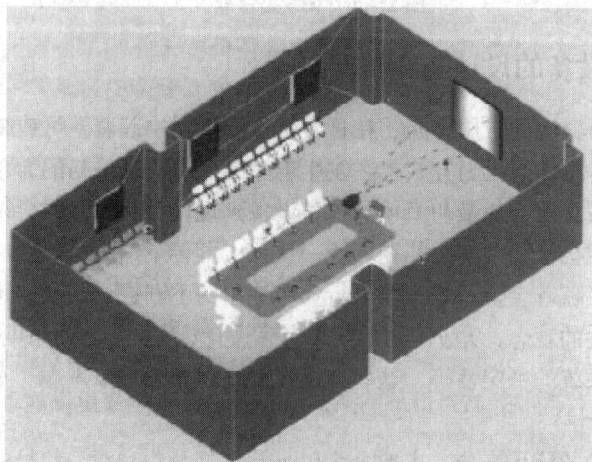

图 16-29　圆桌会议室

通常情况下，这种会议室采用主音箱支架摆放的形式或者是采用吸顶音箱均匀布置在会场上空的方式。这两种方式各有优缺点，采用主扩声的方式，难以达到很好的声场均匀度，系统容易出现啸叫，系统调试困难；而采用吸顶音箱的方式虽然解决了声场均匀度的问题，但从会议室的整体来看，由于有投影的存在，存在声像定位问题。整个会议室的声场和效果会达到一个更高的水平。以类似的圆桌会议室为例，在投影幕的两侧居中安装小的线性阵列音箱（见图 16-30），在圆桌的上方均匀布置 6 只吸顶音箱（见图 16-31），这种布置方式解决了上述常见的问题，运用了媒体知阵中的"减法原理"（音箱正下方的话筒在开启时，该话筒收进来的声音不会从这只音箱送出），整个会议室不论从声场，还是语言的清晰度等方面来看，均能达到国家相应的标准要求。

图 16-30　阵列音响

图 16-31　吸顶音响

经过一番紧张的忙碌，在小李的指导帮助下，小田总算把会议室所有的设备调试连接成功，小田说："原来这些东西看起来都很专业，真正搞起来也并不麻烦，只是不懂有些设置为什么要那样搞。""呵呵，想懂原理就要多关心些相关专业知识了，不过一般人如果多看看说明书，多看看《电脑报》、《电脑爱好者》之类的杂志，又敢于动手的话，其实像你这么聪明，不用专门学都能做好的。"小李说。小田开心地说："哈哈，这是你夸我了，冲你说这么好听的话，走，请你吃好吃的，你看看我们去哪儿？"

## 知识链接

1. 会议室的分类

会议室分为普通会议室（只用于普通的日常小型会议）、多功能会议室（在计算机的支持下增添的视频会议、单位内部的会议联欢、报告、讲演交流等）、多媒体会议室（除会议功能外还要具备教学功能）。

2. 会议室设备配置的基本要求和实际配置方法

科学的配置方法应该是按照会议室的平方数量和音箱定义的功率成正比即：$1W/1m^2$，这样整个会议室的声场是均匀的，不会产生声场死角和功率过剩的现象，但在实际配置的过程当中我们要考虑：

（1）需求方所使用的场地的形状（实际长度和宽度）；

（2）参与会议人员的数量（会议室的面积与参会的人员数量是否比例合适）；

（3）使用方投资会议室等各种因素（在配置的现实中最重要的一点：使用方想在设备上的投资力度决定了设备配置的饱和度和档次）；

（4）内部设置（内部装修情况也对配置有较高的要求，如果装修较为光滑，设备功率必须要低一些，不然设备的啸叫现象很难调整）。

3. 会议室的环境条件

（1）会议室形状长宽高均要合适：长及宽要考虑后排或侧面的代表席视线、视角良好，特别是主会场要保证代表席能直接看到主席台。层高太低，会影响会场声音重放的效果；层高太高，由于声音质量与声场环境关系密切，会间接限制扩声扬声器的布置方式，影响会议形式的多样性，如电视电话会议室或圆桌会议等。

（2）音质混响时间的准确控制对会议室的使用有着重要的影响，是保证会议室正常工作时操作人员与外界对话、听音清晰准确的必要条件。因此，会议室内部应做适当的声学处理以满足其使用要求，并确保大厅内不应有颤动回声以及声聚集焦等声学缺陷。如至少要确保主席台背景墙及对面不应有大反射面，宜为宽频带强吸收装修；当有玻璃窗之类大面积硬反射面时，应设置高效吸声窗帘，并避免与对墙平行。

（3）会议室预计将主要受到由空调系统引起的噪声及串声干扰。在空调系统的设计中应严格根据空调系统噪声标准进行降噪处理；对于工作噪声较大的投影设备，除了在装修时进行吸声降噪处理外，还应在设备定型后由声学专业、设备厂商、建筑等各专业配合进行针对性隔声隔振处理，如隔声门窗等。另外，周围用房也将对会议室产生噪声及振动影响。会议室要正常工作，根据 GB/T50356-2005《剧院、电影院、多用途厅堂建筑声学设计规范》，参考其他标准和业主方的实际使用需求，室内各频带的背景噪声（空调系统运转）应不劣于 NR-30 规定的限值。同时，应采取必要的措施以减少会议室对外界办公用房的影响。

（4）灯光系统会议室室内照明主要采用高光效、可调光节能灯具和暗藏的荧光灯具；以冷光源为主、暖光源为辅的混合照明方式。配合系统稳定、运行可靠的灯光控制系统，达到经济实用、控制简便的设计目的，并可通过串口连接到其他设备，满足并实现多点控制的要求。

（5）配电与接地工艺用电与灯光用电应各自独立，即保证工艺用电不与其他动力电或含可控硅设备的电源同线，使用专用接地极，阻抗<1Ω，引至控制机房。

4. 多功能会议系统

（1）多功能会议室显示系统

多媒体显示系统由高亮度、高分辨率的液晶投影机和电动屏幕构成；完成对各种图文信息的大屏幕显示。由于 会议室 面积较大，为了各个位置的人都能够更清楚地观看，整个系统设计了2套投影机显示系统。

（2）多功能会议室 A/V 系统

A/V 系统由 4 台计算机、摄像机、DVD、VCR（录像机）、MD 机、实物展台、调音台、话筒、功放、音箱、数字硬盘录像机等 A/V 设备构成。完成对各种图文信息（包括各种软体的使用、DVD/CD 碟片、录像带、各种实物、声音）的播放功能；实现多功能厅的现场扩音、播音，配合大屏幕投影系统，提供优良的视听效果。并且通过数字硬盘录像机，能够将整个过程记录在硬盘录像机中。

（3）多功能会议室工程环境系统

会议室环境系统由会议室的灯光（包括白炽灯、日光灯）、窗帘等设备构成；用于对整个会议室环境、气氛的改变，以自动适应会议的需要；譬如播放 DVD 时，灯光会自动变暗，窗帘自动关闭。

（4）智能型多媒体中央控制系统

采用目前国内档次最高、技术最成熟、功能最齐全，用途最广的 SVS（迅控）中央控制系统，实现多功能会议室工程各种电子设备的集中控制。要求操作简单、人性化、智能化；要求整个系统可靠性高；尽量多地体现出各种设备的卓越功能，让所有设备工作在最佳状态，发挥设备的最大功效；能够控制 DVD、录像机、MD 进行播放、停止、暂停等功能；能够控制投影机，进行开/关机、输入切换等功能，并能够控制电动吊架、屏幕，实现上升、停止、下降等功能；能够控制实物展台进行放大、缩小等功能；能够控制音量，进行音量大小的调节功能；能够控制 A/V 矩阵、VGA 矩阵，实现音视频、VGA 信号自动切换控制功能 ；能够控制房间的灯光和窗帘，自动适应会议的需要。

拓展训练

利用大白菜制作 U 盘启动系统，安装 Windows 7 操作系统，并安装 Office 2007 软件和视频播放软件。

# 案例 17
# 商务设备使用实例

## 情境再现

情景：商务办公

角色：

钱总（恒发房地产公司总经理）

小张（房地产公司总经理秘书）

小红（房地产公司行政部文员）

故事：

小张所在的恒发房地产公司公司最近与美国一家上市公司讨论一个开发项目，共同对我国云南的生态旅游区进行全面综合开发，最终达成共同开发项目的合同。

> **提示** 传真机是应用扫描和光电变换技术，把文件、图表、照片等静止图像转换成电信号，传送到接收端，以记录形式进行复制的通信设备。

商务洽谈即将开始，钱总把小张叫到自己办公室，布置相关工作。

钱总："这是我草拟的文件，下周将正式与美方洽谈，你全部录入电脑并打印 12 份，其中一份发到美方"。

小张："好的，我去办。"

小张回到办公室后，找来行政部的文员小红一起完成这个工作。先由小红负责文件的录入工作，并将录完的文件打印一份交给小张审核校对，经过一天的准备，小红提前完成工作，并将文件的打印稿交给了小张。

小张："你的工作完成得很快呀，真的很棒，有一些小的笔误我已经处理好了，你可以复印 12 份，并传一份给美方。"

小红："谢谢夸奖。"

第二天，钱总收到美方的电话，说文件的效果图不清楚，需要彩色的图片作为附录，并重新发给美方。于是钱总拨打了小张的电话。

钱总："美方对我们项目当中的设计图片，要求用彩色图片显示出来，并重新传给美方，时间比较紧，请速办。"

小张："我现在就去安排工作。"

小张找来小红，把这个事通告了一下。

小红："我们这里只有黑白复印机和黑白的传真机，彩色的图片我没办法搞定，其实美方都有网络，我们可以直接用网络把文件扫描后传过去，对方直接用电脑看，也可以用彩色打印机打印出来，比传真好多了，只是公司没有扫描仪。"

小张："好主意，扫描仪听说也就几百元钱，小意思，现在去买嘛，反正今后还会用。"

经过一番忙碌，美方终于看到了他们需要的效果图，十分满意。钱总专门表扬了小张和小红，称赞他们出色的随机应变的工作能力，为项目的成功做出了贡献。

扫描仪（scanner）是一种计算机外部设备，通过捕获图像并将之转换成计算机可以显示、编辑、存储和输出的数字化输入设备。

## 任务分解

小红作为公司行政部的文员，全程参与了这次商务洽谈资料的录入、整理、编辑、排版、输出、校对等工作，具体涉及文件打印、文件传真、文件复印、文件扫描和互联网文件传输5个重要环节，这5个环节需要使用到常用的办公设备。下面将在任务实现当中详细介绍这5个环节的全面实现。

## 任务实现

## 一、打印机使用环节

小红对总经理秘书发来的文件首先要进行了全面的电脑录入工作，录入工作结束以后，再进行排版和格式字体的规范工作，然后再进行初稿输出工作。由于案例15对打印的基本要求进行了介绍，这里就不重复说明了，在这个环节当中，补充介绍一下打印机使用的准备工作和硬件使用的知识。

打印机的安装分两个步骤：硬件安装和驱动程序安装。这两个步骤的顺序不定，视打印机不同而不同。如果是串口打印机一般先接打印机，然后再装驱动程序，如果是USB口的打印机一般先装驱动程序再接打印机（具体见说明书要求）。

1. 打印机硬件安装

实际上现在计算机硬件接口做得非常规范，打印机的数据线只有一端在计算机上能接，所以不会接错。

2. 驱动程序安装

如果驱动程序安装盘是以可执行文件方式提供的，则直接运行SETUP.exe就可以按照其安装向导提示一步一步完成。

如果只提供了驱动程序文件，则安装相对麻烦。这里以Windows XP系统为例介绍。首先打开控制面板，然后双击面板中的打印机和传真图标，如图17-1所示。

接着弹出如图17-2所示窗口。

这个窗口将显示所有已经安装了的打印机（包括网络打印机）。安装新打印机直接单击左边的添加打印机，接着弹出添加打印机向导，如图17-3所示。

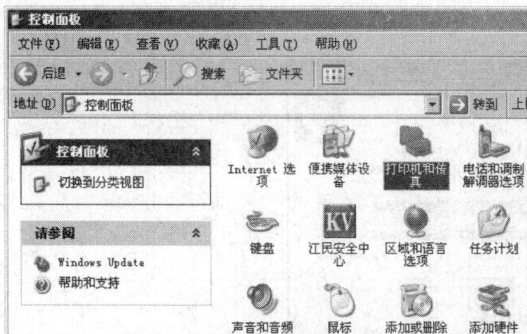

图 17-1　打印机驱动安装步骤显示图 1

图 17-2　打印机驱动安装步骤显示图 2

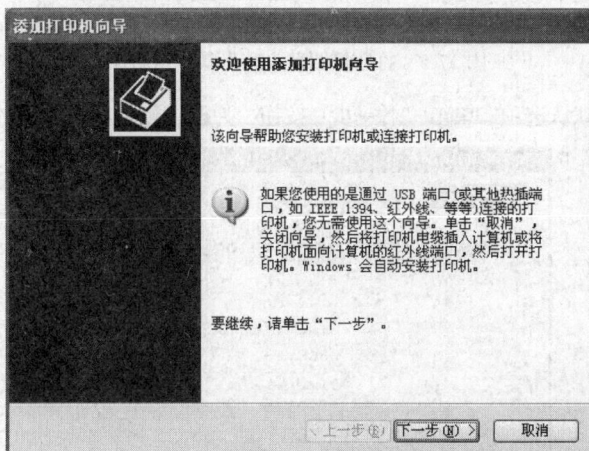

图 17-3　打印机驱动安装步骤显示图 3

单击"下一步",出现如图 17-4 所示窗口,询问是安装本地打印机还是网络打印机,默认是安装本地打印机。

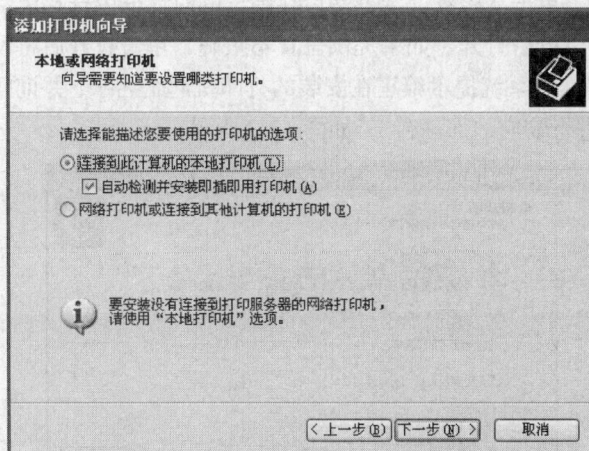

图 17-4　打印机驱动安装步骤显示图 4

(1)如果安装本地打印机直接单击"下一步"按钮,系统将自动检测打印机类型,如果系统里有该打印机的驱动程序,系统将自动安装。如果没有自动安装则会报一个错,单击"下一步"

按钮出现如图 17-5 所示窗口。

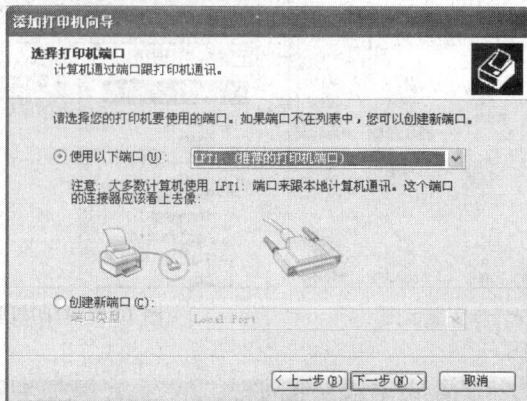

图 17-5　打印机驱动安装步骤显示图 5

（2）这里一般使用默认选项，单击"下一步"按钮，弹出询问打印机类型的窗口，如图 17-6 所示。

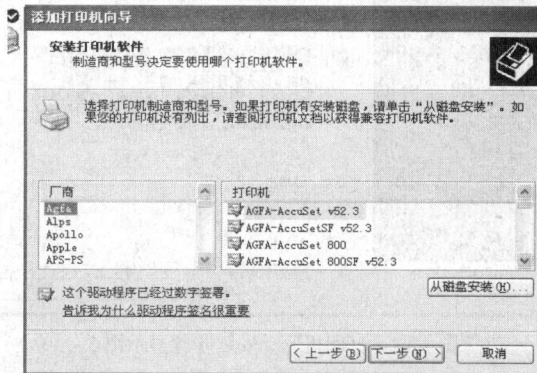

图 17-6　打印机驱动安装步骤显示图 6

（3）如果能在左右列表中找到对应厂家和型号，则直接选中然后单击"下一步"；如果没有则需要提供驱动程序位置，单击从磁盘安装，然后在弹出的对话框中选择驱动程序所在位置，如软驱，光盘等，找到正确位置后打开（如果提供位置不正确，单击打开后将没有响应，提示重新选择），系统将开始安装，然后系统提示给正在安装的打印机起个名字，并询问是否做为默认打印机（即发出打印命令后，进行响应的那一台），如图 17-7 所示。

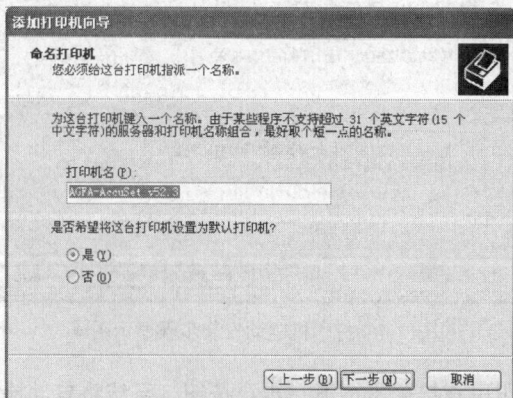

图 17-7　打印机驱动安装步骤显示图 7

（4）选择后单击"下一步"。然后出现如图 17-8 所示窗口，询问是否打印测试页，一般新装的打印机都要测试。

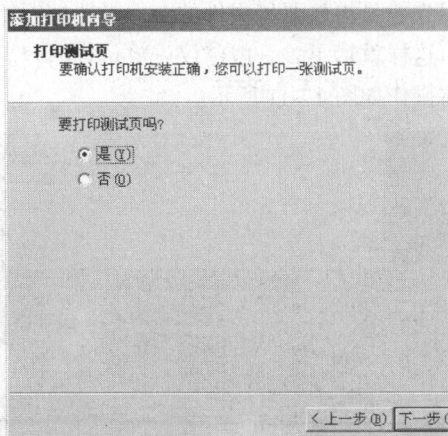

图 17-8　打印机驱动安装步骤显示图 8

（5）选择后单击"下一步"，最后单击"确定"按钮，完成整个安装过程。

## 二、传真机使用环节

传真机的品牌比较多，操作功能各有不同，下面介绍通用的传真机基本的操作步骤，具体如下所示。

1. 首先把传真机的盖子打开，再将要传真的内容放入传真机里面，如图 17-9 所示。

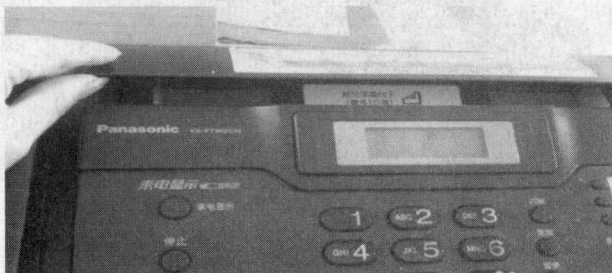

图 17-9　传真机使用步骤显示图 1

2. 根据提示将要传真的内容放好就可以了，要传的内容是向下的，如图 17-10 所示。

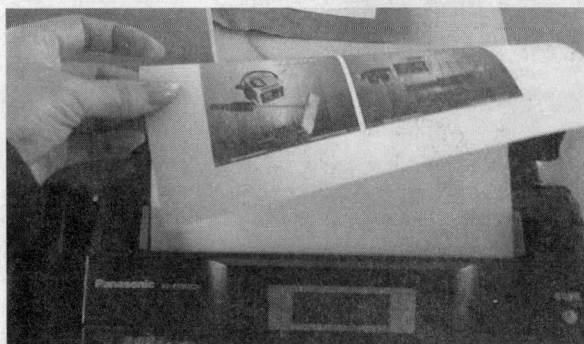

图 17-10　传真机使用步骤显示图 2

3. 然后就是拨号了，这里有两种方式了，一般传真的时候号码没有单独记下来，可以先拨号，然后按监听键，这样就相当于按了电话的免提键，传真机会有外音，或者如果不需要外音直接将话机提起就可以，另外还可以先拨号再放要传文件的，但是要把握好速度，不要等电话接通了信号已经给了，内容还没放好，这样就糟了，一般建议先放传真内容。总之只要保证在电话接通前把文件放好就没问题了。具体操作如图 17-11 所示。

图 17-11　传真机使用步骤显示图 3

4. 拨通之后，听到"滴"的信号声，此时按下"传真/开始"按钮，如图 17-12 所示。

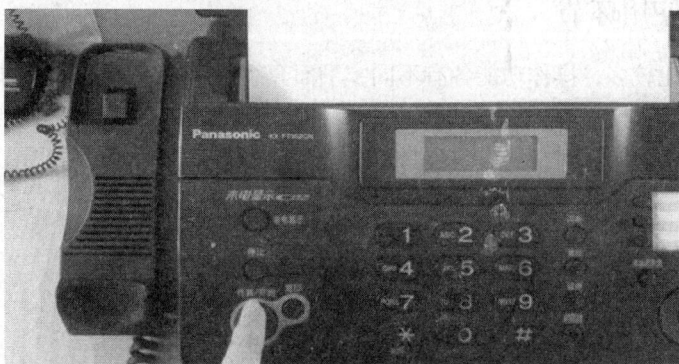

图 17-12　传真机使用步骤显示图 4

5. 挂了听筒，传真就会自动传送了，如图 17-13 所示。

图 17-13　传真机使用步骤显示图 5

6. 一般传真速度不是很快，耐心等待一下，等传真机将传真纸张吐出来，传真就发送完毕了，如图 17-4 所示。

图 17-14　传真机使用步骤显示图 6

7. 最后，要把传真机盖子盖好，以防进灰尘等其他东西，影响机器的使用寿命。

## 三、复印机使用环节

下面针对复印机的基本功能进行介绍。

1. 首先打开复印机电源，电源开关的具体位置因不同的复印机而有所不同，一般开关处于面板上方或者机体两侧，如图 17-15 所示。

图 17-15　复印机使用步骤显示图 1

2. 打开复印机开始预热，当预热时间结束后，面板指示灯提示复印机可以正常开始使用了，如图 17-16 所示。

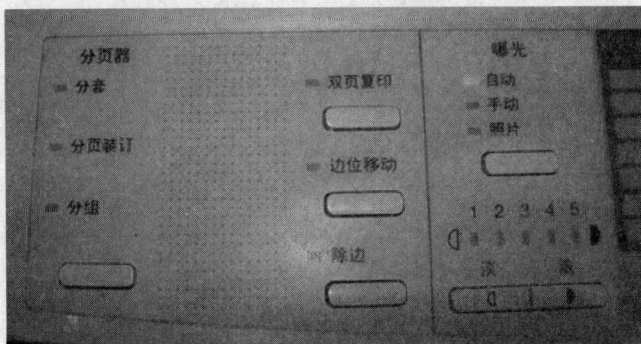

图 17-16　复印机使用步骤显示图 2

3. 检查操作面板上的各项指示是否正常，主要包括：可以复印信号显示，纸盒位置显示，复印数量显示，复印浓度显示，纸张大小显示，所有指示灯正常才能使用，如图 17-17 所示。

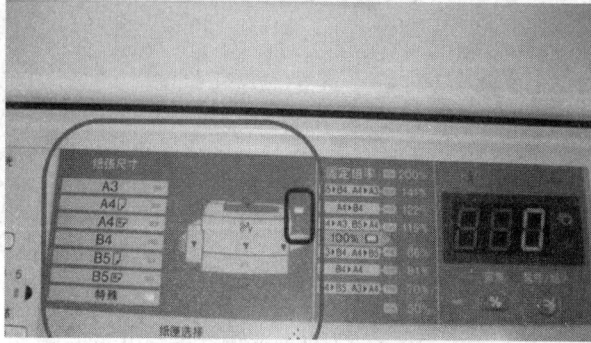

图 17-17　复印机使用步骤显示图 3

4. 检查纸张是否正确摆放，以及有足够数量的纸张在进纸口的位置。

5. 放置原稿，注意原稿不要有复印钉，涂改液干透，字迹清晰等。此外还要注意原稿的大小不要超过复印输出后的纸张大小、否则分开复印，如图 17-18 所示。

图 17-18　复印机使用步骤显示图 4

6. 掀开复印机上盖，要注意原稿有字一面朝下，对准大小刻度提示，原稿纸张平整并且原稿从最后一页开始，顺序摆放。

7. 在控制面板上设定复印的份数，按下设定复印份数，如果按错，可以选择 C 键重新设置复印数量，如图 17-19 所示。

图 17-19　复印机使用步骤显示图 5

8. 最后按复印按键，可以完成复印。

## 四、扫描仪使用环节

1. 扫描仪硬件连接

扫描仪品牌和种类虽然较多，但扫描仪硬件安装方法大致相同，首先接好扫描仪电源线，需要将电源变压器插入扫描仪的电源插槽，然后将电源变压器另外一头插入接地的交流电源插座上。其次插好扫描仪的数据线，也就是将 USB 连接线的方形接头插入扫描仪后方的 USB 端口。再将此 USB 连接线另一端的长方形接头插入计算机主机后方的 USB 端口，如图 17-20 所示。

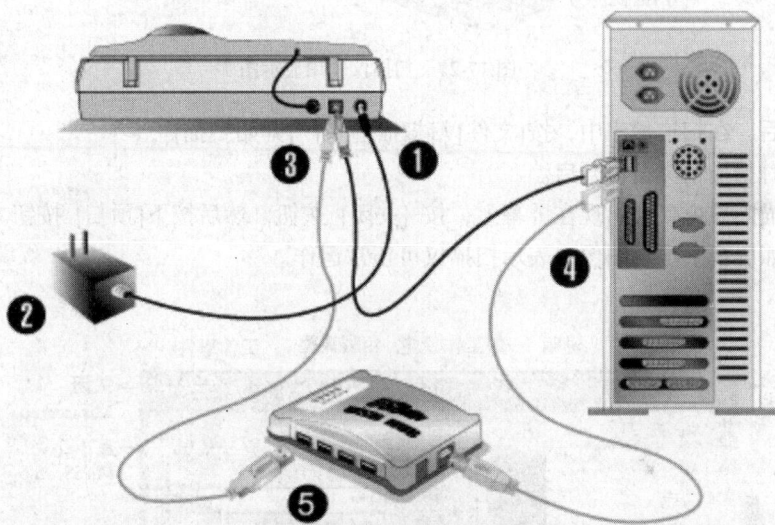

图 17-20　扫描仪硬件连接显示图

图 17-20 中的具体标识解释如下所示：

（1）将电源变压器插入扫描仪的电源插槽。

（2）将电源变压器另外一头插入接地的交流电源插座上。

（3）将 USB 连接线的方形接头插入扫描仪后方的 USB 端口。

（4）将此 USB 连接线另一端的长方形接头插入计算机主机后方的 USB 端口。

（5）如要将扫描仪连至 USB 集线器 2，先确认集线器已连至计算机 USB 端口，接着再将扫描仪连接至 USB 集线器上。

2. 扫描仪的软件安装。

扫描仪的软件安装方法除了可以采取类似上文当中打印机的安装方法以外，还可以通过随机赠送的软件光盘进行安装。只要将扫描仪安装光盘放入光驱，自动运行光盘里面的内容，并按提示单击安装，或者手动运行光盘根目录下的 SETUP.EXE 文件来完成扫描仪软件的安装。

3. 扫描仪的使用

（1）掀开扫描仪的盖板，将相片面朝下平放在玻璃上、正前方对着扫描仪后方，如图 17-21 所示。

（2）轻轻盖回盖板。

（3）开启扫描仪的图像编辑程序。在 Windows 下按 [开始] / [程序]

（4）当扫描程序开启后，请按 [文件] / [扫描输入] / [选择设备] / [选定]。

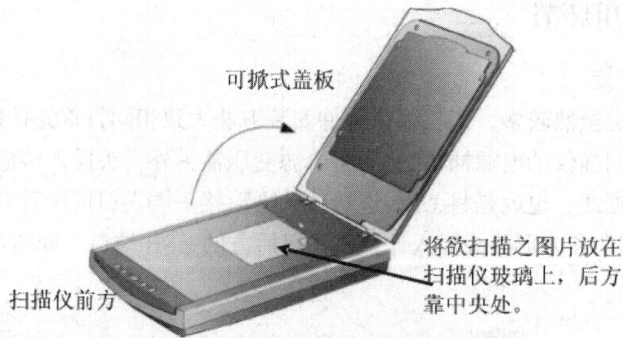

可掀式盖板

将欲扫描之图片放在
扫描仪玻璃上，后方
靠中央处。

扫描仪前方

图 17-21　扫描仪使用显示图 1

（5）随后，在扫描程序中，按[文件] / [扫描输入] / [开始扫描]。

（6）此时扫描精灵窗口开启。

（7）扫描向导窗口会出现在屏幕上，按 [关闭] 按钮，然后按下[预扫] 按钮。

（8）假如屏幕上出现图像，表示扫描仪可正常运作。

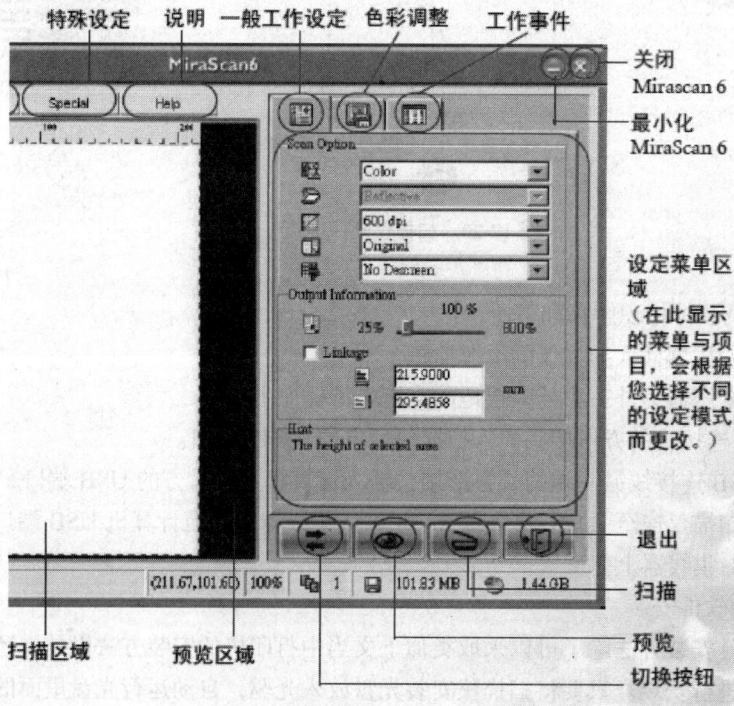

图 17-22　扫描仪使用软件功能图

## 五、网络传输文件

电子邮件是典型的网络传输文本和文件的方式，下面介绍电子邮件的基本使用方法。

1. 注册账号是先决条件（以 126 邮箱为例进行说明），登录 www.126.com 网站后，单击注册，进入信息填写界面，如图 17-23 所示。

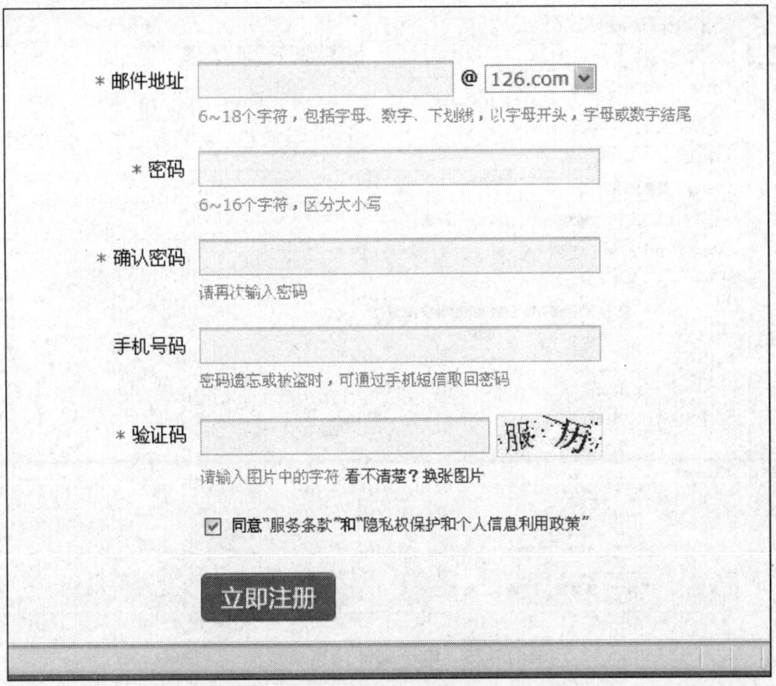

图 17-23　邮箱注册界面图

2. 登录 www.126.com 网站后，填写用户名和密码登录邮箱，如图 17-24 所示。

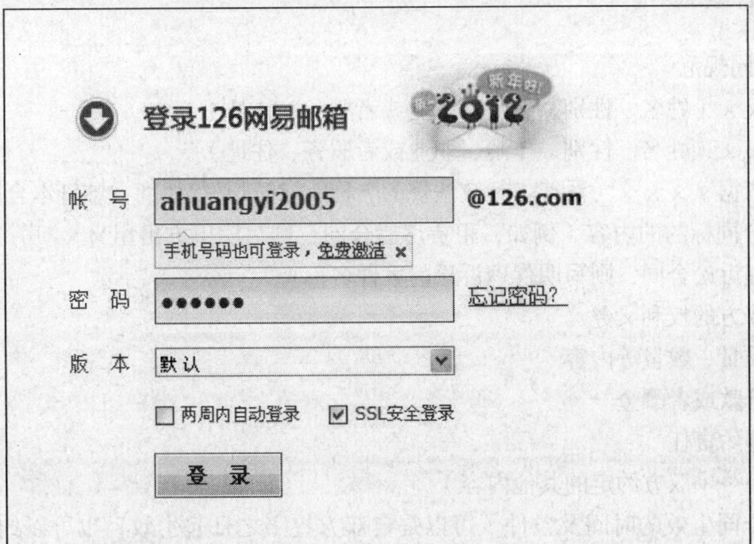

图 17-24　邮箱登录界面图

3. 登录邮箱界面后，对收件人地址、电子邮件主题、内容、添加附件等内容进行操作，然后单击发送，完成文件的传送（单击添加附件，可选择传送的文件），如图 17-25 所示。

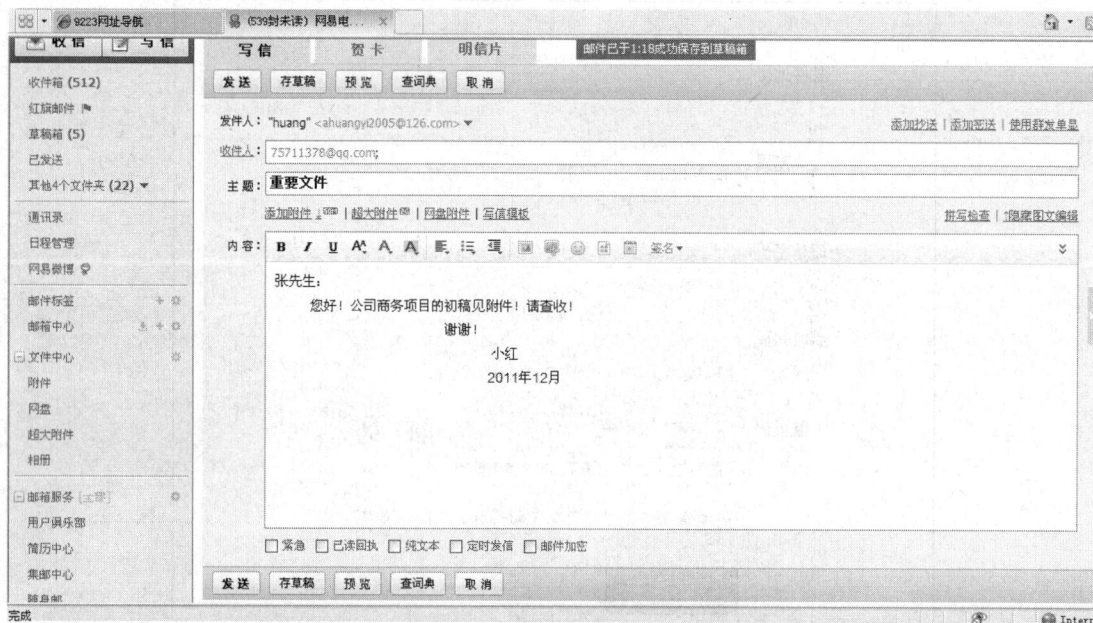

图 17-25 电子邮件信息填写图

知识链接

1. 民事合同规范

甲方：×××（姓名、性别、年龄、职业或者职务、住址）

乙方：×××（姓名、性别、年龄、职业或者职务、住址）

甲乙双方依据××××（法律、行政法规的名称），经过平等协商，签订本合同。

第一条　合同标的的内容（例如，租赁房屋合同，则写明甲方出租×××房产的基本情况；如果是律师代理诉讼合同，则写明代理诉讼的案件名称）

第二条　双方的权利义务

第三条　质量、数量等内容

第四条　价款或者酬金

第五条　违约责任

第六条　……（双方约定的其他内容）

第七条　合同生效的时间及条件（可以是自双方签字之日起生效，也可以约定另外的生效时间）

第八条　本合同一式____份，当事人各执____份。

甲方：×××（签名或者盖章）

乙方：×××（签名或者盖章）

×年×月×日

说明

合同是当事人之间达成的旨在明确民事权利义务的协议。合同是一种很重要的民事法律行为。所谓民事法律行为，是指公民或者法人设立、变更、终止民事权利和民事义务的合法行为。例如公民之间订立房屋租赁合同行为，就是一种民事法律行为，依据合同，在租赁人和承租人之间产生了租赁房屋合同法律关系。民事法律行为从成立时起具有法律约束力。行为人非依法律规定或者取得对方同意，不得擅自变更或者解除。

民事合同的有效要件是：①合同双方当事人应具有相应的民事行为能力，具有完全民事行为能力的人可以订立民事合同；无民事行为能力的人订立的合同为无效合同；限制行为能力的人必须有法定代表人的授权同意，才具备订立合同的合法条件。②合同当事人的意思表示真实，即行为人的内在意志与外在表现一致，体现行为人的真实意思的行为，才具有法律效力。③合同内容不违反法律或者社会公共利益。④合同的形式要符合法律规定的形式。民事合同必须同时具备这四个要件才是合法有效的。

订立合同应当注意的问题有：

（1）合同条款要齐全、完备。一般来说，民事合同的主要条款包括：合同标的、数量和质量、价款或者酬金、履行期限、违约金以及双方当事人约定的其他事项。

（2）合同的内容要合法。内容合法包括合同条款必须符合法律法规的规定；合同的标的物必须是法律允许流通的物；合同内容不得违背社会公共利益等。否则，合同就是无效的。

（3）合同的形式要符合规定。

2. 传真机的历史

传真的技术始于十九世纪，拥有专利权的传真机在 1843 年发明，比 1876 年出现的电话还要早 33 年，这的确不简单。一个苏格兰修理钟表者，亚历山大·贝恩（Alexander Bain），他设计了一套类似把二支钢笔连接到二个钟摆的装置，依次被连接到电线，能够在另一端的电传导性的表面信息重现。这一个装置应用于第一份横跨美国的电报信息传输中。1862 年，意大利物理学者高瓦泥·凯斯利（Giovanni Caselli）建造他称呼为 "pantelegraph"（意为 pantograph 和 telegram 的混合产物）的早期传真电报机。

以亚历山大·贝恩的发明为基础，包括一套同步化装置。1865 年，第一台工作传真机器和传输服务器建立。从 1856 年到 1870 年间他的 pantelegraph 被法国邮政电报代理使用，用于巴黎和马赛等城市之间的输送照片和写作。

当时传真机的技术没有像现在那样复杂。传感器水平地扫描纸张从左到右一次一行，就像你用你的眼睛正在看一本书的时候一样。如果传感器感应为白色片它的记录为 a 0，而如果它感应为黑暗片则它的记录为 a 1。这样所有页都是一连串的 0 和 1 的数字。调制解调器将这变成一系列的高或低的固定声音，发到一个在远处的接收器上。在另一端，声音再次转变为 0 和 1。这些以亮点或暗点作为记号被印刷在纸张上，而且最初的图片再现于数以百里计之外。

传真机直到 20 世纪才真正起飞。在 1903 年医生亚瑟·科尔（Arthur Korn）在德国发明了图片传真术，一种仍然使用电线用人工压住和传输图片传真的方法。传真机包含了光电扫描仪，就算是普通影印纸图像也允许被传送，接收的一端把图像印刷在热敏感纸上。就是今天的设计也同样建立在此基础上，时下一个摄影报导作家能在 1 分钟之内将一张高解析度照片传达到他的报纸总部，当然这相对于以前来说是不能同日而语的。

1925 年，艾多奥德·毕林（Edouard Belin）在法国成功构造出毕林诺图解（Belinograph），他的发明的装置包括了：放一个图纸在一个圆筒上，用一道强光对它进行扫描，让它转换成光信号；

或者是缺少光的情况下，进入传动系统（transmittable）的脉冲之内。毕林诺图解的程序建立在基本的原则在之上，所有的后来传真传输机器亦是如此。下图为毕林等人在实验室工作。同年，美国电报电话公司（AT&T）的贝尔实验室采用真空管技术和光电管技术研制出了实用型的传真机，并且在第二年开办了横跨美洲大陆的有线图片传真业务。贝尔实验室的传真机原理是这样的：发送端将发送的图像卷在传真机的滚筒上，滚筒一面旋转一面横向移动，光点在图像上逐行来回扫描，并覆盖整个画面，这样图像就被分解成了若干个连续的小点。光点照射在图像深浅不同的部位反射出强弱不同的光，反射光被光电管接收并转换成强弱不同的电信号，再经调制和放大发送到传输线路上。接收端则起着合成图像的作用。输入的信号经放大、解调后，加在辉光管上，再转换成强弱不同的光点。接收机上也有一个滚筒，滚筒的旋转与移动与发送端同步。该筒上装有感光记录纸，辉光管转换的光点照射在感光纸上。由于滚桶做同步的旋转和移动，所以记录纸被逐点逐行感光，并形成一个与发送图像相似的传真图像。

1926年，美国电报电话公司正式开放了横贯美国大陆的有线相片传真业务，同年还与英国开放了横跨大西洋的无线相片传真业务。此后，欧美各国和日本等国相继都开放了相片传真业务，从此相片传真被广泛用于新闻通讯社传送新闻照片，1934年美联社开始使用有线电传真（wire photos）传输相片，它的优势在第二次世界大战中充分显示出来。美联社采用传真技术传递新闻照片，后方人民因此能够及时看到前方将士战斗的情况。其他新闻报社也不甘示弱，纷纷采用传真机，可以说二次大战之后传真技术进入了一个快速发展的时代。随后扩展到军事、公安医疗等部门，用来传送军事照片、地图、罪犯照片、指纹、X光照片等。

1964年美国施乐公司发明了长距离电子影印法（Long Distance Xerography，简称LDX）。以前，传真机器一直存在在昂贵和操作困难的缺点，直到1966年施乐公司发明了Magnafax Telecopier，它体积较小，46磅重（约17公斤），比当时的任何传真机都要袖珍。而且是第一台基于电话线的传真机，比较容易使用并可能被连接到任何电话线的机器，一份常用文件传输大约六分钟。由于要使用热敏纸，所以总散发出一股糊胶皮的味道，而且它的程序反应不快。但总的来说它代表了科技的进步。在20世纪60、70年代，日本一些公司陆陆继继进入了传真机这个市场，很快地新一代的更快速，更小和更有效率的传真机变成现实。

到20世纪70年代后，以电话线为媒介传输图像的传真机器开始在美国商业方面变得普遍，之后的二三十年在全世界范围内各个领域也越来越普遍。1996年，撒尔泥·宝尔思（Pitney Bowes）发明了第一个33.6 kbps的网络传真机。

3. 扫描仪概况

扫描仪可分为：滚筒式扫描仪、平板式扫描仪和便携式扫描仪。而平板式扫描仪作为目前的主流机型得到了广泛的应用。

扫描仪设备主要由光学部件、机械传动部件和信号转换电路三部分组成。扫描仪的核心部分是完成光电转换的光电转换部件。平板式扫描仪设备主要包括三大部分：扫描头-光学成像部件；步进电机和导轨—传动部件；主板—控制和A/D转换处理电路部件。因为扫描仪是光机电一体化的产品，只有这几部分相互配合，才能将光信号转换为计算机可识别的电信号。

扫描仪的参数是衡量扫描仪性能的主要指标，扫描仪的性能参数主要有分辨率、色彩深度、灰度级、扫描幅面和信噪比等。

（1）分辨率：分辨率是衡量扫描仪的最重要的性能指标，通常用每英寸长度上的点数，即dpi（dot per inch）作为单位。它决定了在扫描时所能到达的精细程度，是衡量一台扫描仪扫描精度的关键指标。

（2）色彩深度：色彩位数是衡量扫描仪能捕获色彩层次信息的重要技术指标。高色彩位数的扫描仪可得到更多的色彩信息，呈现出更加艳丽逼真的色彩，即使经过一系列的图像处理，色彩信息有了一定损失，也不会对输出效果产生较大的影响。

（3）灰度级：这个数值反映了扫描仪扫描时提供的由暗到亮层次的范围，更具体地说就是扫描仪从纯黑到纯白之间平滑过渡的能力。

（4）扫描幅面：是指扫描仪一次可以扫描多大尺寸的扫描介质。

（5）信噪比：是指信号和噪声之间的比例关系。信噪比越高，对有用信号的提取能力就越强，扫描图像的品质就越准确和清晰。它直接反映扫描仪 CCD 的采集精度。

## 拓展训练

1. 在 Word 文档中制作一份自己的课程表，用 A4 的纸张打印出来，并传真给学校行政办公室。

2. 将课程表和本人照片扫描到电脑当中，合成处理后，以电子邮件方式发给班主任老师。

# 参考文献

[1] 朱琪颖.《海报设计（第二版）》[M]. 北京：中国建筑工业出版社，2009

[2] 汪建明.《最新办公文书写作手册：现代职场人士公文写作的必备指南》[M]. 福建：鹭江出版社，1999

[3] 漠川.《招标》[M]. 北京：中国友谊出版公司，2010

[4] 法律出版社出版中心.《中华人民共和国招标投标法注释本》[M]. 北京：法律出版社，2011

[5] 强立明.《建筑工程招标投标实例教程》[M]. 北京：机械工业出版社，2010

[6]《法律法规案例注释版系列》编写组.《法律法规案例注释版系列 3–中华人民共和国合同法（案例注释版）》[M]. 北京：中国法制出版社，1999

[7] 国务院法制办公室.《中华人民共和国劳动合同法、劳动合同法实施条例、劳动争议调解仲裁法》[M]. 北京：中国法制出版社，2008

[8] 赵晓波，黄四民.《库存管理》[M]. 北京：清华大学出版社，2008

[9] 甘雪峰.《人事工作一日通》[M]. 北京：中国物资出版社，2008

[10] 康士勇.《工资理论与工资管理（第二版）》[M]. 北京：中国劳动社会保障出版社，2009

[11] 赵勤.《社会调查方法》[M]. 北京：电子工业出版社，2009

[12] 李国强，苗杰.《市场调查与市场分析（第二版）》[M]. 北京：中国人民大学出版社，2010

[13] 张千宗.《线性规划（第二版）》[M]. 武汉：武汉大学出版社，2007

[14] 陈艳麒，杨瑞洁.《商业印刷设计》[M]. 长沙：湖南大学出版社，2008

[15] 黄启智.《办公设备使用技术》[M]. 北京：北京大学出版社，2008

[16] 王仲麒.《Excel 2007 商业实战——单变量求解、方案与规划求解》[M]. 北京：科学出版社，2008